BRUNELLA SCHISA

# IL VELO STRAPPATO

## Tormenti di una monaca napoletana

HarperCollins

ISBN 979-12-5985-335-6




*Il velo strappato. Tormenti di una monaca napoletana*
è un'opera di fantasia.
Molti dei personaggi di cui si racconta nel libro,
a partire dalla protagonista e dai suoi familiari,
sono realmente esistiti; in questo senso l'autrice del romanzo
ha svolto un accurato lavoro di documentazione
e ricostruzione storica delle fonti, per quanto riguarda luoghi,
eventi maggiori, fatti storici acclarati.
Ma la loro interazione con altri personaggi,
la descrizione dei loro stati d'animo e la maggioranza
degli episodi narrati, sono invece frutto esclusivo
dell'immaginazione e della sensibilità letteraria dell'autrice.

L'Editore ringrazia tutti coloro che hanno collaborato,
e rimane a disposizione degli eventuali aventi diritto
con i quali non è stato oggettivamente possibile comunicare.


Prima edizione HarperCollins
marzo 2024

FSC
www.fsc.org
MISTO
Carta da fonti gestite
in maniera responsabile
FSC® C021883

La vita è davvero conosciuta
solo da quelli che soffrono,
perdonano, sopportano le avversità
e inciampano di sconfitta in sconfitta.

AFORISMA ATTRIBUITO AD ANAÏS NIN

# 1

# SAN GREGORIO ARMENO

*Gennaio 1840*

La carrozza si fermò in piazzetta San Gregorio Armeno. I cavalli agitavano la testa nervosi, esalando nuvole di vapore dalle froge. Il cocchiere, intabarrato in una sciarpa di lana, il collo incassato nel paltò, aspettava paziente che scendessero i passeggeri. Il breve tragitto dalla Madonna delle Grazie a Toledo era stato funestato da carri, birocci, vetture e decine di pedoni. I napoletani ignoravano i marciapiedi, attraversavano senza guardare, spesso facevano dei capannelli in mezzo alla strada e non c'era giorno che qualcuno non ci lasciasse le penne. Nel vicolo di San Gregorio Armeno i pedoni si erano appiattiti ai muri per non essere schiacciati al passaggio della carrozza.

Infine la portiera si aprì. Un uomo in finanziera, tuba e bastone uscì dalla vettura e porse la mano guantata all'interno. Una donna, vestita di nero, cappello scuro e veletta, l'afferrò per aiutarsi a scendere. Si muoveva con la cautela delle persone di rango. Una volta toccato il suolo, drizzò la schiena indifferente al vento che le gonfiava la pesante mantella e lanciò uno sguardo dentro la berlina. Lo sportello rimaneva inutilmente aperto, la cavalla baia batté impaziente uno zoccolo sul selciato.

«Coraggio, Enrichetta, scendi» disse l'uomo con dolcezza.

Una giovane con il volto coperto da un fitto velo, anche lei vestita a lutto, mise un piede sul predellino e vacillò, come se la sottile caviglia non la sostenesse. Il pesante cappotto dal collo di pelliccia le impediva i movimenti. Si portava di continuo un fazzoletto agli occhi per tamponare le lacrime. Davanti a un enorme portale di pietra, l'uomo suonò una campanella, e dopo pochi istanti il paletto del cancello cigolò prima di aprire le sue enormi fauci.

Ne uscì una monaca tonda come un barile di birra. «Entrate, entrate! La superiora vi sta aspettando» disse senza sorridere. Teneva gli occhi bassi per difendersi dall'evidente sconforto della giovane visitatrice.

L'accompagnatore si congedò sussurrando qualcosa che si disperse negli enormi mustacchi e le due donne presero a salire il monumentale scalone: trentatré gradini in pietra piperina.

A ogni passo un singhiozzo risuonava tra le alte volte affrescate.

«Mamma, ti prego, non lasciarmi qui. Ti prometto che non te ne pentirai!» supplicò la giovane fermandosi a metà scalinata. «Siamo ancora in tempo, ti scongiuro!»

«Enrichetta, ricomponiti» la rimproverò la donna. «Stai dando spettacolo.»

Una monaca con le mani nascoste nelle larghe maniche della tonaca aspettava immobile in cima alla scala.

«Te l'ho detto, non ho la vocazione. Abbi pietà!» implorò la figlia.

«E io ti ho detto che dovrai rimanere in convento soltanto due mesi, il tempo che mi arrivi la pensione di tuo padre... E che ti passi l'assurda passione per un uomo che non ti vuole.»

«Domenico mi ama!» protestò la figlia, e i tratti che da poco avevano abbandonato l'adolescenza si inasprirono.

La donna lanciò uno sguardo alla muta testimone in cima alla scala e sibilò sdegnata: «Il padre è contrario al matrimonio! Ho sopportato fin troppo i tira e molla della sua famiglia. Nessuno può trattare da pezzenti i Caracciolo di Forino. Dài, cammina! E smettila di frignare».

Enrichetta non si mosse. «Papà non l'avrebbe mai permesso» piagnucolò. «Perché le mie sorelle si sono sposate e a me tocca andare in convento?»

«Tuo padre è morto e io devo cavarmela con la misera pensione di grazia che mi concederà il re. Oltre a te, ho da crescere Giulia e Amalia. Ti ho promesso che se dopo questa esperienza la vita monastica continuerà a non piacerti...»

«Di' pure a ripugnarmi.»

La donna sospirò. Enrichetta aveva la capacità di esasperarla, temeva le sue intemperanze, se messa con le spalle al muro, i nervi le cedevano e dava in escandescenze. Le afferrò una mano e gliela strinse per confortarla. «Sì, a ripugnarti» ripeté enfatica. «In quel caso tornerai a casa. Adesso muoviti! Non vedi che stiamo facendo una figuraccia?»

La giovane assentì. Alla soglia dei diciannove anni non aveva ancora le idee chiare, di una cosa era però certa: non si sarebbe fatta monaca. Salirono gli ultimi gradini in silenzio.

La religiosa che le attendeva davanti al portone dorato

alla sommità le accolse con un sorriso freddo. «Vi faccio strada» annunciò.

Camminava con passi svelti forse per porre fine a quello strazio al più presto. Quante ne aveva viste di giovani rinchiuse contro la loro volontà.

«Ringraziate Iddio di essere stata portata in un luogo di salute» sibilò sprezzante all'ingrata.

Enrichetta non rispose. Aveva già visto quella suora arcigna pochi giorni prima, quando sua madre l'aveva condotta al monastero per ringraziare la cognata, badessa di San Gregorio Armeno.

La decisione era maturata nella testa di donna Teresa dopo aver intercettato una lettera dell'innamorato di Enrichetta, uomo geloso e ossessivo conosciuto quando abitavano a Reggio Calabria. Nonostante il padre di lui fosse contrario alle nozze, Domenico scriveva lettere minacciose per indurla a lasciare Napoli e raggiungerlo a Reggio, dove la famiglia del principe aveva vissuto per dodici anni. "Se non ti decidi a venire, mi considererò sciolto dai giuramenti fatti." Accecata dalla rabbia, donna Teresa aveva preso carta e penna e liquidato in tre righe il promesso sposo: "Signore, voi vi permettete di imporre leggi a mia figlia prima di averne il diritto. Enrichetta non è vostra e mai lo sarà. Da questo momento considero interrotta ogni trattativa di matrimonio". A nulla erano valse le implorazioni di Enrichetta, la lettera era partita per Reggio e addio fidanzamento. La madre era convinta che soltanto la clausura poteva raffreddare quella testa calda di sua figlia ed evitarle altri abbagli.

Prima di Domenico, Enrichetta aveva intrattenuto per mesi una relazione amorosa fatta di sguardi e sorrisi con il dirimpettaio di casa a Reggio, ignorando che l'uomo era in procinto di sposarsi. La figlia sceglieva sempre uomini sbagliati. Morto il marito, don Fabio Caracciolo, ultimo di otto figli del principe di Forino, donna Teresa si era trasferita a Napoli, e preoccupata e ancora in lutto si era precipitata a consultare la cognata Errica, badessa del monastero di San Gregorio Armeno. Cinque sorelle di don Fabio Caracciolo avevano scelto la vita monastica, tre nell'ordine delle benedettine, una al monastero di Santa Patrizia, le altre due a San Gregorio, dove la meno anziana, di cui Enrichetta portava il nome, era la superiora. Poco prima di Natale, donna Teresa si era presentata dunque da Errica Caracciolo per esporle il problema. L'anziana donna aveva preso tempo: per accettare la nipote al convento doveva chiedere l'autorizzazione al Capitolo, il collegio che governava gli istituti religiosi. Il tutto era avvenuto all'insaputa dell'interessata.

Qualche giorno dopo, alla porta del palazzo dove abitavano i Caracciolo di Forino, in via Toledo 338, si era presentata una conversa del monastero di San Gregorio Armeno chiedendo di Enrichetta.

«Vostra zia vi saluta» le aveva detto la donna porgendole una guantiera di gelati e spumoni.

L'altra si era insospettita. "Vuoi vedere che la mamma e la zia hanno in corso una trattativa per maritarmi?"

«Ringrazio e ricambio» aveva risposto incerta.

«E vi fa sapere» aveva aggiunto la fantesca, «che il Capitolo ha accettato all'unanimità la vostra ammissione al monastero.»

Enrichetta era scoppiata a ridere. «Ma cosa dite? Quale monastero? Credo che abbiate sbagliato persona.»

«Nossignore, non sbaglio. Se venite con me potrete ringraziare chi vi ha accolto, e fissare il giorno della vostra entrata a San Gregorio Armeno.»

In quell'istante era apparsa la madre. «Va bene, va bene!» aveva tagliato corto, «ringrazia mia cognata e dille che la monachella verrà condotta oggi stesso da lei», e congedato in fretta la messaggera si era trascinata la figlia in camera da letto.

«Mamma, che cosa significa?» le aveva chiesto esterrefatta.

«Quello che hai appena sentito, entrerai in convento.»

Enrichetta era crollata sul letto, scoppiando a piangere. La madre aveva provato a consolarla, accarezzandole la schiena squassata dai singhiozzi. «Le zie sono ricche, consegnandoti a loro non dovrò occuparmi del tuo mantenimento. Vedrai che la pace del convento riuscirà a calmare il tumulto del tuo cuore.»

Enrichetta si era voltata, aveva stretto i polsi della madre, supplichevole: «Mamma, ti prego, non mi rinchiudere, mi dispera soltanto sentire nominare il monastero!».

La donna, brusca, si era liberata dalla stretta della figlia. «Ascoltami: tuo padre non ti ha lasciato dote, né ha designato per te un tutore. L'arbitro della tua sorte sono io, io sola...» Una vena azzurra pulsava al centro della bella fronte. «Le leggi divine e umane ti impongono l'ubbidienza e, giuro su Dio, tu ubbidirai!»

I giorni seguenti donna Teresa si era tenuta alla larga da Enrichetta, impegnata nei preparativi del matrimonio della figlia Giuseppina. Matrimonio dimesso per mancanza di denaro e perché ancora in lutto per la morte del capofamiglia.

Adesso, camminando a testa bassa per farsi coraggio, Enrichetta si ripeteva le rassicurazioni estirpate alla madre tra un singhiozzo e un'implorazione durante il tragitto in carrozza.

«Il convento non è un carcere come tu supponi, è un orto di salute, un asilo di anime superiore alla vanità sociale, consola dalle delusioni, spegne le passioni funeste.» Il generale Filippo Saluzzo, che le accompagnava, era intervenuto: «Tua madre sta provando a dirti che il chiostro mette al riparo dai tormenti del nostro secolo, vedrai che saranno giorni sereni». Il generale era un ex commilitone del padre Fabio, maresciallo dell'esercito borbonico, nonché fratello di una zia acquisita di Enrichetta, un uomo autorevole e di buon cuore.

«Io non cerco serenità. Voglio vivere!» aveva risposto lei sdegnata.

«Ricorda che oltre al conforto spirituale potrai godere del benessere della vita nobile. Le tue zie sono delle Caracciolo di Forino e anche in convento, in modo onesto, ci si può divertire. Se non fosse così, non avrebbero scelto il monastero centinaia di giovani delle famiglie più illustri di Napoli: Pignatelli, Sersale, d'Auria, ognuna porta con sé la propria dote.»

«Ma noi non abbiamo soldi, io non ho dote!»

"Due mesi passeranno veloci, stringi i denti e sappi aspettare" si ripeteva Enrichetta mentre come una sonnambula percorreva il lungo corridoio del monastero. Era soltanto un brutto sogno, sarebbe bastato svegliarsi per tornare alla sua vita di diciannovenne innamorata dell'amore, pronta a trovarlo ovunque, anche in una pozzanghera. Seguiva la monaca assorta nei suoi pensieri e quando si fermarono non si accorse di non avere più la madre accanto. Una voce acuta la riportò al presente. Si trovava in una sala gelida con alti soffitti di legno, un barlume di luce filtrava dalle strette finestre a due metri di altezza. La badessa sedeva su una poltrona con lo schienale alto, sorretta da una serie di cuscini. Teneva la schiena dritta e poggiava le mani deformate dall'artrosi ai pomelli dei braccioli. Tutt'intorno una moltitudine nero vestita osservava Enrichetta curiosa, neanche fossero a una fiera, lei la bestia rara.

La zia era per lei poco più che un'estranea, aveva vissuto tra Bari e Reggio Calabria e poco tempo a Napoli. Un velo scuro sospeso e stirato orizzontalmente le cadeva sulle spalle, e una benda di lino bianchissima le copriva quasi tutta la fronte, mentre un'altra benda a pieghe circondava il viso e terminava sotto il mento in un soggolo che si stendeva sul petto a schermare lo scollo del saio nero.

Enrichetta fece una sorta di inchino, più consono in un salotto che in un luogo di clausura. «Signora badessa...» disse e poi si fermò, non sapendo come proseguire.

«Enrichetta cara, chiamami pure reverenda madre, e togliti per favore la veletta, fatti guardare in viso.»

Lei rimase imbambolata, affascinata da quella figura minuta eppure imponente. I piedi, appoggiati su un piccolo sgabello di velluto rosso, non sarebbero arrivati a toccare il pavimento. Sul volto un reticolo di rughe.

«Ubbidisci e alza la veletta, fatti vedere negli occhi» ripeté la zia con piglio autoritario.

Enrichetta si liberò del sottile schermo e con un lembo si terse le lacrime.

«Non piangere, cara, sono ben altre le brutture al mondo per le quali doversi affliggere. E ricorda che sei una Caracciolo, le radici contano. Le spoglie della tua ava Fulvia, che fu badessa in questo convento, riposano proprio qui, e mi auguro vorrai leggere il manoscritto che ci ha lasciato per capire l'impegno che si prende una volta entrati tra queste mura.»

Enrichetta avrebbe voluto interromperla, ribadire che lei in convento non ci sarebbe rimasta, che la sua permanenza sarebbe durata sessanta giorni, due mesi, ma le mancò il coraggio. Cinque dozzine di monache la osservavano attente e si limitò ad assentire. Perché non c'era donna Teresa a spiegare il loro patto? Non riuscì a trattenersi. «Reverenda signora, sa dov'è mia madre?»

L'anziana monaca scrollò il capo: la ragazza andava rieducata, ma per il momento bisognava calmarla. Era pallida, le tremava il mento, si imponeva di non ricominciare a piangere. Nella sua lunga vita Errica Caracciolo ne aveva viste tante di giovani monacate contro la loro volontà e per esperienza sapeva che finivano tutte con il capitolare e mettersi il cuore in pace. Il destino di Enrichetta era segnato. Approvava la scelta della cognata, vedova con sette figlie: quattro maritate, due molto piccole ed Enrichetta che marciava verso il nuovo ventennio irruente e confusa. Un impegno non da poco. Donna Teresa le aveva descritto il carattere passionale della figlia: «Prende fuoco con uno zolfanello» le aveva detto. Per il momento, meglio darle la sensazione che i giochi fossero ancora aperti. Le sorrise. «Tua madre è andata via, non poteva far aspettare il vostro accompagnatore, ma tornerà domani, stai tranquilla. Ora ti faccio scortare per una visita del monastero e spero che queste sacre mura ti rasserenino. Ci vediamo al refettorio per pranzo, adesso va'!» Con il dito a forma di uncino per via dell'artrosi richiamò due novizie: una bassa e grassa, l'altra alta e magra come uno stoppino. «Checchina e Concettina saranno le tue accompagnatrici, sono sorelle, anche se non si somigliano fisicamente, e nemmeno caratterialmente» disse rivolta alle suore, che avvamparono di piacere.

Il suono di una campanella rimbombò nella sala silenziosa, il consesso poteva sciogliersi.

Le monache risposero al comando e fu tutto un brusio.

Enrichetta seguì docile le novizie e si trovò nel chiostro monumentale. La bellezza del cielo smaltato le fece salire le lacrime agli occhi e abbassò lo sguardo per nascondere lo scoramento.

«La leggenda racconta che qui sorgeva un tempio dedicato a Cerere...» cominciò una delle due.

«Checchina, non partire da Adamo ed Eva, non credo che alla nostra amica interessino le leggende. Non vedi che è sconvolta?» disse l'altra, poi si rivolse alla nuova arrivata: «Vero?».

Ci mancava solo una lezione di storia. Aveva voglia di scappare, ma non sapeva dove. Annuì con un accenno di sorriso.

«Va bene: allora parla tu» reagì Checchina offesa.

Enrichetta spense all'istante il piccolo incendio emotivo. «Vi prego, ditemi soltanto poche cose che posso ricordare, sono confusa e non in condizione di apprezzare le qualità artistiche del convento.» Era così tanto smarrita da non saper distinguere le due sorelle. Una cosa le sembrò però evidente: entrambe non avrebbero perso occasione per rintuzzarsi e contraddirsi a vicenda. "Dio mio, come sopravvivrò?"

Percorsero un corridoio e scesero delle scale che le condussero nell'enorme chiesa a una sola navata dal soffitto ligneo intagliato. L'imponente portale in noce massello in quel momento era sbarrato al pubblico.

«Alza gli occhi» le disse una delle due suore.

Enrichetta ubbidì. Soffitto e pareti affrescate raccontavano storie che lei non voleva ascoltare.

«Guarda sotto il trittico di Luca Giordano... narra l'arrivo a Napoli delle monache armene» la esortò l'altra.

Lei scrollò la testa per significare di non essere interessata a una lezione di storia dell'arte.

«Ma che hai capito? Ti sto dicendo di guardare sopra, vedi quelle grate?»

Assentì.

«Be', quello è il coro delle monache, da lì assistiamo alla messa senza essere viste.» Indicò il soffitto. «Ci arriviamo attraverso un corridoio interno ed evitiamo di prendere freddo durante la cattiva stagione.»

Il corpo di Enrichetta fu scosso da un brivido. Immaginò dei fantasmi scuri muoversi nel silenzio e al buio nel lungo corridoio davanti alle celle. Si sentiva già in prigione, si guardò intorno per darsi coraggio. Le pareti erano interamente coperte di pitture a fresco, un fasto degno dei palazzi aristocratici e dei teatri, pensò abbagliata dai fogliami, dalle decorazioni, dagli ornamenti. Due immensi organi sovrastavano la navata. Alcune monache pregavano nelle cappelle laterali, ne contò quattro a ogni lato. Un odore penetrante di incenso e di umido le invase le narici. Attraversarono la navata e giunsero all'abside sormontata da una semicupola affrescata sorretta da quattro archi. Si genuflessero e si segnarono, poi proseguirono passando per il presbiterio. La visita sarebbe andata per le lunghe se Concettina, o forse Checchina, non si fosse accorta del pallore della giovane. «Dài, usciamo a prendere un po' d'aria, sembri una morticina.»

Nel chiostro le monache camminavano a gruppetti, alcune scrutandola, altre senza degnarla di uno sguardo. Al centro c'era una magnifica fontana polilobata e due enormi statue.

«Sono il Cristo e la Samaritana» disse una delle sorelle.

Enrichetta nemmeno la udì, intenta a esaminare i due piani terrazzati con la balaustra in piperino su cui affacciavano le celle delle monache. Quale sarebbe stata la sua?

Sedettero sul lato ovest da cui si vedeva svettare il campanile. «Bella mia, non intristirti» disse Concettina, «noi qui stiamo bene. Questo è il nostro giardino, ma se ti piace stare all'aperto ci sono cinque belvederi dove con lo sguardo arrivi fino al mare.» Ne indicò rapida l'ubicazione. «Quando vogliamo evadere andiamo ad affacciarci lì, ammiriamo il Vesuvio, Capri... e la clausura diventa meno pesante.»

«Grazie, ma io non starò qui a lungo» puntualizzò Enrichetta.

«Certo... dicono tutte così» rispose scettica la sorella grassa.

Un brivido di freddo le saettò lungo la schiena e alzò il bavero della mantella. Rimasero sedute per un bel po' a guardare il passeggio delle consorelle a piccoli gruppi. Parlottavano, si davano di gomito come delle scolarette. Le loro voci erano stridule e quando ridevano si mettevano una mano davanti alla bocca con aria puerile.

Una giovane si avvicinò. «Vuoi farti monaca?» chiese a bruciapelo a Enrichetta.

«No, non ci penso proprio.»

L'altra non si aspettava una risposta tanto brusca e la fissò con una smorfia ostile. «Allora perché sei qui?»

Lei arrossì. «Per fare gli esercizi spirituali» inventò.

«Quando avrai indosso le lane di san Benedetto lui non ti farà scappare» vaticinò quella.

Enrichetta non capì e le lanciò uno sguardo interrogativo, l'altra fece spallucce, non valeva la pena perdere tempo con una stupida con la testa fasciata di illusioni e proseguì.

Le tre rimasero per qualche minuto in silenzio, poi Enrichetta chiese: «Sapete indicarmi Paolina?».

«Come fai a conoscere Paolina?»

«L'altro ieri la cameriera della zia è venuta a casa per dirmi che un'educanda, una certa Paolina, voleva diventare mia amica.»

Le due sorelle risero di gusto. «Ma figurati! L'abbiamo incrociata entrando nel chiostro, tu non l'avrai notata. Va sempre in giro in compagnia di altre due educande e della sorella.»

«E perché non si è presentata? Prima mi manda l'imbasciata e poi non si palesa...»

«Credo di saperlo.»

«E diccelo, visto che non lo so nemmeno io che vivo qua» la incalzò l'altra suora.

«Qualche giorno fa ha litigato con le sue amiche e ti avrà mandato quel messaggio per ingelosirle, ora avrà fatto pace e non le servi più.»

«Ingelosirle? Ci sono gelosie fra di voi?»

«Vedi un po' a questa!» disse una delle due puntandole il palmo della mano contro. «Cara mia, qui si vive di gelosie, ci si ingrossa il fegato per gelosia, si fanno delle schifezze orrende per gelosia. Aspetta e vedrai...»

«Ma che ti credi, che questo è un posto di preghiera?» proseguì l'altra.

«Non lo è?»

«Dovrebbe esserlo... Ma no, non lo è. A queste scemenze crede chi non conosce 'sti posti, che sono dei covi di *arraggimma*.»

Enrichetta non capì.

«Sì, di rabbia... Molti genitori non lo sanno, altrimenti non sceglierebbero il chiostro per le loro figlie.»

«Checchina, smettila, così la spaventi!» la interruppe la più saggia delle due sorelle.

«Deve essere preparata!» rispose l'altra e guardò l'ospite. «Pure se starai qui dentro solo due mesi, devi sapere come comportarti, come difenderti da queste *zandràglie*.»

Enrichetta la guardò allibita.

«Sì, sì, *zandràglie*, ma non è colpa loro» proseguì Checchina. «Molte sono delle mezze calze con il cervello di gallina, perché il cervello qui non è richiesto. Se hai un bel visino hai più potere della badessa. *Capisci a me!*»

Concettina la fermò afferrandole un braccio. «Non starla a sentire, sono cattiverie, pettegolezzi che circolano in tutti i monasteri. Però è vero che qui ci sono monache di famiglie nobili che sono state allevate dalle cameriere, nutrite di piccole e grandi meschinerie, e sono ignoranti come capre, ma non è colpa loro. A stare chiusi non si cresce, il convento è un mondo in miniatura, c'è tutto il male e tutto il bene del genere umano.»

«Leggere è permesso?» chiese Enrichetta.

«Non è vietato.»

Al refettorio Enrichetta sedette accanto alla zia sotto un grande affresco delle nozze di Cana. Professe, novizie e educande non sembravano interessate alla nuova arrivata, erano distratte dal cibo, uno dei pochi piaceri concessi. Enrichetta aveva lo stomaco contratto e riuscì a malapena a finire la minestra. Il resto della giornata lo impiegò a conoscere l'intero complesso monumentale accompagnata dalle sue due guide, che nonostante la giovane età erano piuttosto coltivate.

Andò a fare visita alla zia Lucrezia da tempo allettata e confinata nella propria cella. Le parve decrepita. Scambiarono poche parole di buona creanza. Non provava alcun affetto per le sorelle del suo amato padre, doveva sentirsi in colpa?

Alla messa dei Vespri pregò il Signore che la liberasse da quella prigione, e la sera al refettorio toccò appena il cibo. La delusione più cocente arrivò dopo cena, quando apprese che avrebbe condiviso la cella con la zia Errica e con la sua conversa Angiola Maria. Le veniva negato anche il conforto della solitudine e delle lacrime.

Angiola Maria era una trentaduenne di costituzione ferrea e corporatura pesante, il volto tarlato dal vaiolo, occhi strabici pronti a balzare fuori dalle orbite. A questo insieme disgustoso si aggiungeva una risata agre e smodata. Enrichetta si rifugiò in un angolo, intimidita, era la prima volta che dormiva con delle estranee. Da sempre condivideva le stanze da letto con le sorelle. Il pudore la paralizzava. La zia si tolse il velo e la conversa le srotolò le bende. Aveva i capelli radi e canuti, era magrissima, i tendini fibrosi del collo erano disposti a ventaglio fino alle clavicole sporgenti. Si mise dietro un paravento e ne uscì con un saio bianco lungo fino alle caviglie e con una croce al collo, inumidì le mani in una bacinella dove la conversa aveva aggiunto dell'acqua e andò a mettersi sull'inginocchiatoio a pregare sottovoce mentre Angiola Maria riponeva il pitale sotto il letto.

«E voi che fate, non vi spogliate?» le chiese brusca la conversa.

«In verità non ho...»

«La camicia da notte ve la impresto io» disse porgendole una veste di canapa ingrigita dal tempo e dai lavaggi.

Enrichetta la portò al naso e fu un errore perché la donna si offese.

«Pensate che sono una zozzona? *Principe'*, è fresca di bucato!»

La giovane si rifugiò dietro il paravento e cominciò a spogliarsi; quando riapparve, Angiola Maria le guardò invidiosa i riccioli bruni e le lanciò con malgarbo una cuffia affinché li raccogliesse. Indossatala, Enrichetta si inginocchiò al capo del letto e pregò con un fervore mai provato prima. Quando posò la testa sull'origliere chiuse gli occhi in cerca del sonno. Dopo qualche minuto sentì il respiro pesante della conversa e capì che sarebbe stata una notte in bianco.

# 2

# IL CAMPANELLO DI SAN BENEDETTO

Alle dieci del mattino donna Teresa si presentò in parlatorio. Vedendola, Enrichetta scoppiò in lacrime e la inondò di recriminazioni. «Mamma, come hai potuto lasciarmi senza dirmi una parola? Mi sento in prigione, è un martirio, ti prego, portami via! Se non diventerò pazza, mi ammalerò. La zia ha una conversa odiosa, stamattina mi ha svegliata all'alba, mi ha costretta ad andare in chiesa e a rimanerci per un'ora. Faceva un freddo da battere i denti, mi sarò presa una polmonite.»

«Mi sembra che tu stia benissimo, non fare il solito teatro» rispose sua madre brusca. Non poteva permettersi di mostrarle pietà. La figlia aveva la capacità di drammatizzare ogni cosa, e infatti veniva presa affettuosamente in giro da tutta la famiglia, compreso suo padre che aveva un debole per lei. «Sono venuta a portarti la biancheria, un paio di abiti e due scialli pesanti», e le consegnò una sporta.

«Non la voglio, fammi tornare a casa» urlò lei scagliandola a terra.

Donna Teresa non rispose, distratta dall'entrata di un gruppetto di monache venute a renderle omaggio. Enrichetta si stizzì. Non le lasciavano nemmeno un momento di intimità con la madre! Quelle stupide scherzavano, ridevano, vezzeggiavano la marescialla e il tempo correva.

La visitatrice, dopo un quarto d'ora, si alzò sorridente. «Adesso devo andare alla messa delle undici a San Lorenzo, torno quando sarà finita» disse rivolta a tutte, e senza aggiungere una parola né salutare la figlia uscì dal parlatorio.

Enrichetta decise che sarebbe rimasta lì ad aspettare. Non aveva voglia di partecipare alle chiacchiere futili di quelle smorfiose. Attese tanto a lungo da addormentarsi. Venne svegliata dal tocco sulla spalla della monaca portinaia. «Signorina...?»

Si alzò di scatto arrossendo. «Devo essermi assopita per un po'. Stanotte non ho chiuso occhio» provò a giustificarsi.

«Per un po', dite? Sono passate due ore.»

«Due ore? E mia madre non mi ha svegliata?»

«Vostra madre non si è vista.»

«La messa sarà finita da un pezzo, per favore mandate qualcuno a San Lorenzo per vedere che cosa è successo, tanto è a due passi.»

La monaca le prese una mano e la strinse con calore. «Figlia cara, per amore o per forza vi tocca bere questo calice.»

«Di quale calice parlate?» Il cuore batteva impazzito, Enrichetta aveva un terribile presentimento.

«Vostra madre non verrà.»

«Perché?»

«È partita per Reggio.»

Enrichetta cadde a terra portandosi dietro la povera monaca che cercò maldestramente di trattenerla. Il corpo fu scosso dalle convulsioni. Udì gridare: «*Currite, 'a principessa è caruta comm' a nu chiummo!*». Poi svenne.

Quando riaprì gli occhi, delle sconosciute si accalcavano attorno incuriosite. Bisbigliavano, ridacchiavano, ma nessuna le rivolgeva un cenno di umana e sincera carità.

«Spostatevi, così non la fate respirare.» Una voce maschile precedette l'apparizione del medico, un signore anziano con dei folti favoriti e degli occhialetti inadeguati all'enorme naso.

Rimase una settimana a letto incapace di reagire, il corpo senza energia, la testa vuota. Era in uno stato così pietoso che anche la conversa Angiola Maria ne ebbe pietà e la lasciò in pace. Le portava un vassoio con il cibo che lei non toccava: inerte e senza forze, dormiva e piangeva, piangeva e dormiva. Che l'avessero spostata in una cella singola non era di consolazione.

La mattina dell'ottavo giorno, prima di scendere per il Mattutino la zia badessa entrò nella stanza e sedette sul bordo del letto. «Mia cara, adesso basta! Devi reagire e riprendere a vivere» disse risoluta.

«Lo chiamate *vivere*, questo, zia? Se è così, preferisco morire.»

«Non dire stupidaggini! Non capisco perché te la sei presa tanto a male. Sapevi che tua madre doveva tornare a Reggio, l'aspettavano le tue sorelle... Sono ancora piccole, hanno bisogno di lei.»

«Non pensavo che l'avrebbe fatto ventiquattro ore dopo avermi rinchiusa qui dentro.»

«*Rinchiusa*... Che brutta parola! Non voglio più vederti prostrata a letto. Tra l'altro le voci corrono, dicono che ne approfitti perché sei mia nipote e io sono troppo indulgente.»

«Questo è un covo di vipere, altro che convento!»

«Bada a come parli! Ora mi fai il favore di alzarti, lavarti e venire in refettorio a mangiare. Come vedi, ti ho riservato una cella tutta tua, capisco che non volevi dividerne una con un'ottuagenaria e faccio del mio meglio per renderti meno penosi questi mesi.»

Enrichetta fece un profondo respiro e si mise a sedere. Era spettinata, i lunghi capelli spuntavano a ciocche disordinate dalla cuffia, sentì il proprio corpo emanare un cattivo odore e si vergognò.

«D'accordo, zia, lo faccio anche per voi. Due mesi passeranno in fretta.»

Invece i due mesi passarono lenti come una processione del Venerdì Santo. Enrichetta partecipava alle rare attività del convento, aveva stretto una blanda amicizia con alcune monache, ma rimaneva un corpo estraneo nella comunità. Si era fatta portare dalla sorella preferita, Giuseppina, buona e bella come un angelo, un calendario, e ogni sera con un segno di pennino cancellava il giorno trascorso. Per il suo diciannovesimo compleanno, il 17 febbraio, la zia organizzò una festicciola, le monache prepararono dolci e canditi, eppure il senso di solitudine che la attanagliava non si stemperò. Aveva cerchiato in rosso la data della sua liberazione. Il 4 marzo sarebbe tornata a Reggio con la madre, avrebbe rivisto Domenico e il dolore patito per la lunga separazione sarebbe sparito al primo sguardo. Tutto si sarebbe sistemato, i pianeti avrebbero ripreso a girare nella loro orbita.

Nell'ultima settimana non camminava, volava. Riuscì persino ad aprirsi con le compagne. Checchina e Concettina, nonostante fossero sue coetanee, la proteggevano. Dal primo giorno, da quando la superiora gliel'aveva affidata, le erano state vicino, anche se spesso era Enrichetta a sottrarsi e a cercare la solitudine. Delle cinquantotto monache del monastero una buona dozzina tifava per lei. Mancavano quarantotto ore alla liberazione, quando le venne recapitata una lettera. L'aprì con il cuore in gola. Non era firmata.

*Signorina Enrichetta,*
*so che questi sono i vostri ultimi giorni in convento e io sarei un ipocrita se non vi dicessi quello che mi pesa sul cuore. Provo una profonda pena per voi.*
*Nella vostra risoluzione di ripudiare lo stato monacale, vedo la mano di Satana che si è preso l'impegno di condurvi all'Inferno. Per punirvi della vostra lunga renitenza, Dio ha deciso di abbandonarvi negli artigli del Demonio e quando metterete piede fuori dal monastero, una mano invisibile vi sospingerà tra le fiamme.*
*Se non rinuncerete a questa scelta scellerata, vi giuro che nell'estremo giudizio dinanzi a Dio io sarò il vostro inesorabile accusatore.*

Accartocciò la lettera con un moto di rabbia. Chi era quel vigliacco che la minacciava senza avere il coraggio di firmarsi? A meno che non si trattasse di una monaca che scriveva fingendosi un uomo. In quelle lunghissime settimane, non soltanto molte professe, ma anche diverse educande e novizie avevano cercato di dissuaderla dal lasciare il monastero: sostenevano che il mondo fuori era il vero inferno e il convento l'unico rifugio.

Dopo la violenta repressione dei Borbone a danno dei cospiratori antigovernativi, nel 1837, a Napoli serpeggiava il malcontento. Benché non vi fossero state più sommosse nell'ultimo anno, la società napoletana ribolliva; negli ambienti liberali in fermento si auspicava un cambiamento politico e sociale. L'anno precedente, a Reggio, Enrichetta aveva conosciuto Giuseppe Ricciardi, un giovane zoppo e pieno di fervore. Ignorava che era a capo di una cospirazione, ed era stata ad ascoltarlo a bocca aperta mentre germogliava in lei il seme della ribellione. Aveva patito di persona il pugno di ferro di Francesco I quando il padre, maresciallo di campo del Regio Esercito, era stato sospeso per un comportamento sospetto durante i moti carbonari in Puglia. Un'accusa rivelatasi poi falsa, ma per tre anni la famiglia aveva vissuto in uno stato di semi-indigenza. Da allora provava per i Borbone un'istintiva repulsione. Ma cosa c'entrava questo con il suo ritorno alla vita? Come si permetteva l'anonimo di prevedere per lei le fiamme dell'inferno?

Corse dalla portinaia. «Gabriella, chi vi ha consegnato la lettera?»

«L'ho trovata nella ruota, non ho visto nessuno.»

Tornò nella sua cella, aprì il baule e afferrò un pacco di lettere. Sciolse il nastro di velluto nero e le disseminò sul pavimento. Le sembrava di conoscere la calligrafia dell'anonimo. Scartò le sorelle, la madre e una zia del padre, si soffermò su una dozzina di altri corrispondenti. Senza successo. Con le gambe tremanti andò a rifugiarsi in chiesa, nella cappella della Natività, la prima a sinistra, la sua preferita. Si inginocchiò e provò a pregare. Le parole non fluivano, i pensieri erano inceppati. Alzò lo sguardo e l'attenzione cadde su una preghiera manoscritta appesa al muro. L'aveva letta un paio di volte. Si avvicinò stringendo gli occhi per mettere a fuoco. Non era possibile... Corse nella sua cella e ritornò in chiesa con la lettera. Le "d" e le "s" allungate sembravano uguali.

Si scapicollò dalla conversa responsabile della cappella. «Gemma, la preghiera che hai affisso nella cappella della Natività mi ha commossa» disse fingendosi entusiasta.

«Davvero? Finalmente una soddisfazione, grazie, *Erriche'*, hai visto quanta passione?»

«Sì, infatti, chi l'ha scritta?»

«Ti piace, eh?»

«Moltissimo.»

«È di don Vincenzo.»

«Don Vincenzo? Non lo conosco.»

«Lo conosci benissimo, il prete giovane che segue come un'ombra il canonico.»

«Lui?»

«*Prop' isso*» confermò soddisfatta suor Gemma. «Stava qui mezz'ora fa, forse lo trovi ancora in sagrestia.»

«Grazie.» Infilò la lettera in tasca. «Come osa quel verme...» sibilò furiosa e cominciò a correre lungo il corridoio. Per poco non travolse due suore che la guardarono indignate, lei nemmeno si scusò. Per fare più in fretta attraversò la chiesa, si segnò con un leggero inchino davanti all'altare e come una saetta si infilò in sagrestia. Aveva individuato il verme: un pretino biondo che in quei due mesi aveva fatto di tutto per attirare la sua attenzione. Appena la vedeva passare in parlatorio cercava di fermarla sussurrando: «Psss...», o dei melliflui: «Cara, vieni qua». La parola "cara" in bocca a un prete la nauseava. Era un cafone fatto e finito che lei aveva sempre disdegnato.

Lo trovò da solo, stava riponendo i paramenti nell'armadio di noce; lui non la sentì arrivare, e trovandosela alle spalle sussultò spaventato.

«Cosa avete imparato in seminario? A scrivere lettere anonime? A minacciare? Sarete dunque voi il mio "inesorabile accusatore" nel giorno del Giudizio?» ringhiò sventolandogli sotto il naso la lettera.

L'altro indietreggiò appoggiandosi al mobile, guardandola con occhi opachi.

«Avete perso la parola? Sapete versare veleno soltanto con l'inchiostro?»

«Enrichetta...» sibilò l'uomo, confuso.

«Miserabile! Non osate pronunciare il mio nome! Che cosa pensavate di fare? Di impaurirmi e farmi cambiare idea?»

«No, no... volevo trattenerti. Mi dispiace che te ne vai.»

Lei aggrottò la fronte e con aria feroce gli si avvicinò ancora di più, minacciosa. «Vi dispiace? E perché? Non ci siamo mai parlati io e voi, né vi ho mai degnato della minima attenzione, non capisco perché vi permettete di darmi del tu. Forse perché sono una donna?»

«Ho paura per te... per voi, quando sarai... sarete libera... Il mondo è pieno di insidie.»

«Le insidie sono ovunque, anche tra queste mura si annidano serpi velenose.» Non gli diede il tempo di replicare, appallottolò la lettera e gliela gettò in faccia. «Vacci tu all'inferno!»

Il viatico di don Vincenzo non l'aiutò nell'ultima notte in convento. Dormiva il sonno del giusto quando venne svegliata dal suono di un campanello, sedette sul letto assonnata e si mise in ascolto. Silenzio, più nulla, probabilmente lo aveva sognato. Richiuse gli occhi per riaddormentarsi e lo sentì di nuovo. Non prese più sonno e alla messa delle sei si confidò con una monaca. Quella sbiancò, si fece il segno della croce, scoppiò in lacrime e gridò: «Miracolo! Miracolo!».

«Shhh! Non urlare, ma di che miracolo parli?»

«È il campanello di san Benedetto, è lui che ti chiama!»

«Ma cosa vai cianciando?»

«Il santo ti ha scelta, non vuole lasciarti andare via e ha suonato il suo campanello... Sei una privilegiata, lui ti vuole.»

Enrichetta la gratificò con uno sguardo sprezzante. «Privilegiata? Mi vuole? Mi ha scelta? Grazie ma no, san Benedetto non mi avrà.»

Dopo mezz'ora, l'intero convento era informato dell'apparizione del protettore del monastero e la frenesia cominciò a correre tra monache, converse, educande e novizie. Non parlavano d'altro, progettavano di fare una messa per perpetuare la memoria del santo negli annali e nei fasti del chiostro.

Checchina si presentò nella cella di Enrichetta, trafelata. «Si è scatenata Piedigrotta, sono tutte eccitatissime, dicono che rimarrai qui perché san Benedetto ti ha scelta.»

«Pensassero quello che vogliono, io me ne vado.»

«Ma lo hai sentito davvero il campanello?»

«Adesso ti ci metti pure tu?»

«Be', ammetterai che è strano... Una coincidenza?»

«Lasciamo perdere, non voglio litigare proprio con te. Forse qualche simpatica consorella mi ha fatto uno scherzo. Fatti abbracciare, non ci vedremo mai più.» La strinse forte e sentì il corpo di Checchina tremare. «Cosa fai, ti commuovi?» le chiese allontanandosi e guardandola in faccia.

«Nooo, ma quando mai! Ho solo un po' di paura per te.»

«Non averne, devi essere felice per me.»

«Vado a chiamare Concettina, vuole salutarti anche lei», e scappò via per nascondere il turbamento.

L'appuntamento per l'agognata liberazione era fissato per mezzogiorno. Enrichetta andò a salutare la zia Lucrezia ormai demente che la riconobbe a fatica, poi corse nella sua cella per chiudere il baule. Vi trovò la badessa.

«Cara, ti aspettavo. Per favore, siediti.»

Il tono non le piacque.

«È appena arrivata una lettera di tua madre» disse porgendogliela. «Volevo portartela di persona.»

Il cuore di Enrichetta cominciò a galoppare, ruppe il sigillo e il respiro accelerò.

*Figlia cara,*
*mi è impossibile venire a Napoli per portarti a Reggio perché sono trattenuta da diverse incombenze. Poiché la nostra Giuseppina è malata, sarà tua sorella Chiara a fare le mie veci e ad accoglierti in casa sua. Rimarrai a Napoli circa un mese, sino a quando non verrà a prenderti la mia amica siciliana Matilde Moncada a cui ho chiesto la cortesia di portarti con sé a Messina, dove verrò a prenderti. Ti chiedo di pazientare, di stare tranquilla e di aspettare fiduciosa.*

La partenza per Reggio era rimandata di qualche settimana, doveva aspettare con serenità e alla fine avrebbe rivisto Domenico, i giorni napoletani li avrebbe spesi in compagnia delle sorelle. L'importante era uscire dal convento. Abbracciò la zia, si vestì con un abito bianco di mussola mai usato durante il soggiorno a San Gregorio e salutò le poche amiche. Concettina si commosse alle lacrime, Enrichetta invece no. Non avrebbe rimpianto nessuna, nemmeno le sue più strette alleate. Raggiante, scese in parlatorio dove ad attenderla c'era la sorella Chiara con il marito Lorenzo Bertone, e con loro varcò trionfante il portone della prigione.

Riprese a uscire liberamente ma sempre accompagnata. Giuseppina, la sorella preferita, era affetta dal mal sottile che la costringeva a recludersi in casa. Fece visita alla sorella del padre, la zia Chiara, principessa di Gagliati, alla zia paterna Costanza di Corigliano, principessa di Ripa, vedova di Nicola Caracciolo, fratello di don Fabio, e al generale Filippo Saluzzo, fratello della Corigliano, i quali abitavano tutti a Palazzo Schiavone, di proprietà della Corigliano. Piccole uscite che le restituirono gioia e ottimismo. Uno spumone in Largo di Palazzo le sembrava eccitante. Lorenzo Bertone era un brillante avvocato che non disdegnava i circoli liberali e perciò sorvegliato dalla polizia. Affabile e ospitale, il cognato non nascondeva la sua profonda pena per quella diciannovenne così poco amata dalla madre. Aveva lungamente interrogato la moglie Chiara per capire da dove nascesse la disaffezione, ma la moglie rispondeva con spiegazioni vaghe: avevano un carattere molto simile... la gravidanza per poco non la mandava al creatore. In effetti, donna Teresa era rimasta incinta poco dopo aver partorito Giuseppina e il suo corpo aveva patito quella nuova trasformazione. Ma poteva nascere tutto da lì?

A dieci giorni dalla partenza per Reggio, mentre sedeva a tavola per la prima colazione con Chiara, la domestica portò due lettere su un vassoio d'argento. Enrichetta riconobbe la calligrafia della sorella maggiore Angiola: strappò la busta con un pessimo presentimento.

*Mia cara Enrichetta,*
*forse questa mia ti arriverà quando sarò già a Napoli per occuparmi della nostra Giuseppina allettata. Poverina, fresca sposa e già così malata. Domani mi metto in viaggio e conto di essere da voi mercoledì, comunque vorrei prepararti. Mi spiace essere latrice di notizie dolorose, prendendo la penna in mano mi sono detta che è destino che i tuoi voti non si avverino.*
*Qui a Reggio molte cose sono cambiate e altre cambieranno nel corso dei prossimi mesi. Mamma si risposa con il generale dell'esercito Eduardo Lamberti, un commilitone di nostro padre, anche lui vedovo, bisognoso di una donna accanto.*
*Io la capisco perché con due bambine piccole e te ancora in casa ha bisogno di protezione e di sicurezza economica. Eduardo Lamberti è ricco. Nostro padre non l'ha lasciata in buone acque e per liberarti dal convento ha dovuto chiedere un prestito di settecento scudi al generosissimo Filippo, questo è il prezzo da pagare per la tua libertà. Mamma è ancora giovane, si è sposata quattordicenne, ha messo al mondo sette figlie. Avrebbe bisogno di una vecchiaia serena e tutte noi dobbiamo augurarci che ce l'abbia. Sono andata a trovarla l'altro ieri e mi ha detto che ha dei progetti per te, ma non so dirti quali siano perché non ha voluto dirmeli. E adesso arrivo alla nota più dolente.*
*Il tuo Domenico si è fidanzato con una ricca borghese siciliana, figlia di un facoltoso commerciante di granaglie. Alla fine, il padre l'ha avuta vinta. Tieniti forte: si sposerà ad aprile.*
*Povera sorella mia! Immagino il tuo dolore. Ma bisogna rimanere lucide; da primogenita ho l'obbligo di dirti che, sfumato il matrimonio con Domenico, prima di metterti in viaggio per Reggio, dovrai riflettere sul da farsi. So che verrà a prenderti Matilde Moncada e ti porterà a Messina, abbiamo quindi poco tempo per decidere, ma ti spiegherò tutto a voce.*

*È doloroso dare brutte notizie e mi pesa molto darle a te che sei la più fragile tra noi, ma qualcuno doveva pur farlo.*
*Ti abbraccio con immenso affetto. A prestissimo.*

*Angiola*

Enrichetta si abbandonò a un pianto sommesso. Scuoteva il capo, il volto tra le mani. «Lo sapevo... Lo sapevo...» sussurrava.

«Che cosa stai dicendo?» chiese preoccupata la sorella.

«Domenico si è fidanzato, si sposerà il mese prossimo... Non mi ha aspettata, la lettera di mamma lo ha allontanato per sempre... Lo sapevo!»

«Sapevi che si sarebbe subito consolato?»

«Aveva alternative?»

«Probabilmente no.»

«E chi è la fortunata?» Chiara non riuscì a nascondere il disprezzo per quell'uomo malato di gelosia che avrebbe reso infelice la sorella.

«Una ricca borghese, non una pezzente come me.»

«Non ti permetto di dirlo! Dovresti essere fiera del tuo nome.»

«Però è vero. Mamma si risposa perché non ha un soldo e anche questa volta con un vecchio, è il suo destino. Papà aveva ventisei anni più di lei, questo Lamberti quanti ne avrà?»

«Pare che questo Lamberti sia molto ricco e anche generoso, magari le cambierà la vita... Forse gliel'ha già cambiata.»

Enrichetta la guardò sospettosa. «Dimmi la verità, tu lo sapevi?»

«Cosa?»

«Di Domenico... Lo sapevi?»

«Sì, da una settimana. Aspettavo che te lo dicesse mamma.»

«Invece, visto che non veniva più a Napoli, ha voluto che a dirmelo fosse Angiola. Nostra sorella arriva dopodomani, sapevi anche questo?»

«Sì, Angiola ha scritto pure a me. Giuseppina sta male e lei ha deciso di venire a Napoli per starle vicino.»

«Perché mamma non mi informa mai di niente? Mi ha abbandonata in convento dicendo "torno dopo la messa" ed è sparita. Perché? La verità è che non mi ama, non mi ha mai amata. Non ricordo una sua carezza.» Portò il tovagliolo agli occhi per tamponare le lacrime.

Chiara allungò un braccio per afferrarle la mano. «Non disperarti, qualcosa si farà.»

«Tra le righe della lettera di Angiola ho letto un'incertezza, come se non volesse farmi partire.»

Chiara non rispose.

«Ti ho mai raccontato cosa mi ha detto papà sul letto di morte?»

La sorella scosse il capo.

«Mi ha detto: "Muoio in pena per te... Tua madre non ti ama... Che ne sarà di te, povera figlia?".»

«Non credo proprio, papà non l'avrebbe mai fatto.»

«Secondo te me lo sarei inventato?»

«Non lo so, di certo avrà usato parole meno tragiche, in famiglia conosciamo bene il tuo spiccato temperamento drammatico, lo diceva sempre anche papà.»

«Intanto sono l'unica figlia destinata al convento. Io, soltanto io, non Angiola o tu, o Rosalia o Giuseppina, mamma ha trovato mariti per tutte voi.»

«Forse perché sa che tu non accetteresti un uomo scelto da lei, come è stato per Rosalia. Te lo ricordi? Lei non voleva saperne di Giorgio, ma alla fine ha ceduto e si è pure innamorata. Tu, invece, sei sempre stata una ribelle.»

«Perciò devo essere punita...?»

«Permettimi di dire che fino a ora non ne hai indovinata una. Vuoi che ti ricordi l'innamoramento per quel mascalzone che si stava sposando, Carlo Vattelapesca, con cui ti scambiavi sguardi languidi a Reggio? A quattordici anni palpitavi per un battito di ciglia e mamma questo se lo ricorda bene. Avevi fatto comunella con la fantesca... Come si chiamava?»

«Adelina. Ma adesso che cosa c'entra?» Abbassò lo sguardo. «Poi ho incontrato Domenico, lui mi amava... Ora che si è fidanzato come faccio?» piagnucolò.

«Uno come quello è mille volte meglio perderlo, ne troverai un altro.»

«In convento?»

«No. Lasciami parlare con Lorenzo, sono certa che accetterà di ospitarti qui finché non avrai capito che cosa vuoi fare. Se non vuoi tornare in convento, non devi farlo.»

«Magari Angiolina viene a propormi un marito...»

«Magari...» rispose Chiara poco convinta.

«E se non vorrò sposarmi con un uomo scelto da mamma?»

La sorella la guardò piena di solidarietà. «Temo che se non lo farai troverà un monastero a Reggio.»

«Stai scherzando?»

«Ti pare che scherzerei su un argomento così doloroso?»

«No.»

«È meglio che ti dica tutta la verità: mamma mi ha scritto che ha provato a trovarti un buon partito ma è andata male e adesso si sta muovendo per cercarti un convento a Reggio, così potrà starti più vicino. Ecco, adesso te l'ho detto... Non mi va di imbrogliarti.»

«Un convento a Reggio? Dovrei spostarmi dalla capitale alla provincia?»

«Infatti. Cadresti dalla padella nella brace. Secondo me, e secondo Angiola, faresti bene a non partire, ma aspettiamo il suo arrivo, tanto mancano dieci giorni alla partenza per Messina...»

Enrichetta si alzò per gettarsi tra le braccia della sorella. «Siete tutti tanto buoni con me, non come mamma. Grazie! Grazie!»

«Sono certa che Lorenzo mi appoggerà, ma nel caso decidessi di disubbidire a nostra madre preparati alla sua ira funesta, non ama essere contraddetta.»

Angiola portava notizie fresche da Reggio: le peggiori. Confermò che, falliti i tentativi di maritare Enrichetta, la madre non escludeva di trovare un convento reggino. Furono giorni di incertezze. Enrichetta voleva partire per guardare in faccia Domenico e magari fargli cambiare idea, ammesso che la madre le permettesse di incontrarlo, ma temeva anche di restare incastrata per sempre a Reggio. Nel dubbio comunque fece i bagagli, ma quando Matilde Moncada si presentò a casa Bertone si rifiutò di seguirla. Alle conseguenze avrebbe pensato poi. "Per il momento pericolo scampato" si disse con l'incoscienza dei vent'anni.

Le conseguenze si fecero sentire dieci giorni dopo con due righe furenti della marescialla:

*Sono andata a Messina a riceverti e non sei sbarcata! Adesso ti insegno io cosa succede a chi non si sottomette alla propria madre.*

Detto fatto: due giorni dopo Lorenzo Bertone ricevette una citazione del ministro di Polizia Francesco Saverio del Carretto che lo induceva a far partire seduta stante la cognata. L'uomo si presentò in salotto, dove Enrichetta si allenava al pianoforte, le sedette accanto e attese che finisse il brano, quindi chiuse il coperchio e la guardò serio. La barba gli copriva il viso, ma gli occhi avevano mantenuto una straordinaria espressività, sembrava turbato, triste.

«Che cosa c'è?»

Chiara, incuriosita dall'improvviso silenzio, li aveva raggiunti e adesso erano in due ad aspettare le comunicazioni del capofamiglia.

«Tua madre ha scritto al ministro accusandoti di insubordinazione e quello ha ordinato a due poliziotti di venirti a prendere e portarti con la forza sul piroscafo che salperà domani. Come sai, averti qui è una gioia per me, sei una cognata deliziosa e un'impagabile compagnia per mia moglie. Saresti potuta rimanere senza problemi se vostra madre non mi avesse mostrato il suo rincrescimento. Sapete bene che non posso disubbidire agli ordini di mia suocera.»

Chiara teneva gli occhi bassi, costernata, con tutta l'anima avrebbe voluto correre in soccorso della sorella, ma non poteva contraddire il marito, già in pessimi rapporti con la polizia.

«Non è giusto» gridò Enrichetta alzandosi irruente. Infilò la porta.

«Dove pensi di andare?» le chiese il cognato.

«Via!»

«E dove?»

«Non lo so, troverò una soluzione, tutto sarà meglio del carcere a vita.»

Chiara la trattenne per un braccio. «Ti prego, siediti e parliamo.»

Lei ubbidì e insieme si accomodarono sul divano.

Lorenzo si accarezzò la barba pensieroso. «Purtroppo non vedo alternative, sei con le spalle al muro e devi ubbidire» disse.

«Non puoi ribellarti a mamma, sei ancora sotto la sua tutela.»

«Per questo devo scappare.»

«E dove penseresti di andare? Non hai mezzi.»

«Né appoggi.»

Enrichetta scosse il capo, la volontà vacillava e sentiva mancarle l'energia. «Ci sarà pure qualche legge pietosa che può difendermi.»

«No, non c'è» rispose Lorenzo.

Vennero interrotti dalla fantesca che annunciò l'arrivo del confessore di Enrichetta. Lorenzo rivolse uno sguardo affettuoso alla cognata. «Fatelo entrare» disse poi. Evidentemente era stato informato da donna Teresa.

I tre si alzarono per andare incontro all'ospite.

«Don Saverio, accomodatevi. Posso offrirvi un maraschino?» chiese la padrona di casa.

«Purtroppo il medico me l'ha proibito, non prendo nulla, grazie.» E rivolto alla sua penitente: «Mi ha scritto tua madre» spiegò, «è molto arrabbiata, perché le hai disubbidito? Mi ha pregato di venire a parlarti».

«Lo so che è arrabbiata. Ma tanto domani mi imbarcheranno per Reggio.»

«È questo che vuoi?»

«Non so quello che voglio, di certo mi spaventa andare a vivere in casa del marito di mia madre... Non lo conosco.»

«Allora forse un modo c'è.»

«Davvero?»

«Sì, ma dovrai rientrare a San Gregorio.»

Enrichetta sospirò delusa. Sedeva rigida, bianca come una statua di sale, il bel volto sciupato dalla delusione.

«Lo so, non è quello che vuoi, ma finché infuria la tempesta è l'unica cosa ragionevole da fare.»

«Sono d'accordo» intervenne Lorenzo. «Conosci meglio di me il carattere di tua madre, devi aspettare che sbollisca la collera, poi insieme prenderete una decisione... magari non drastica, come ha minacciato. Se accetti di tornare a San Gregorio mando subito un biglietto al ministro.»

Enrichetta guardò la sorella pur sapendo che non avrebbe contraddetto il marito, non in pubblico. «Sì» disse, «penso che don Saverio abbia ragione» rispose Chiara.

«Perché sono così sfortunata? Quel posto mi fa vomitare.»

«Adesso non esagerare!» la rimproverò il prete. «Sarà per poco tempo.»

«Lo avevate detto anche l'altra volta» disse sconsolata, e poiché nessuno fiatava: «Ho altra scelta?» chiese rassegnata.

«Direi proprio di no. E se posso darti un consiglio, fallo subito, prima che arrivino altri ordini da Reggio. Quelle mura che senti come una prigione ti proteggeranno dalla collera di tua madre.»

«*Subito* quando?»

«Domattina.»

Enrichetta lanciò uno sguardo sgomento al cognato e l'uomo annuì. Poi alla sorella, che provò a sorriderle. «Scrivo due righe ad Angiola pregandola di venire subito qui, e al nostro Filippo per chiedergli se ci può accompagnare domani a San Gregorio.»

# 3

# IN TRAPPOLA

In carrozza Enrichetta non disse una parola. Rovistava nell'anima sua per capire perché si sentiva morire, molto più della prima volta. Adesso conosceva il mondo ristretto dove stava andando a rinchiudersi, un mondo abitato da creature invidiose e meschine. Il suo progetto d'amore era fallito. Per quanto fosse intollerabile la delusione di non andare a Reggio, di non parlare con Domenico, non aveva alternativa. La madre si era messa in testa di liberarsi di lei e nemmeno se fosse sceso Gesù dalla croce avrebbe cambiato idea. Ripensò al concilio familiare della sera prima con la sorella maggiore Angiola. Il matrimonio non l'aveva migliorata. Era ingrassata, aveva i capelli striati dai primi fili bianchi, eppure sembrava serena in quella unione senza prole. Dopo due aborti, l'ultimo dei quali per poco non la mandava al creatore, si era rassegnata. I mariti scelti da donna Teresa per le sorelle in fondo non si erano rivelati inadatti. Ripensò a Rosalia che con testardaggine aveva rifiutato Giorgio e alla fine se ne era innamorata. Ora non aveva altra opinione che quella di lui, prima di dare una risposta interrogava con gli occhi il marito temendo di dispiacergli.

Uno scossone della carrozza la riportò al presente. Guardò il buon generale Filippo Saluzzo, il migliore amico del padre, rimasto vicino alla famiglia anche quando don Fabio era caduto in disgrazia, accusato di intelligenza con i liberali. La sua presenza non la confortava.

Con un grido il cocchiere fermò i cavalli. Il generale scese per primo e cerimonioso porse la mano a Chiara, poi a Enrichetta. Voleva molto bene alle ragazze Caracciolo ed era stato un sostegno per donna Teresa alla morte del marito. Enrichetta questa volta non esitò a scendere dalla vettura. Le sorelle l'avevano rassicurata: una soluzione per tirarla fuori da quell'incubo alla fine l'avrebbero trovata, doveva avere pazienza e fiducia. Angiola le aveva giurato che avrebbe convinto la madre a recedere dal suo progetto, a patto che lei accettasse la condizione che le sarebbe stata proposta in alternativa. «Accetto tutto pur di non monacarmi» aveva detto lei enfatica, mettendosi una mano sul cuore.

Davanti al portone sorrise mesta all'amico di famiglia e gli lasciò la mano. Conosceva la strada e contò mentalmente i trentatré scalini, trentatré come gli anni di Gesù.

Nella sala della badessa l'aspettava la zia assisa sulla solita poltrona, circondata dalle cinquantotto monache, più le converse, le novizie e le educande. Davanti a quel consesso avrebbe dovuto chiedere l'ammissione provvisoria al monastero. Il cicaleccio si interruppe appena le Caracciolo varcarono la soglia. La vecchia zia fece segno alle due di avvicinarsi.

«Reverendissima madre...» esordì Enrichetta chinando il capo.

L'ottuagenaria sorrise. In due mesi, la nipote aveva imparato come rivolgersi alla parente in pubblico.

«Reverendissima madre» ripeté Enrichetta, «come sapete non sono partita per Reggio, sono tornata da tutte voi in cerca della pace che soltanto questo luogo può darmi per diradare la nebbia che mi avvolge la mente e per capire se desidero votare la mia vita al chiostro o invece sposarmi e avere una famiglia...» Lanciò uno sguardo umile alle presenti. «Il monastero garantisce una vita senza le preoccupazioni del presente e la paura del domani, ma io non so se è questo che voglio. Non lo so e spero di capirlo stando qui per qualche tempo con voi.»

La badessa si era protesa con il busto, l'udito cominciava a difettarle. «Dunque, se ho capito bene, vorresti essere riammessa in convento?» chiese ad alta voce in modo che tutte la sentissero.

«Sì, provvisoriamente, nell'attesa di capire cosa è meglio per me» rispose Enrichetta e avvertì uno strano formicolio alle mani, come se il sangue stentasse ad arrivare alla periferia del corpo.

La badessa scosse il capo scontenta. «Mia cara, il convento non è una locanda dove si entra e si esce a proprio piacimento, né un ricovero provvisorio.»

La nipote si stupì della risposta, non si aspettava di trovare la zia contrariata. «Pensavo che...»

«C'è poco da pensare» disse Errica Caracciolo senza nascondere il disappunto. Forse non voleva perdere la faccia davanti alle consorelle, o forse era davvero irritata dall'irresolutezza della nipote. «Se vuoi rientrare nel monastero, dovrai farlo da educanda; poi, come tutte, fare un anno di noviziato e infine professarti monaca, non posso ammettere eccezioni, la regola vale per tutte.»

Enrichetta sbiancò e afferrò la mano di Chiara, sentiva le gambe cederle. «Ma... senza prima consultare mia madre...»

«Tua madre ha già deciso che vestirai l'abito di san Benedetto, l'alternativa è farlo qui o in Calabria. Lasciami dire che per te sarebbe meglio vivere nella capitale piuttosto che in una colonia del Regno.»

Non era preparata a quella evenienza, si sentì svenire. Come aveva potuto cadere in una trappola così prevedibile con le proprie gambe? E le sorelle? E la madre? Erano tutte d'accordo? L'avevano incastrata? Nessuno le aveva detto che avrebbe dovuto prendere una decisione *definitiva* seduta stante. La mente cominciò a vorticare. L'idea di avere una crisi davanti alle sue nemiche, perché così le vedeva in quel momento, le sembrò intollerabile. Lanciò sgomenta uno sguardo alla sorella e quella annuì, come a dirle: "Accetta la proposta della zia, farai sempre in tempo a cambiare idea". Doveva fidarsi? Sì. Fece un respiro profondo, riempì i polmoni. «D'accordo, reverenda madre...» disse e il cuore fece una capriola. «Entrerò nel chiostro» continuò. La voce le si strozzò in gola impedendole di proseguire, ma qualunque cosa avesse detto sarebbe stata coperta dalle grida di gaudio della sala. La badessa cercò con ampi gesti delle braccia di sedare gli entusiasmi e scandì a voce alta: «Dunque ti impegni a prendere i voti?».

Lei scosse il capo. No, non voleva prendere i voti. Voleva scappare. Guardò la sorella, poi la zia, infine le monache, il silenzio si fece così pesante che fu costretta a riempirlo con una menzogna: «Sì» rispose con un filo di voce.

«Non sento...» La zia aveva stretto a imbuto una mano sull'orecchio in modo che la resa della nipote fosse priva di fraintendimenti.

«Sì» ripeté Enrichetta alzando di una tonalità la voce.

«È stato san Benedetto con il suo campanello a convincerti» urlò entusiasta una monaca dalle retrovie.

«San Benedetto! San Benedetto!» intonarono tutte in coro.

«Presto, mandate una conversa a suonare le campane, tutta la città deve sapere che il convento avrà una nuova sorella» ordinò un'altra.

Attirata dallo scampanio, dieci minuti dopo una folla di curiosi si era accalcata sotto il monastero: «La Caracciolo si fa monaca!», «*E lane de san Benedetto la scarfaranno!*». La voce si sarebbe sparsa per tutta Napoli.

Enrichetta era frastornata, tremava e a malapena udì le parole della zia.

«Allora è deciso, rientrerai in convento domattina e prenderai gli abiti da educanda. Avvertirò il vescovo e il cardinale, tutti devono sapere che un'altra Caracciolo si monacherà.»

Uscendo dal monastero, le due Caracciolo vennero circondate dalla folla. Il bravo Filippo Saluzzo riuscì a farle salire in carrozza con l'aiuto di un paio di poliziotti. Enrichetta aveva il volto velato per non dare spettacolo, sopraffatta dall'improvvisa piega che aveva preso la visita al convento. In serata arrivarono in casa Bertone, vi trovarono Rosalia con il marito e Angiola. Mancava soltanto Giuseppina. La cameriera portò un vassoio con i pasticcini per addolcire la riunione.

«Ti sei impegnata a prendere i voti, a questo punto non hai scelta, se ti tirassi indietro comprometteresti il nostro nome» esordì risoluta Angiola prendendo un dolce.

«Sono stata incastrata, perché vi sono stata a sentire?

Non dovevo andare a San Gregorio!» ripeteva Enrichetta tormentandosi le mani. Non riusciva a tenerle ferme, stringeva le dita conficcando le unghie nella carne fino a farsi male, per punirsi.

«In fondo non ha dato la sua parola, è stata costretta ad accettare senza avere il tempo di riflettere» commentò Giorgio, il pingue marito di Rosalia trangugiando la terza pastarella, i baffi imbiancati di zucchero.

«Non è giusto» ripeteva Enrichetta, piangendo. Ce l'aveva con le sorelle e con i cognati, tutti l'avevano spinta a una decisione che le faceva orrore.

«Nessuno può incatenarti in convento, se non lo vuoi» cercò di consolarla Chiara. «Lorenzo, diglielo anche tu» esortò il marito.

Lorenzo Bertone era un uomo pragmatico e non amava mentire: bevve un sorso di Marsala e poi appoggiò il bicchiere sul tavolino. «Non per contraddirti, mia cara, ma i conventi sono pieni di figlie senza dote di cui sbarazzarsi.»

Il singhiozzo di Enrichetta lo fermò, Chiara lo incenerì con un'occhiata.

«Mi spiace essere brutale, ma è inutile illudersi. Vostra madre è furiosa per la disubbidienza di Enrichetta. Se entrerà a San Gregorio, dei due mali non avrà scelto il peggiore.» Si rivolse alla cognata: «Abbiamo fermato la polizia *sub condicione*, non hai alternativa. Se non entri in convento, ti imbarcheranno a forza per Messina».

Enrichetta si morse la lingua. «In realtà potrei scappare» disse.

«Ancora con questa storia? Vuoi vivere da reietta e senza sostegno?»

«Potrei trovare qualche anima buona che mi accoglie.»

«Non dire stupidaggini, sei fuori di te!»

«Sì, lo sono e lo sareste anche voi nelle mie condizioni.»

«Alzati e vieni con me» le intimò Angiola, la più titolata a fare le veci della madre. Si chiusero in camera da letto.

«Senti un po'» disse severa la maggiore, «pensi che la vita di noi donne maritate sia migliore di quella di una monaca? Che libri hai letto? Chi ti ha messo queste stupide idee in testa?»

Enrichetta non replicò, accigliata la guardava poco convinta.

«La vita matrimoniale è uno strazio. Se avessero chiesto a me di andare in convento lo avrei preferito!»

«Non dire così!»

«Lo dico, invece, perché tu non hai idea di cosa significhi assoggettarsi alla volontà di un uomo. Non voglio entrare in particolari, ma non essere padrona del proprio corpo è orribile.»

«Ma io credevo che l'amore...»

«Smettila di dire sciocchezze! L'amore con il matrimonio ha ben poco a che fare.»

«Non è vero, guarda Rosalia!»

«Giorgio avrà delle doti nascoste, ma credimi, vale la pena farsi avvicinare da un uomo soltanto per farsi mettere incinta.»

Enrichetta giunse al monastero alle dieci del mattino del giorno dopo accolta da una folla curiosa e da un assordante scampanio. Per l'intera giornata non si parlò che del miracoloso campanello di san Benedetto e della prossima vestizione. Bisognava che tutta la città ne fosse informata. Il canonico gongolava di gioia, le suore esultavano, in chiesa un viavai continuo di preti e confessori, compreso don Vincenzo, l'autore della lettera anonima. I familiari si erano stretti attorno alla futura monaca e la zia badessa aveva organizzato un banchetto a sue spese: dolci e gelati che la festeggiata accolse come una medicina, insofferente agli abbracci e alle congratulazioni. Nel pomeriggio arrivò a complimentarsi il cardinale arcivescovo Filippo Giudice Caracciolo, zio della futura monaca, seguito dal vicario. Il dado era tratto.

A tarda sera Enrichetta si ritirò nella sua cella, si inginocchiò davanti al baule e lo aprì. Scostò la biancheria e tirò fuori il regalo della zia badessa: un saio nero di lana grezza. Le scarpe pesanti con i lacci che avrebbe indossato per il resto della sua vita le parvero topi morti. Un rigurgito acido le salì improvviso in gola. C'era perfino un'immagine di san Benedetto da appendere al collo: l'annusò disgustata. Afferrò allora il piccolo specchio e si guardò i lunghi capelli scuri, avrebbe dovuto raccoglierli in una cuffia, con buona pace dei suoi riccioli. Posò su una mensola i libri portati da casa: la Bibbia, il *Manuale* di Epitteto, le *Confessioni* di sant'Agostino. Lesse qualche pagina dalla *Consolazione della filosofia* di Boezio, conosceva la capacità dell'autore di poetizzare le amarezze dell'esilio, ma le righe le ballavano davanti agli occhi senza riuscire a infonderle l'amore per la solitudine e a darle conforto. Si alzò per andare a prendere carta e penna, sedette al tavolino e accostò la lampada. Avrebbe scritto alla madre, e senza nemmeno sapere cosa cominciò a mettere sulla carta le prime frasi che le vennero in mente. Il pensiero le fluiva indipendente dalla sua volontà.

*Mamma cara,*
*poiché non mi lasci alternative, ho accettato di suicidare la mia volontà e farmi monaca. Sai bene quanto detesti il chiostro, così come sai che la clausura è una solitudine che sa di morte. Mi aspetta una vita senza affetti e senza aspirazioni, perché tu vuoi così, e io non posso che sottomettermi, ma lo faccio con la morte nel cuore.*

Le lacrime cadevano sul foglio diluendo l'inchiostro, le righe divennero illeggibili, stracciò la lettera e fissò il crocifisso al muro. Ebbe l'impulso di sbatterci la testa contro, di uccidersi. Il futuro era più spaventoso della morte. Si alzò come una furia. Voleva farla finita, punire la madre, avvelenarle la vita con il rimorso... Le sorelle però avrebbero sofferto moltissimo. Pensò a Giuseppina con i polmoni martoriati dalla tubercolosi, non l'aveva nemmeno salutata. Fu il pensiero del padre a fermarla: il nome dei Caracciolo di Forino macchiato con il suo sangue...

Andò alla finestra e la spalancò. Cupi nuvoloni attraversavano il cielo trasportati dal vento, all'estremo orizzonte si mostrava timida una stella solitaria offuscata dalla caligine, la luna velata emetteva una luce incerta. Cominciò a piovere e il silenzio venne interrotto dagli scrosci della pioggia sul lastrico. «Cosa sto facendo? Non posso vivere qui!» urlò. «Domattina lo dirò alla zia e me ne andrò, ecco cosa farò!» si disse per darsi coraggio. In quel momento il campanile batté il tocco della mezzanotte. Impossibile aspettare l'indomani, doveva parlarle subito. Uscì dalla cella con la lanterna in mano, attraversò il corridoio buio e bussò alla porta della badessa. Nessuno rispose. Bussò con più forza. «Sono Enrichetta, vi prego, aprite» disse con una voce profonda che stupì anche lei.

Il volto spettrale di Angiola Maria illuminato dalla candela non la fermò. «Devo parlare con la zia» disse scansandola ed entrò.

La badessa era seduta ritta sul letto, basita dalla visita notturna. «Che altro è successo? Che ore sono?» chiese assonnata.

«È passata la mezzanotte ma devo parlarvi ora, non posso aspettare.»

«Angiola Maria, dammi lo scialle ed esci, lasciaci sole» ordinò l'anziana monaca.

La conversa brontolò e, indossato un pesante cappotto, abbandonò la cella.

«Allora, cosa devi dirmi di così impellente che non puoi aspettare fino a domattina?» chiese la donna sistemandosi su una sedia.

Enrichetta si inginocchiò ai suoi piedi e le cinse le gambe. «Perdonatemi, zia, ma non posso farmi monaca, so che vi sto dando un dolore, ma domani torno a casa di Chiara e al resto penserò dopo.»

«Benedetta figlia, sei stata tu a venire qui a chiedermi di essere riaccolta!»

«Non pensavo di dover prendere l'impegno a monacarmi. Mi avete colta alla sprovvista, ho detto di sì, ma so che non è questo che voglio, non ho la vocazione. Ve l'ho detto, sono confusa, mamma vuole che torni a Reggio per rinchiudermi in un altro monastero, io vorrei sposarmi, avere dei figli... aborro la clausura.»

Il volto dell'anziana monaca divenne terreo. Enrichetta era preparata ad affrontare la sua ira, invece la zia scoppiò a piangere. «Che disastro! La vergogna accompagnerà la mia vecchiaia e il mio ultimo badessato!» Si teneva la testa tra le mani, disperata. «Che cosa diranno le monache? Cosa dirà il cardinale? Il vicario? Il mondo intero? Diranno che tu sei una sventata e io una pazza ad averti persuasa a rientrare. Non pensi alla reputazione del convento? Il campanello di san Benedetto ha suonato! Ne parleranno i giornali, sarà uno scandalo! Per fortuna Lucrezia è demente e non assisterà a questo scempio.» Piangeva a dirotto, il petto squassato dai singhiozzi.

Al lume della lanterna il volto dell'ottuagenaria ricordò a Enrichetta l'adorato padre. Cosa le avrebbe detto se fosse stato ancora vivo? L'avrebbe difesa dalle assurde pretese della madre? Ricordò che un giorno di qualche anno prima, mentre a Reggio passeggiavano sul lungomare, avevano incrociato un gruppetto di giovani monache allegre e spensierate. Ridevano, una si schermava la bocca per nascondere i denti marci.

«Non pensi che potresti anche tu un giorno indossare quell'abito?» le aveva chiesto.

Enrichetta lo aveva guardato trasecolata.

«Perché ti stupisci? Cinque delle mie sei sorelle si sono fatte monache, è normale nelle famiglie numerose, e poi... bimba mia, sei così estrema in tutte le tue cose, forse l'abito ti placherebbe. Ho paura del tuo carattere irruento.» Non ne avevano mai più parlato dopo allora, ma perché quelle parole le venivano in mente adesso? Era un messaggio che il padre le recapitava per evitarle un passo avventato? Forse prima di morire aveva consigliato alla moglie di monacarla dalla sorella Errica senza avere la possibilità di comunicarlo a lei?

All'improvviso le fu tutto chiaro: il padre ancora una volta la fermava da un gesto inconsulto. Afferrò la mano della zia. «Vi prego, calmatevi, vedervi soffrire mi è insopportabile. Ritiro quello che ho detto, vi prometto che non mi ribellerò più al destino.»

La donna alzò la testa incredula, gli occhi gonfi di pianto.

«Sì, la mia volontà non può infrangere le leggi umane e divine, mi farò monaca, ne morirò... pazienza! Non voglio amareggiare gli ultimi anni di vita della sorella di mio padre.» Non poté proseguire, i singhiozzi soffocarono le sue parole.

Restarono entrambe abbracciate per qualche minuto senza parlare, poi la zia Errica poggiò sulla testa della nipote la croce che aveva al collo. «Stai tranquilla, figlia mia, Iddio e san Benedetto ti sosterranno in questo sacrificio, pregherò mattina e sera per farti venire la vocazione e sarò esaudita.»

Enrichetta rimase inginocchiata finché non sentì dolerle le gambe, le lacrime si erano asciugate, era pronta a tornare alla sua cella, baciò la mano della zia e si alzò. Era già sulla porta quando si sentì richiamare.

«Enrichetta...»

Si voltò speranzosa. «Sì?»

«Nessuno dovrà essere informato di quanto è accaduto nella mia cella stanotte, sarà il nostro segreto.»

«Ad Angiola Maria cosa direte?»

«Non preoccuparti di lei. Prometti che non ne farai parola con nessuno.»

Assentì.

«No, Enrichetta, devi dire "prometto".»

«Prometto.»

Il 21 marzo, giorno dedicato a san Benedetto, Enrichetta prese l'abito. La cerimonia della vestizione fu rapida. La tunica, posta su una guantiera, fu portata in chiesa e deposta sull'altare, nella cappella del patrono. Il canonico disse messa, e la benedisse; Enrichetta la indossò. Era di lana ordinaria, con maniche strette fino al polso e un piccolo scapolare pendente dalle spalle, un grembiule di mussola bianca, al collo un fazzoletto anch'esso di mussola e sul capo un velo bianco lungo fino al ginocchio. I capelli, acconciati in modo che passassero sopra le orecchie, erano sostenuti da un pettine, ma la cosa più orrenda - pensò Enrichetta - erano le pesanti scarpe nere con i lacci.

# 4

## L'ATTESA

Al refettorio, la mattina seguente, un manipolo di monache eccitate le si fece attorno. «Il canonico vuole vederti immediatamente.»

Enrichetta conosceva l'arcigno don Cesare, non certo un giovialone. Lo trovò in canonica, seduto dietro una massiccia scrivania di noce, la fronte, come sempre, corrugata.

«Mi avete chiamata, reverendo padre?»

«Sì, ti aspettavo, siedi.»

Enrichetta ubbidì titubante. Mai l'anziano arciprete l'aveva degnata di attenzione. «Sei su tutti i giornali di Napoli» disse porgendole due fogli ancora umidi di stampa. «Leggi.»

Enrichetta prese il primo e lui le indicò un trafiletto.

*Vogliamo sollecitamente partecipare una notizia che ai devoti di ogni classe farà piacere. Una delle figlie del defunto e compianto maresciallo Fabio Caracciolo, la signorina Enrichetta dei principi di Forino, giovane di rara pietà, si è determinata a ripudiare le vanità del mondo per prendere il velo del monastero benedettino di San Gregorio.*

Alzò uno sguardo interrogativo sul canonico. Possibile che la sua entrata in convento fosse una notizia degna di rilievo?

«Come vedi, la cerimonia di ieri non è passata inosservata. I gazzettieri sono sempre pronti a raccogliere le cattive notizie, ma per una volta ne danno una buona. Leggi l'altro giornale.»

*Il campanello di san Benedetto è tornato a risuonare ieri, e questa volta per conquistare all'angelica regola benedettina un'altra Caracciolo, la diciannovenne Enrichetta, discendente in linea diretta da Fabio, principe di Forino.*
*Questa giovane che aveva mostrato somma riluttanza nell'abbracciare lo stato monastico, ora, per essere stata durante il sonno risvegliata dal miracoloso campanello di san Benedetto, ha formalmente espresso l'intenzione di farsi monaca nel monastero dove abitò la sua antenata Fulvia e dove vivono le zie Lucrezia ed Errica, attuale badessa.*
*Una nuova devota a Dio vivrà dunque a San Gregorio Armeno.*
*Empi miscredenti,* favete linguis.

Enrichetta restituì il foglio senza commentare. L'idea che la notizia fosse pubblica non le piaceva, sentiva le catene stringersi ai polsi, se li sfregò per accertarsi di non essere ammanettata.

«L'esortazione finale al silenzio la dice lunga sulle chiacchiere che sono fiorite intorno alla tua vicenda. Hai cambiato idea diverse volte.» Il prete intrecciò le mani dietro la nuca.

«*Mo' basta però cu 'sta jacuvèlla!*» disse cercando di assumere un tono paterno senza troppa convinzione. Poi si ricompose, per cambiare subito tono: «Tu adesso ti ritirerai in clausura come hanno fatto le tue zie e ti farai dimenticare. Il tuo nome è circolato fin troppo e non devo ricordarti che i Caracciolo contano in questa città, la tua entrata gioverà al monastero».

«Se fossi la figlia di una lavandaia non avrei fatto notizia.»

«Così va il mondo, figlia mia. Ti sei forse messa in testa di cambiarlo?»

«Per carità...»

«Appunto, *mo' nun aie 'a fa' chiù 'a criatura*» la ammonì.

«Non è un mistero che sono stata portata qui contro la mia volontà.»

L'uomo quasi soffocò in un accesso di tosse.

«È la verità. Mia madre non mi ama e ha deciso di chiudermi in convento.»

Don Cesare appoggiò i pugni sulla scrivania e protese il busto. «Quindi non hai la vocazione?» chiese incredulo.

«No, padre, non ce l'ho.»

L'uomo si alzò e andò alla finestra, aveva bisogno di riprendersi da quella notizia. Ebbe voglia di accendersi un sigaro, se lo sfilò dalla tasca e lo mise in bocca, inumidì la punta senza però accenderlo. Tante ne aveva viste di ragazze nelle stesse condizioni, l'esperienza gli aveva insegnato che alla fine chi non trovava la vocazione si rassegnava, ma quella giovane sarebbe stata comunque una pessima monaca, era quel suo carattere testardo e sfrontato a renderlo pessimista. Non aveva avuto nessuna remora nel confessargli l'avversione per la vita monastica, era priva di quella necessaria dose di ipocrisia che portava avanti il mondo e nutriva la Curia.

Tornò a sedersi. La futura novizia era rimasta immobile come se avesse approfittato della pausa per assecondare la sua mente e portare i pensieri altrove, fuori da quelle mura. Andava ricondotta brutalmente alla realtà.

«Purtroppo, figlia mia, non puoi decidere tu, non hai l'età e tua madre ha scelto per te. Questo è il tuo destino.»

«Compirò ventun anni fra un bel po' e per il momento il mio noviziato dovrà aspettare.» Accompagnò la frase roteando in aria la mano per allontanare il fatidico momento.

«E dunque avrai tutto il tempo di cambiare idea» le suggerì il canonico.

«No, non la cambierò. Ho promesso a mia zia di monacarmi, ma sarà come suicidarmi... E non è detto che non lo faccia.»

Don Cesare si strappò gli occhiali dal naso per scacciare alla sua vista quell'eretica saccente. «Tu bestemmi! Devi confessarti immediatamente. Non macchierai il nome del convento con un'azione scellerata!»

Enrichetta si alzò. «Ubbidisco, mi seppellirò qui dentro ma non so se riuscirò a elevare inni a Dio.»

«*Assettate!*» urlò fuori di sé il canonico. «Chi ti ha detto di alzarti?» Un altro accesso di tosse lo costrinse a rinunciare al sigaro, che rimise in tasca. Cercando di modulare il tono della voce, per tenere a bada la rabbia, magnanimo disse: «Pregherò per te, e prega anche tu per chiedere a Dio che ti dia la vocazione».

«Saremo in tanti a pregare...»

«Farò venire oggi stesso il tuo confessore. Don Saverio raccoglierà i tuoi pensieri miscredenti, ti proibisco di farne cenno alle altre monache, ci manca solo una rivoluzionaria in convento.» Piegò i giornali, verde in viso come un aglio.

«Tienili tu, è *nu* viatico, e vai in biblioteca a leggere cosa ha scritto la tua antenata Fulvia Caracciolo sulla vita monastica.»

«L'ho già letto in questi mesi in cui ero rinchiusa qui dentro. Fulvia Caracciolo parla di una vita che non esiste più. Tre secoli fa la clausura non era una prigione, le monache uscivano, andavano in vacanza nelle ville dei monasteri. Lasciavano il convento la mattina e rientravano la sera, e se la badessa lo permetteva rimanevano a casa dei parenti per mesi.»

«Non sei ancora monaca e già cianci di uscite e visite ai parenti?»

«No, perché oggi sono vietate.»

«Ma cosa ne sai tu del Concilio di Trento?»

«Ne so quanto basta per dire che c'è stata una stretta sulle libertà dei monasteri e che Fulvia Caracciolo parla di un mondo sparito.»

Il prete era rosso per l'indignazione. Si tastò le tasche, forse in cerca di una pillola per il cuore, quella giovane rischiava di farglielo scoppiare.

«Don Saverio non ha fatto un buon lavoro, non ti parla, ti ascolta passivamente. Tu adesso sei in discernimento, dovremo accertare la tua vocazione, ma prima bisognerà trovarla. Hai bisogno di un bravo confessore, te lo sceglierò io, e penso di sapere già chi sarà: un canonico con la dottrina di san Tommaso e le virtù del tuo progenitore san Francesco Caracciolo. Lui saprà farti ragionare e fermare la tua lingua. Adesso va'.»

Dopo nemmeno due ore Enrichetta sentì sei tocchi di campanella, la sua chiamata in parlatorio. Ad attenderla c'era un uomo di quarant'anni: capelli brizzolati, volto magro, pensoso, con un tricorno in testa. Gli rivolse uno sguardo poco accogliente. Era affezionata a don Saverio, l'aveva seguita quando, quattordicenne, si era stabilita a Napoli durante la sospensione del maresciallato al padre. Aveva trovato conforto in quell'uomo buono e capace di ascoltare i battiti del cuore della piccola penitente.

«Don Cesare mi ha chiesto di parlarvi.»

«Sì, il reverendo padre me l'aveva annunciato. Voi, però, non siete un domenicano.»

«No, non lo sono. Mi chiamo don Francesco D'Antona, ho quarantatré anni e cerco di trovare Dio nelle persone e nelle cose che circondano la mia vita. Vivo nella casa professa dei padri gesuiti a Spaccanapoli, a due passi da qui.» Sorrise. «Adesso che mi sono presentato volete dirmi perché siete così infelice?»

«Perché mi farò monaca non per mia scelta. Aborro la clausura.»

«Per molte sorelle è una dolce prigione.»

«Per me non lo sarà mai.»

«Come fate a esserne tanto certa?»

«Conosco la mia natura.»

Il prete tacque per qualche istante e poi le chiese: «Siete mai stata innamorata?».

«Sì, una volta.»

«E che cosa chiedevate al vostro innamorato?»

«Quello che desiderano tutte le donne, di sposarmi.»

«E nient'altro? Apritemi senza riserve il vostro cuore.»

«Non ho altro da aggiungere.»

«Avete inviato o ricevuti lettere da lui?»

«No» mentì. Un giorno aveva ricevuto un biglietto di Domenico nel quale le faceva una scenata di gelosia e le dava appuntamento al Duomo.

«E contatti fisici?»

«Mai!» Ma che cosa voleva quel gesuita? Era un interrogatorio?

«Perché è finita con questo signore?»

«Mi ha abbandonata, ha scelto di sposare un'altra.»

«Lo sposo celeste non l'avrebbe mai fatto. Il vostro innamorato vi ha tradita, vi ha fatto del male e Dio vuole risarcirvi offrendovi amore. Vi apre la sua casa, vi introduce nella sua famiglia, vi spalanca le braccia con tenerezza per consolarvi, eppure voi lo respingete.»

«Padre, se da oggi siete il mio confessore dovete sapere che le belle frasi non mi incantano. Lo sposo celeste lo dovrei scegliere io, non volevo entrare nella sua casa, e non sono la prima. Se tutti ci chiudessimo in convento, che senso avrebbe aver creato l'umanità? Se la famiglia di Cristo fosse ridotta alla ristretta comunità del monastero, il sacrificio del Figlio di Dio che si è fatto crocifiggere per salvare il genere umano sarebbe stato inutile. In questi mesi in convento ho letto e riletto le Sacre Scritture in cerca di una conferma alle mie perplessità, e l'ho trovata e l'ho imparata a memoria. Per compiacerti nella solitudine devi essere Dio oppure un bruto. *Quis solitudinem delectatur, aut Deus, aut fera est.* Ora, io non sono né all'altezza della divinità né nella condizione delle belve: amo il mondo e sto molto bene nella società dei miei simili. Immagino che nemmeno a voi faccia orrore, altrimenti vi sareste fatto monaco, oppure anacoreta della Tebaide.»

Don Francesco nascose il turbamento dietro un sorriso. Quella giovane donna gli avrebbe dato filo da torcere e doveva prepararsi. «Se quest'ultima è una domanda, mi riservo di rispondere al prossimo incontro, oggi ci siamo conosciuti. Da adesso in poi ci vedremo in confessionale: licenziate il vostro don Saverio, sarò io a condurvi ai voti.»

Enrichetta era brava a tenere testa ai preti, molto meno alla madre, la quale aveva interpretato la decisione della figlia di entrare a San Gregorio Armeno come l'ennesimo atto di insubordinazione, e per diversi mesi non rispose alle sue lettere. Detestava essere contraddetta, ma forse nel profondo del cuore si sentiva in colpa. Aveva comunque scritto alla cognata badessa per manifestarle il proprio disappunto. L'entrata in convento di Enrichetta era stata decisa nel giro di ventiquattro ore senza nemmeno consultarla. E lei si opponeva. Forse era stata troppo severa con la figlia, non se la sentiva più di spingerla a prendere il velo, avrebbe piuttosto continuato a cercarle un buon partito a Reggio. Ammetteva che al momento non c'era nessuno all'orizzonte: avendo un marito a cui badare e una figlia, Giulia, malata di tifo, se ne occupava poco.

In estate Enrichetta ricevette la lettera tanto attesa.

*Figlia cara,*
*sono appena uscita da un periodo di grande preoccupazione per Giulietta, come sai ha rischiato di morire e vederla sofferente mi ha fatto pensare alla caducità della vita. Se Giulietta fosse morta cosa avrebbe vissuto nei suoi cinque anni? L'idea mi è sembrata insopportabile e la preghiera non mi aiutava. Da questo pensiero sono passata a te, e tutta la rabbia per la tua disubbidienza è evaporata. Hai diciannove anni e della vita conosci ben poco. Che diritto ho io di chiuderti in convento? Ne ho*

parlato con don Mario, lo conosci, il mio confessore qui a Reggio: trasferirti in un monastero in Calabria per averti più vicina è puro egoismo, quindi non si farà.
Ho sposato tuo padre a quattordici anni e gli ho dato sette figlie, eppure quando è morto mi è sembrato che la mia vita fosse ancora incompiuta. Mi sono risposata non per amore (non è mai così) ma per dare un futuro a Giulia e ad Amalia. Eduardo è un uomo onesto, un po' rigido, ma capisce le mie ambasce di madre. Mi ha dunque permesso di venire a Napoli per sostenerti in un momento tanto delicato.
So che ormai danno tutti per scontata la tua entrata in convento, io per prima, ma se, come dici tu, il chiostro ti ripugna, troveremo un modo per salvare la faccia e il buon nome della famiglia senza spezzare il cuore a zia Errica. È colpa mia, ti ho costretta ad andare troppo oltre ma ero furibonda per la tua indisciplina. Se la polizia ti avesse ricondotta a Reggio, avrei prima di tutto cercato di trovarti un marito, come continuo a fare. Ti prego di credermi, ci sto provando. In absentia è più difficile trovare pretendenti. Per fortuna ho il ritratto che ti fece Vincenzo Morani a quindici anni e lo mostro con grande orgoglio, ma non ti rende giustizia. Comunque te lo dico sin d'ora: se prenderai il velo, fino alla vestizione vivrai da tua sorella Giuseppina. Occuparsi di te le fa dimenticare i suoi malanni, che in questo momento la stanno lasciando in pace.
Presto verrò a Napoli con le tue sorelline che ti amano tanto e mi chiedono continuamente di te. Coraggio e schiena dritta. Ricorda che nessuno può mettere una Caracciolo in un angolo.
Ti abbraccio con tenerezza,

Tua madre

Enrichetta rilesse due volte la lettera, non credeva ai suoi occhi. La madre si era ravveduta. Dopo averla messa con le spalle al muro e costretta a prendere l'impegno di monacarsi, a due mesi dalla vestizione decideva di ritirarla. *Se il chiostro ti ripugna...* Certo che la ripugnava! Glielo gridava da nove mesi e sette giorni. Come pensava di cavarsela con la zia Errica e il buon nome dei Caracciolo? Chi l'aveva ravveduta, don Mario? Lo ricordava bene quel prete con la tonaca perfettamente stirata e il tricorno sulla nuca, girava sempre per casa, a Reggio, e già allora le sembrava un vecchio.

Si trasferì da Giuseppina. Dopo nove mesi in convento si sentiva spaesata, faticava a riprendere la vita sociale. Una sera, nel salotto della zia, la principessa Chiara di Gagliati, conobbe una donna interessante, la baronessa Corinna Cortese. Una trentenne sposata infelicemente con un uomo che pur di tenersi alla larga da lei aveva scelto di vivere in campagna, così dicevano i pettegoli. Era schietta, sfrontata e soprattutto curiosa. Possedeva la rara qualità di capire l'interlocutore che aveva davanti e trovare la parola giusta per rendersi amabile.

«Siete voi, dunque, la monachella riottosa» la apostrofò sorridendo. «Lasciatemi dire che non riesco a immaginarvi con un saio indosso.»

Il volto di Enrichetta si illuminò ed ebbe voglia di confessarle le sue pene. Ma a cosa sarebbe servito? «Della vita mondana non mi mancherà granché» le disse. «I balli non mi interessano, è l'idea di allontanarmi dall'umanità e rinchiudermi in un mondo ristretto che mi pesa.»

«Allora domani venite con me da mio zio, si chiama Benedetto Musolino.» Abbassò di un tono la voce e si schermò con il ventaglio: «Ha trasformato la sua casa in un covo di liberali, sono stati tutti in prigione, molti sono amici di Mazzini, approfittatene finché potete». Sorrise nuovamente.

Enrichetta rabbrividì. Corinna Cortese la stava invitando da un nemico della corona. Come rifiutare? Il cognato comprava *Il tribuno*, una rivista pubblicata a Lugano che sosteneva una nuova idea di nazione e di paese. Una frase le era rimasta impressa: "Noi crediamo in una serie infinita di reincarnazioni dell'anima, di vita in vita, di mondo in mondo, ciascuna delle quali rappresenta un miglioramento ulteriore"; da un anno se la ripeteva per consolarsi del suo destino.

«Vengo molto volentieri.»

«Bene! Vi aspetto alle cinque in piazza Dante. Mio cugino abita in via dei Tribunali.»

Enrichetta esitò.

«Cosa c'è?» chiese la donna.

«Non posso uscire da sola» arrossì.

«Ma certo, che stupida! Verrò a prendervi io, tenetevi pronta per le cinque.»

L'appartamento di Benedetto Musolino era caotico e affascinante. Corinna l'aveva edotta in strada. Lo zio apparteneva alla setta I Figliuoli della Giovine Italia e viveva in un alloggio clandestino, pronto a fuggire appena avesse sentito il fiato della polizia sul collo. Le tremavano le gambe per l'emozione. La casa era un monolocale colmo di libri ammonticchiati in pile che partivano da terra, una scrivania, tre sedie sfondate e poco altro. Varcata la porta sentì il fumo prenderla alla gola. Il padrone di casa, un uomo massiccio sulla trentina, barba corta, andò loro incontro con un sorriso stupito. La nipote gli afferrò le mani. «Enrichetta Caracciolo di Forino è un'amica fidata» disse. «Era curiosa di conoscere te e i tuoi amici. Si affaccia adesso alla vita, eppure sa già quanto i nostri sovrani danneggiano il Regno.»

Lui non disse una parola, non si fidava degli sconosciuti, anche se con sembianze angeliche come quella giovane e bella ragazza. Per non essere scortese fece un inchino prima di tornare dai suoi amici e sussurrò loro qualcosa.

«Corinna, andiamo via!» la supplicò Enrichetta, raggelata da quell'accoglienza.

«Ma no! Ormai è fatta. Vedrete che fra un po' riprenderanno a parlare e ci ignoreranno. Questi uomini vogliono cambiare il paese ma hanno paura delle donne!» disse sarcastica.

Si misero in un angolo. Entravano e uscivano diverse persone. Nessuno la degnava di uno sguardo, salutavano cordiali la nipote del padrone di casa e poi andavano a parlottare in piccoli gruppi. Corinna cercava di dare un nome a tutti loro, ma di alcuni ignorava l'identità. Infine ammise: «Mi spiace, è stato un errore portarvi qui. Con l'aria che tira, una frase sbagliata può mandarti in galera. Tra l'altro vi state annoiando a morte».

«Capisco che non si fidino, non possono sapere che sono una liberale e che mio cognato Lorenzo Bertone è un patriota sorvegliato dalla polizia, forse i vostri amici lo conoscono.»

«Giuro che non metterò mai più piede qui dentro!» asserì l'amica indignata.

L'unico a non ignorarle fu un uomo dai lunghi favoriti e gli occhi miti, forse miopi: Luigi Settembrini. Intrattenne brevemente la sconosciuta con una conversazione su un ramo dei Caracciolo con cui era apparentato.

«È appena uscito dal carcere» le disse Corinna quando l'uomo si congedò.

«Accusato di cosa?»

«Di cospirazione. Anche mio zio è appena uscito, ma rischia di essere nuovamente incarcerato.»

«Sono accusati di cosa?»

«Di avere fondato la loggia massonica di cui vi ho detto in strada. Sapete, Luigi ha sposato una donna destinata dai genitori alla vita claustrale.»

«Davvero?»

«Sì, lei aveva quindici anni e lui è riuscito a convincerla a rinunciare al velo. Ve lo dico perché, come vedete, può sempre accadere.»

«Non mettetemi grilli per la testa, vi supplico.»

«I grilli possono fare molto bene.»

«Chi è invece quel prete? Difficile non notarlo...»

«Ah, lui si chiama Luigi Minichini, è stato uno dei capi della rivolta del 1820, un vero patriota.»

Enrichetta tacque pensierosa.

«Non tutti i preti sono retrogradi, ce ne sono anche di liberali.»

«Avete ragione, ma bisognerebbe mettere loro un campanello al collo così da poterli riconoscere.»

«E mandarli dritti dritti in galera.»

Risero entrambe.

«Quando sorridete sembrate un'altra donna» disse Corinna.

«È un complimento?»

«Il vostro volto si illumina, dovreste farlo più spesso. Che siete molto graziosa lo sapete da voi, avete un portamento elegante, le curve al posto giusto, dei seni stupendi...»

Enrichetta arrossì.

«Mi spiace, non volevo mettervi in imbarazzo, sono troppo diretta, me lo rimproverano tutti.»

«No, anzi vi ringrazio, è che non so mai come reagire a un complimento» rispose rabbuiandosi e abbassando lo sguardo.

Corinna le prese il mento con un gesto affettuoso e la costrinse a guardarla negli occhi. «State pensando che tutto questo bendidio andrà sprecato sotto un abito informe?»

L'altra annuì e gli occhi le si riempirono di lacrime.

«Allora non fatelo, ribellatevi!»

«Non so da dove cominciare, vi assicuro che ci ho provato.»

«Evidentemente non abbastanza. Promettetemi che non abbasserete la testa e continuerete a fissare l'orizzonte dei vostri sogni.»

«Mi state dicendo che dovrei continuare a sognare?»

«Sì, se volete tenere in vita la vostra anima.»

Tornata a casa trovò la madre ad attenderla davanti alla porta con l'aria arcigna.

«Mamma, che sorpresa! Non mi avevi detto che saresti arrivata oggi.»

«La sorpresa l'hai fatta tu a me non facendoti trovare... Dov'eri?»

«A prendere un tè a piazza Dante con la mia nuova amica, la baronessa Corinna Cortese» mentì.

Donna Teresa la guardò sospettosa. «Voi due sole?»

«E con chi altri se no? È venuta a prendermi in carrozza, non ho fatto un passo da sola, altrimenti Giuseppina non mi avrebbe fatta uscire.»

Donna Teresa si placò: «Va bene, va bene, è giusto che ti svaghi un po', ma non esagerare».

Mancavano ormai pochi giorni alla vestizione. Enrichetta scivolava lentamente in un dirupo oscuro. I sogni di liberarla dalla promessa di monacarsi erano svaniti di fronte all'ostinazione della zia Errica. Donna Teresa l'aveva sottovalutata. Per trattenere la nipote, la badessa aveva usato anche armi improprie e Teresa Caracciolo si era trovata con le spalle al muro. Non lo ammetteva nemmeno con se stessa ma il rimorso la tormentava. La rassegnazione della futura monaca fu interpretata dal resto del parentado e dagli amici come spontanea vocazione. Enrichetta aveva smesso di lamentarsi, di protestare. Schivò il teatro, le passeggiate e la società. Agli inviti di Corinna Cortese rispondeva accampando scuse sempre diverse. Non voleva approfondire i piaceri della vita mondana se doveva poi rinunciarvi. Fu tentata di aprire il suo cuore al generoso Filippo, il suo secondo padre; il brav'uomo le aveva regalato mille scudi da portare come dote in convento per la vestizione, altri settecento li aveva versati per consentirle la prima entrata nel monastero. Enrichetta si sentiva in debito con lui e non voleva deluderlo.

Avendo vinto il conflitto con donna Teresa e salvaguardato il buon nome di famiglia, zia Errica ritenne giunto il momento di lasciare il suo incarico di badessa. Fu sostituita da una lontana parente, la segaligna Francesca Caracciolo. Chiudendosi nella contemplazione e nella preghiera, assegnò alla nipote una rendita annua di diciotto ducati. Enrichetta sarebbe entrata in convento a testa alta.

# 5

# LA VESTIZIONE

*Ottobre 1841*

Spuntò il terribile giorno. Una folla di parenti e di amici affluì fin dal mattino in casa di Camillo Bury e di sua moglie Giuseppina. Donna Teresa aveva convocato mezza Napoli. Nel salotto gremito all'inverosimile gli uomini erano riuniti in piccoli drappelli parlando di finanza, di politica e della rivolta scoppiata qualche settimana prima a L'Aquila, finita in un bagno di sangue e con moltissimi arresti. Le milizie del re setacciavano il paese alla ricerca di altri rivoltosi. Sul campo avevano fucilato il comandante della gendarmeria, il colonnello Gennaro Tanfano, amico stretto di alcuni presenti, ancora scioccati. Nessuno criticava apertamente il re, ma erano tutti convinti della necessità di una riforma profonda, la parola "rivoluzione" era bandita in quel consesso. Le donne invece rumoreggiavano eccitate da quella che per molte di loro si annunciava come una festa indimenticabile; le giovani non maritate si erano strette attorno al pianoforte e suonavano a turno, soltanto Enrichetta era rimasta in disparte con l'amaro dell'assenzio in bocca.

«Ti prego, non fare così, sembra che stai andando a un funerale» le disse Giuseppina avvicinandosi.

«Per me è qualcosa di molto simile.»

La sorella le prese una mano per confortarla pur sapendola inconsolabile. «Allora tirati indietro! Sei ancora in tempo.»

«Ma cosa dici? Sai benissimo che non posso.»

«Ti sei fatta incastrare dalla zia Errica.»

«Soltanto da lei?»

«Però deciditi! Se pensi di non avere altra scelta, alza la testa e sorridi.»

«Non ce la faccio.»

«Se fai così metterai in difficoltà mamma, penseranno che ti ha costretta lei.»

«Perché, non è vero?»

Giuseppina scosse il capo. «Forse se le avessi lasciato un'alternativa...»

«E che cosa dovevo fare? Andare a Reggio e farmi rinchiudere in un altro monastero? L'ha riconosciuto anche lei che era una scelta sbagliata.»

«Infatti non voleva, o se voleva poi si è pentita. Qualcosa deve essere successo dentro di lei... Hai visto come ha reagito quando ha saputo che volevi entrare a San Gregorio? Ha detto che aveva altri progetti per te e ha preteso che venissi a vivere in casa mia. E poi ha fatto di tutto per farti recedere dalla decisione presa.»

«L'ha fatto perché detesta essere contraddetta, di me non sa cosa farsene, adesso deve pensare a Giulietta e ad Amalia.»

«A proposito, mamma ti ha detto perché il marito non è venuto a Napoli?» chiese Giuseppina per cambiare argomento.

«No, ma immagino che vista l'età don Eduardo abbia preferito rimanere a Reggio.»

«Comunque le ha dato i soldi per comprare i vestiti alle piccoline e a te. Deve essere molto generoso.»

«Almeno questo!»

Giuseppina rifletté per qualche istante. «Quindi se non andremo noi giù, non lo conosceremo mai.»

«Io come sai non andrò mai più da nessuna parte, nemmeno sul lungomare di Mergellina. Ma perché, a te piacerebbe?»

«No, e poi nelle mie condizioni non potrei affrontare un viaggio. Comunque, se don Eduardo non ha la curiosità di conoscere la famiglia della moglie, peggio per lui. Però non mi pare sia un buon segno.»

«Mamma è così riservata... Se ci fosse maretta con il marito non verrebbe a dirlo a noi.»

L'arrivo di Rosalia le interruppe. «Che fate qui impalate? Sono le dieci, la nostra monachella deve vestirsi.»

Giuseppina le lanciò uno sguardo furente.

«Bisogna uscire da questa cappa mortifera, non è un funerale» ribatté la secondogenita.

«È proprio quello che le stavo dicendo» replicò Giuseppina.

Enrichetta stirò le labbra in una piega amara. «Mi sembro un cane che si morde la coda, continuare a parlare non serve, andiamo! Mamma ci sta richiamando all'ordine» disse.

In fondo alla sala donna Teresa le guardava severa indicando preoccupata la pendola. Bisognava muoversi, la giornata sarebbe stata lunga e faticosa, non soltanto emotivamente. Entrata nella sua stanza, Enrichetta cercò di non guardare il sontuoso vestito bianco steso sul letto. Sedette docile alla toeletta e lasciò che Giuseppina le legasse i lunghi capelli. La sorella teneva il capo chino per evitare di mostrare allo specchio la desolazione che provava inanellandole per l'ultima volta la bellissima chioma che sarebbe stata recisa quel giorno. Quando ebbe finito si fece da parte affinché Chiara aiutasse Enrichetta con l'abito di chiffon bianco. Rosalia le pose in testa un velo lungo fino ai piedi dello stesso colore e lo fermò con una ghirlanda di fiori gemmati. Adesso era abbigliata come una bellissima sposa. Angiola la prese per mano e la condusse in salotto per consegnarla alla nuova vita senza riuscire a nascondere la preoccupazione. Quella mattina aprendo la finestra della sua stanza aveva visto un corvo appollaiato sul davanzale che l'aveva salutata con un grido rauco e sgradevole. Un pessimo auspicio.

La cerimonia prevedeva un giro dei monasteri vicini per presentarsi a tutte le monache, prima della clausura. Ad accompagnarla sarebbero state la zia, Costanza di Corigliano, e la principessa di Castagneto, mentre la famiglia, i parenti e gli invitati l'avrebbero preceduta a San Gregorio per assistere alla messa solenne prima della vestizione. Enrichetta salì in carrozza scortata dalle due dame ed eseguì il pellegrinaggio muta, persa nei suoi pensieri. Era così assente che, scendendo davanti a Santa Patrizia, la principessa di Castagneto le disse: «Suvvia, Enrichetta, non avete detto una parola, qui abita vostra zia badessa, cercate di mostrarvi serena e presente. State per fare un passo definitivo, capisco che siate emozionata ma il vostro mutismo mi pare eccessivo».

«Sono concentrata su ogni passo e mi ripeto a mente ogni gesto del cerimoniale.»

«Non siete mica a corte, qui non c'è un galateo, basta che siate la giovane spigliata che conosco.»

«Una monaca non può essere spigliata.»

«E questo chi ve l'ha detto?»

«Lo so, lo vedo...»

Intervenne la zia: «Cara, secondo me sei piena di pregiudizi, vedrai che troverai la serenità necessaria. In fondo è una tua decisione, non capisco se questi sono tentennamenti dell'ultima ora...».

Enrichetta sospirò. «No, non lo sono.»

«È solo emozione» replicò la principessa sfiorandole una guancia. «Fate uno sforzo, questa è l'ultima tappa...»

Maria Beatrice, la sorella maggiore del padre, benedettina anche lei, non somigliava per nulla a Errica. Era una donna buona e affettuosa. Enrichetta l'aveva conosciuta nell'ultimo anno, durante le visite mensili consentite ai parenti. Nei loro rari incontri avevano parlato di vocazione. Per l'anziana zia era un trasporto innato, la reclusione le aveva permesso di leggere e di meditare, del mondo non le interessava altro. La ricevette nel parlatorio, pochi minuti per dirsi parole definitive e addio, il tempo correva. Il volto rattristato della nipote strinse il cuore alla badessa, troppo intelligente per non capire il rovello della giovane, nonostante Enrichetta non le avesse fatto mai cenno alla ripugnanza per lo stato monacale. Ligia al monito del vicario, fuori dalle mura di casa si era guardata bene dal pronunciare lamentazioni.

Maria Beatrice prese la mano della nipote. «Accostati, voglio parlare con te come in confessione.» Sorrise. «Non sempre la volontà umana corrisponde alla volontà divina, leggi san Tommaso, lui ha provato a mediare tra il desiderio personale e la razionalità. Se userai la ragione ti sentirai libera pure in clausura.»

«La ragione purtroppo ha regole rigide.»

«Regole che puoi stabilire tu, e certo la rassegnazione non è la strada giusta.»

«E quale sarebbe la strada giusta?»

«Non ce n'è una sola, dovrai trovare la tua.»

Il viso di Enrichetta si velò di lacrime.

«Non piangere, figlietta cara. Sai cosa diceva Seneca? "Il più grande impedimento alla vita è l'attesa: ripone tutto nel domani e spreca l'oggi." Sprecare anche un'ora della propria vita significa non avere compreso il valore di quello che hai. Sono certa che troverai dei lati positivi nella tua nuova esistenza.»

«Sì, avete ragione...»

«Lo stai dicendo per tacitare una vecchia monaca?»

«No, zia, un modo dovrò trovarlo, altrimenti non solo sprecherò la vita ma morirò. In questo momento penso soltanto a tenere a bada le mie emozioni, non voglio scoppiare a piangere durante la cerimonia.»

«Allora ti consiglio di astrarti. Quando sentirai di non farcela più, trova un posticino nella tua testa dove far riposare i tuoi pensieri, un luogo che ti piace.»

«La spiaggia di Palazzo Donn'Anna a Posillipo...»

«Hai scelto bene... è meravigliosa.»

«Non la vedrò mai più» piagnucolò Enrichetta.

«Eh no! Non devi pensare a questo, ma al benessere che ti dà l'immagine, devi vedere il cielo terso, sentire il rumore del mare, l'odore della spiaggia, il sole che ti illumina il viso.»

«Mi viene da piangere.»

In quel momento due chierici entrarono di corsa in parlatorio. «Signore muovetevi, bisogna andare a San Gregorio Armeno, il pontificale è finito, manca soltanto la monaca.»

Quelle parole furono per la futura religiosa una pugnalata al cuore, impallidì e cominciò a tremare. Costanza di Corigliano fu la prima ad alzarsi. Enrichetta la imitò, terrea. Baciò la vecchia zia.

«Questo è il nostro ultimo bacio... Addio, figlia mia! Ci rivedremo in cielo» disse la badessa commossa.

La principessa di Castagneto si accostò alla giovane e la guardò in volto. «Fermatevi, Costanza» disse alla Corigliano, «non vedete che la poverina sta per svenire?»

Enrichetta vacillava e per non crollare a terra si era appoggiata alla spalliera della sedia.

«Ti faccio portare un bicchiere d'acqua, siediti» disse la zia intimando alla conversa con un semplice gesto della mano di provvedere.

Enrichetta bevve a piccoli sorsi. Avrebbe fatto di tutto pur di rimandare l'ingresso a San Gregorio. Aveva gli occhi di tutte puntati addosso, il tempo correva, la principessa manifestava la sua ansia scuotendo la testa.

«Ti senti meglio? Adesso dobbiamo proprio andare.»

«Sì» rispose rassegnata.

Risalendo in carrozza le sussurrò all'orecchio: «Mia cara ragazza, è chiaro che non siete contenta di farvi monaca».

«Al contrario» mentì lei respingendo in gola un sospiro doloroso, «ho avuto un giramento di testa per l'emozione, va tutto bene.»

La vettura avanzava lentamente nel quartiere San Lorenzo. Si trattava di pochi metri, ma la folla impediva il passaggio. Enrichetta teneva il viso appiccicato al finestrino osservando con lacerante curiosità le persiane delle finestre, le cancellate di legno, le inferriate e tutti i ripari del monastero. Alla vista del sepolcro che l'avrebbe inghiottita fece un profondo respiro e chiamò in soccorso l'amor proprio. Le campane suonavano festose: ogni tocco era una coltellata al cuore. Così dovevano sentirsi i condannati portati al patibolo.

La carrozza si fermò dando il via a una salva di mortaretti. Enrichetta scese senza indugi, teneva la testa eretta e camminava fiera, come ci si aspettava dalla figlia di don Fabio Caracciolo. Le donne alle finestre applaudivano e lanciavano fiori, la banda degli Svizzeri le ferì i timpani con i tamburi e i fiati. Per quanto fosse informata del cerimoniale, il suono della fanfara la confuse. Al portone della chiesa l'attendeva un folto gruppo di preti disposto su due ali. Le dame di scorta consegnarono Enrichetta alla principessa di Montemiletto e alla marchesa Messanella. Fiancheggiata dalle nuove accompagnatrici, entrò in chiesa seguendo il prete che apriva la processione, tutti con la croce in mano sollevata. Incedeva in punta di piedi, quasi per paura di schiacciare qualcosa. "Non perdere l'orizzonte dei tuoi sogni, continua a sognare e la tua anima sopravvivrà" ripeteva a se stessa per farsi coraggio, mentre la navata veniva invasa dalle note dell'organo. La chiesa illuminata a giorno da centinaia di lampade era parata a festa. Sotto il soffitto decorato scintillavano gli stucchi dorati. Lanciò un rapido sguardo al coro delle monache, sapeva che le sue future compagne erano tutte lì e la stavano osservando. Sperò che qualcuna pregasse per lei. Avanzò lenta oltre le cappelle affrescate da Luca Giordano. Gli invitati erano separati da uno steccato bianco e rosso, a destra le signore ricevute da donna Teresa, a sinistra i cavalieri accolti dal cugino di Enrichetta, il principe di Forino, figlio del fratello maggiore di don Fabio. Di quella folla variopinta, nella luce abbagliante, Enrichetta non vedeva che una massa informe e confusa, le sembrava di galleggiare, di osservare il tutto dall'esterno, come se l'anima sua fosse scappata fuori insensibile al proprio dolore. La futura sposa di Dio si fermò al centro della navata e si inginocchiò. Il prete le porse una piccola croce d'argento e una candela accesa. Con la mano sinistra Enrichetta appoggiò la croce sul petto e, con il cero nella destra, proseguì verso l'altare.

La sorellina Giulia stese le mani per afferrarle il velo: «Non voglio, no, non voglio! Non devi chiuderti!» urlò. Una donna la imbavagliò con un fazzoletto, attirando l'attenzione dei presenti.

Troppo tardi! Enrichetta sentì salire le lacrime agli occhi. Lanciò uno sguardo alla sua famiglia: Giuseppina piangeva, mentre il volto di sua madre sembrava tagliato con l'accetta. Giunse all'altare maggiore e si genuflesse davanti al dipinto dell'Ascensione: rimase immobile per qualche minuto. Il fumo delle candele e dell'incenso le pungeva il naso. L'organo intonò una musica sconosciuta, scritta per sciogliere i cuori, ma non il suo, impietrito. Le due accompagnatrici condussero Enrichetta davanti al vicario del vescovo, lei si inginocchiò. Un prete dalla cotta superbamente ricamata le porse un piccolo bacile d'argento e una forbice perché recidesse lei stessa una ciocca di capelli; Enrichetta lo fece con mano ferma, quindi si alzò e fiancheggiata dallo stesso corteggio, preceduta dalla banda, uscì dalla chiesa. Il breve tratto di strada in salita che conduceva allo scalone monumentale del monastero venne percorso in mezzo a una fittissima calca di curiosi. Quattro guardie la precedevano nello stretto vicolo per evitare contatti con la folla eccitata. Enrichetta aveva le orecchie ovattate, suoni e grida di gioia le giungevano attutiti. Per tenere la mente occupata e non pensare a nulla contò i passi, gli ultimi da donna libera: cinquantacinque… cento… duecento… Arrivò nella piazzetta e alzò lo sguardo verso la scalinata. Per la terza e ultima volta si apprestava a salire quei trentatré gradini. "*Lasciate ogni speranza, voi ch'entrate.*" Perché le veniva in mente l'*Inferno*? Appena attraversò la soglia della clausura uno spasmo di disperazione le scatenò un pianto violento impossibile da contenere e le monache furono costrette a chiudere in fretta il portone.

«Zitta! Zitta! Non piangere, per carità! Altrimenti i secolari diranno che ci monachiamo non per vocazione ma per forza.»

Non c'era tempo per piangere, la funzione continuava implacabile. Adesso doveva scendere al comunichino, dove dall'altra parte della grata affacciata sul presbiterio l'aspettavano il vicario, i canonici, i preti e gli invitati. Le monache l'aiutarono a spogliarsi degli abiti di gala, del velo, della ghirlanda, dei guanti e perfino delle scarpe, poi la rivestirono con un saio di lana nero dalle maniche larghe, un grembiule di mussola bianca, un fazzoletto al collo e un velo leggero dal quale spuntavano i riccioli indisciplinati. Con gli occhi tumefatti dal pianto, Enrichetta si accostò al portello del comunichino e sentì tra la folla alcuni gemiti. Il tempo si incurvò ripiegandosi su se stesso. Il vicario benedisse lo scapolare e glielo porse attraverso la finestrella. Lei lo indossò, quindi si prosternò davanti alla badessa. L'avevano spogliata dei suoi vestiti, ora dovevano tagliarle i capelli. Una monaca li raccolse in un'unica treccia e la badessa impugnò delle grandi forbici per reciderla.

Una voce potente si levò tra i convitati in chiesa: «Non tagliatele i capelli, barbare!».

In molti si voltarono per individuare da dove provenisse. I preti imposero il silenzio. La badessa era rimasta con la mano sospesa, stringendo le forbici.

«È un eretico! Tagliate!» ordinò il vicario.

La treccia cadde. Enrichetta prese il velo.

# 6

## IL NOVIZIATO

*1841-1842*

Il giorno dopo la vestizione, sei scampanellate chiamarono Enrichetta nel comunichino: per arrivarci doveva scendere una lunga scala, attraversare un cortiletto umido attorno al quale girava uno stretto corridoio sostenuto da pilastri a volte altissime. Ad attenderla c'era il confessore don Francesco. «Buongiorno, Enrichetta» disse il gesuita, che anche quando sorrideva sembrava corrucciato.

«Buongiorno, padre.»

«Vi siete ripresa dalle emozioni di ieri? La cerimonia è stata magnifica.»

«No, non del tutto, ho dormito male.»

«Vi abituerete. Vi ho chiamato per dirvi che da oggi in poi vi confesserete tutti i giorni.»

«Tutti i giorni?»

«Nel monastero usa così.»

«Non potrei essere dispensata da questa usanza?»

L'uomo scrollò il capo e poi disse: «Va bene, per il primo mese lo faremo tre volte alla settimana, ma poi dovrete adeguarvi».

Enrichetta annuì.

«Accomodatevi e cominciamo, figlia cara.»

Già l'appellativo la innervosì e rimase immobile.

«Nel nome del Padre, del Figlio e dello Spirito Santo» la esortò il prete.

Enrichetta si segnò. «Mi confessi, padre, perché ho peccato.»

«Vi ascolto.»

«Ieri ho preso una decisione importante...»

«...»

«Per vivere serena smetterò di avere aspettative. Ho deciso di chiudere il mio spirito in una parte remota di me, creerò un secondo monastero, sarà un edificio soltanto mio dove vivrò in solitudine tra i miei pochi libri e la meditazione. Insomma, mi rifugerò in una piatta malinconia. I miei sogni li ho sotterrati sotto un cumulo di pietre.»

«Ma cosa dite!»

«Padre, ragionate: il passato è passato, l'avvenire è estinto, i ricordi ormai sono un vago sogno, di speranze non ne ho più... che altro mi rimane?»

«Non siate melodrammatica, vi rimane la fede!»

«Però è vero! Sono stata strappata agli amici, allontanata dai parenti, potrò vederli una volta al mese, sono un'estranea per le mie compagne di carcere.»

«Voi usate parole come "pietre", "carcere". Non pensate di stare esagerando? Perché vi ostinate a fare la vittima? Il vittimismo è forse il vostro peggior difetto, smettetela di piangervi addosso e accettate il destino che voi avete scelto.»

«Non avevo alternative.»

«Allora convincetevi di avere fatto la scelta migliore e pregate per ottenere la grazia di Dio. Io ce la sto mettendo tutta da un anno, purtroppo con pessimi risultati.»

«Pregherò e lo farò anche volentieri, ma non credo che la grazia di Dio scenderà dal cielo come lo Spirito Santo.»

«Continuate ad avere un atteggiamento irriverente.»

«No, padre, sono realista: che penitenza mi date?»

«La confessione per voi è già finita?»

«Sì, nelle ultime ventiquattro ore non ho commesso molti peccati, né in atti né in pensieri, non ne ho avuto il tempo.»

«Non credo di potere sopportare a lungo la vostra indisciplina.»

«Se volete, chiedo al vicario di cambiarmi confessore.»

«Non è così semplice e io non ho nessuna intenzione di lasciarvi scappare, il mio ministero è portavi sulla retta via.»

«E quale sarebbe la retta via? Guardatevi intorno. A me sono bastati tre mesi per disgustarmi del triviale cicaleccio e delle volgari gelosie che avvelenano le monache. Secondo voi quelle donnette cattive e invidiose sono sulla retta via?»

Il prete tacque. Per quanto fosse un uomo colto e preparato, davanti alla giovane monaca gli mancavano gli argomenti. «Direte tre *Padre Nostro*, due *Ave Maria* e un *Atto di dolore*, e ci rivediamo domani.»

«Domani? Ma allora...»

«Non protestate. Pregate!»

Don Francesco le diede l'assoluzione, chiuse la grata e uscì dal confessionale senza guardarla. Lei rimase qualche minuto seduta, scontenta. Avrebbe voluto continuare a parlare, magari a litigare, ma il prete aveva troncato la conversazione con arroganza.

Visse i primi mesi di noviziato come si era proposta, in una piatta rassegnazione. La zia Errica, ritirata in preghiera e meditazione, non si fece più vedere. La morte della sorella Lucrezia, alla vigilia della vestizione, l'aveva spinta a non partecipare più alle attività del convento, stanca delle continue beghe tra le monache. Con il suo ritiro, Enrichetta perdeva un lembo di famiglia. La zia l'aveva sempre trattata con affetto, pur essendo risoluta, altrimenti non avrebbe potuto governare quel covo di creature infelici e respingere la madre quando si era presentata al convento per reclamare la sua liberazione. La mancanza della zia fu risarcita dalla maestra corista delle novizie, Marianna, una sessantenne affettuosa che esercitò un forte ascendente su Enrichetta. La giovane divenne docile, assennata, fiduciosa, abbassò le armi. A zia Marianna – la chiamava zia perché così usavano fare le giovani con le donne anziane – mostrò la sua anima nuda e le entrò nel cuore. Enrichetta soffriva a incontrare don Francesco tre volte alla settimana e faticava a adattarsi alle consuetudini del monastero.

«Perché in questo convento si confessano sedute? Io l'ho sempre fatto inginocchiata» chiese un giorno alla maestra Marianna mentre passeggiavano nel chiostro.

«Potreste rimanere due, tre ore in ginocchio?»

«No, infatti, ma perché qui dentro la confessione dura un'eternità? Quanto tempo ci vuole per dire al prete di non avere voluto né potuto peccare nelle ultime ventiquattro ore? Oppure confessare peccatucci certo non mortali? Io dopo dieci minuti ho esaurito gli argomenti, delle volte mi trovo a corto di temi e le domande di don Francesco mi sembrano pretestuose.»

La monaca le sorrise benevola, l'ingenuità della sua pupilla gliela rendeva ancora più cara. Cosa ne sapeva lei dei peccati mortali? Al massimo aveva commesso qualche peccatuccio veniale e non voleva aprirle gli occhi e privarla della sua meravigliosa innocenza, perciò la lasciava parlare godendo dei suoi ragionamenti mai banali.

«Cosa succederebbe se anche la gente che vive nel mondo e ha più tentazioni di noi dovesse stare ore al confessionale? Gli artigiani chiuderebbero bottega, nessuno lavorerebbe più, tutti ginocchioni» continuò Enrichetta infervorata.

«È vero, fuori dai monasteri la confessione dura pochi minuti, le persone hanno altro da fare. La verità è che molte delle nostre sorelle non si limitano a confessare i loro piccoli peccati, vogliono che il confessore si dedichi a loro pienamente. È l'unico modo lecito per una monaca di comunicare con un uomo, l'unico mediatore fra il cielo, il mondo e il chiostro. Vivono lontano dalla famiglia e nel confessore ritrovano l'amore paterno, l'affetto dei fratelli. Vedono in lui la personificazione dell'universo, il compenso alla loro solitudine. Per loro, dopo Dio, c'è il confessore. Qui dentro alcune monache non fanno nemmeno la lista del bucato senza consultarlo, per questo ci sono cinque confessionali per noi, mentre in chiesa per i fedeli soltanto due.»

«Mi sembra una follia, anzi, una malattia.»

«Lo so, mia cara, per voi la confessione non diventerà mai il perno dell'esistenza. Però riflettateci, è anche un modo di passare il tempo. Il rito assorbe le sorelle giorno e notte, occupa i loro pensieri, fissa i loro sentimenti, nutre le loro fantasie. La confessione è diventata una specie di camorra che ha le sue adepte, i suoi taciti regolamenti, i suoi capi, il suo Codice penale.»

«Quello che dite non mi piace.»

«Ma è vero, e vi dico di più. Se mai nei conventi femminili dovessero sopprimere questo sacramento, i monasteri si scioglierebbero spontaneamente in meno di una settimana.»

«C'è qualcosa di malsano.»

«Lo so. Il confessore può essere un *casus belli*, oggetto di odi feroci.»

«Davvero? Zia Marianna, se avete qualche storia gustosa, per favore raccontatemela, muoio di curiosità.»

«Non fatemi fare pettegolezzi.»

«Voi di certo non siete una pettegola, vi prego, ditemi, voglio essere preparata.»

Marianna scosse il capo già sapendo che alla fine avrebbe ceduto alle sue richieste. Non riusciva a negarle nulla e le piaceva essere debole con una personcina così perbene e assennata. «Di storie ne girano tante» ammise infine.

«Allora qui dentro ci sono delle Eloise e degli Abelardo? Non fatevi pregare, raccontatemene almeno una!»

Marianna fece un profondo respiro, a quella ragazza non sapeva dire di no. «Qualche anno fa, una monaca ammalata ha chiesto di ricevere il confessore nella sua cella... e dopo qualche mese abbiamo scoperto che era incinta.»

Enrichetta si portò le mani alla bocca, esterrefatta.

«Ebbene sì» continuò Marianna, «e per evitare lo scandalo, il medico ha risolto la questione dichiarandola idropica e l'ha fatta uscire dal monastero.»

«Non ci posso credere!»

Marianna esitò ed Enrichetta colse l'indecisione della donna. «Per favore continuate, visto che dovrò vivere qui dentro fino alla mia morte che almeno sia preparata, mi sento una stupida ingenua.»

«L'ingenuità è un pregio e non rende stupidi, semmai preserva dal male. Ma in fondo è bene che sappiate quanto i conventi siano pieni di scandali, non c'è bisogno di avere una cella tutta per sé per commettere atti illeciti, anche il confessionale può andare bene. Troppe ne ho sentite e lette...»

«Lette?»

«Sì, c'è un manoscritto famoso che racconta gli orrori del monastero di Sant'Arcangelo di Bajano, un convento benedettino non lontano da qui.» Ammutolì.

«Orrori?»

«È una storia di tre secoli fa, finita in un bagno di sangue. La scovò un certo cavaliere Caracciolo, Francesco Paolo, forse è un vostro parente. Difficile dire se sia leggenda o realtà, di certo il convento fu sconsacrato nel 1577. Si dice che ospitasse Maria, la figlia di Roberto D'Angiò, la Fiammetta del Boccaccio.»

«Non ho letto il *Decameron*, mi è stato vietato.»

«Lo capisco.»

«Per favore, Marianna, continuate.»

«Lo scrittore francese Stendhal ha riordinato le carte vent'anni fa, ma ancora oggi *Cronaca del convento di Sant'Arcangelo a Bajano* è un libro vietato.»

«Lo avete letto?»

Marianna annuì.

«Posso leggerlo anche io?»

«No, è una storia truculenta, forse inventata.»

«Di cosa parla?»

La donna si sentì a disagio, voleva chiudere l'argomento, pur sapendo che la sua allieva gliel'avrebbe impedito. «Alcune monache del convento avevano degli amanti che nottetempo entravano nel monastero. Vi assicuro che è una vicenda tristissima e sanguinosa. È dovuta intervenire l'autorità ecclesiastica per riportare l'ordine e lo ha fatto in modo disumano.»

«Disumano?»

«Sì, per ordine dell'arcivescovo di Napoli, le peccatrici furono costrette a bere la cicuta, fu un'esecuzione capitale tra dolori terribili, sotto gli occhi impassibili del vicario e degli esecutori.»

«Giustiziate perché avevano degli amanti?»

«No, erano anche delle assassine, avevano avvelenato la badessa. Come vi ho detto, dopo questi fatti il monastero fu soppresso, adesso per favore cambiamo argomento.»

Il proposito di Enrichetta di isolarsi per proteggersi dalle cattiverie delle consorelle peggiorò l'atmosfera. Il suo atteggiamento altezzoso accentuò l'antipatia delle novizie e delle educande, e la smaccata preferenza della maestra diede fuoco alle polveri. Marianna era molto ricca e colmava di regali la sua favorita, che denari non ne aveva. Il prestito del sempre disponibile Filippo era servito all'ammissione nel monastero e alla vestizione, presto avrebbe dovuto sborsare la dote per la professione: milleottocento ducati. La rendita lasciata dalle zie era largamente insufficiente.

Marianna non faceva nulla per nascondere il sentimento che la legava a Enrichetta. Durante le lezioni sceglieva sempre lei per le letture, inconsapevole di danneggiarla, di fomentare le gelosie, le maldicenze, di acuire la sua emarginazione. Le consorelle si riunivano in drappelli, trasmigrando dall'uno all'altro gruppo con un unico intento: parlare male della Caracciolo.

La badessa, esasperata, radunò educande e novizie. «Sono scandalizzata! Voi giovani state rovinando la comunità. Noi anziane ignoriamo i partiti, le gelosie, gli scismi, gli odi e le invidie. Voi, invece, ricche di egoismo e soperchieria avete portato nel chiostro la peste della guerra civile!»

«Togliete da questo gruppo la mia novizia» reagì Marianna. «Quando la Caracciolo è entrata qui, il monastero era già infestato. Volesse il cielo che fossero tutte docili, educate, osservanti delle regole come Enrichetta!»

La difesa della maestra caricò il plotone di esecuzione. La più agguerrita era Paolina, sempre alla ricerca di qualcuno da detestare. Chi se non la spocchiosa Caracciolo?

All'ottavo mese di noviziato, la maestra Marianna si ammalò. I medici non seppero diagnosticare il suo male. All'improvviso perse la parola e il corpo cominciò a emanare un orrendo fetore. Le ore libere la sua prediletta le trascorreva al suo capezzale, e mentre l'inferma dormiva, leggeva, meditava, pregava. Un pomeriggio, Marianna cominciò a contorcersi, con gli occhi sbarrati cercava di strappare la camicia da notte chiusa fino alla gola. Enrichetta le afferrò la mano per placarla, lei aprì gli occhi: erano un pozzo di dolore.

«Sono qui, zia, ditemi cosa volete che faccia?»

Marianna scosse la testa, non sapeva più parlare, ma fissava il suo petto.

«Volete che vi slacci?»

La poveretta annuì.

«Ecco» disse, ma non fece in tempo a sciogliere il corsetto perché intervenne la conversa: «Fermatevi! Non ve ne incaricate. Sono solo *vuommeche*».

Per reazione l'ammalata cercò di stracciarsi l'armatura

con gesti inconsulti ed Enrichetta intravide una fascia sul suo petto.

«Non mi sembrano *vuommeche*, Gelsomina, che cos'è quella benda?» chiese allentando i lacci.

«*Signo'*, non ve ne incaricate, è abituata a portarla, altrimenti *fete* troppo» rispose quella arricciando il naso per significare l'odore nauseabondo che effondeva Marianna.

«Non vedi che la opprime, non la fa respirare, bisogna scioglierla.»

«No!» reagì l'altra respingendola brusca. «*Faciteve 'e fatte vuoste!*»

Enrichetta le lanciò uno sguardo feroce. «Ora ti faccio vedere come me li faccio i fatti miei!» Volò in portineria e chiese di chiamare subito il medico.

«Andateci voi direttamente, è in ambulatorio, sta visitando» le rispose suor Gabriella.

Enrichetta irruppe nella stanza dimenticando di bussare. Una monaca decrepita era stesa sul lettino con il torace scoperto, il dottor Ronchi attraverso una camiciola le auscultava i polmoni con un cornetto acustico. L'uomo alzò la testa scontento e quando vide che si trattava di Enrichetta il volto si distese. «Cosa c'è?» si limitò a chiedere.

«Sorella Marianna sta malissimo, mi ha chiesto di allargarle la fascia sul torace che le avete prescritto.»

«Quale fascia? Io non ho prescritto un bel niente.»

«Allora perché la conversa si rifiuta di toglierla?»

«Perché qua dentro siete tutte un po' matte.»

«Dottore, appena vi liberate, venite, per favore!»

«Adesso sono impegnato, ho altre due sorelle da visitare, quando arriva il mio collega, il dottor Lucarelli, glielo mando, dovrebbe essere qui a momenti.»

Enrichetta corse via. Salì a perdifiato le scale, infilò il lungo corridoio, entrò nella cella della sua maestra.

«Eccomi» disse alla povera inferma. «Adesso vi libero.»

«Non potete...» provò a protestare la conversa.

«Levati di mezzo!» rispose brusca e cominciò a sbendarla sotto gli occhi furenti della donna.

Prima ancora di avere svolto tutta la fasciatura, emise un gemito e portò una mano davanti a bocca e naso per difendersi dall'orrendo tanfo. Zia Marianna stava morendo, un terribile cancro le aveva roso metà del seno, Enrichetta altro non poteva fare se non attendere in corridoio l'arrivo del medico.

Il dottor Lucarelli giunse di lì a poco. Un uomo avvenente sulla trentina mai visto prima. Entrarono nella cella con un fazzoletto davanti alla bocca. Il medico spogliò la donna e davanti al cratere sanguinolento scosse il capo. «Come avete potuto aspettare che il cancro la mangiasse fino a questo punto?» chiese a denti stretti, poi con una voce terribile aggiunse: «Chi è la responsabile?». Nel silenzio che ne seguì si udiva soltanto il respiro faticoso di Marianna, ricoperta dal lenzuolo. «Voglio sapere chi è la responsabile, dovrò fare rapporto» ripeté il medico alterato.

La conversa scoppiò in lacrime. «Me ne sono occupata io.»

«"Occupata" mi pare un macabro eufemismo. Come vi chiamate?»

«Gelsomina Lorenzetti.»

«Siete la conversa della signora?»

«Sì, ho ubbidito ai suoi comandi. La padrona non voleva farlo sapere, mi ha pagato per farmi stare zitta.»

«E voi per qualche ducato l'avete lasciata morire? Questo è omicidio colposo, dovrò stilare un rapporto, deciderà la famiglia se denunciarvi oppure no.»

Quella notte suor Marianna morì e la vita di Enrichetta si restrinse ancora di più.

La seppellirono il giorno seguente alla presenza delle monache e di pochi parenti. Un funerale semplicissimo. "In convento si entra al suono delle bande militari e allo scoppio dei mortaretti e si scende nella tomba senza formalità" pensò salutando il feretro. Marianna le sarebbe mancata moltissimo.

Per due mesi la badessa fece le veci della defunta, poi nominò un'altra maestra, una frivola sessagenaria, astuta simulatrice e fanatica dei preti. Benché consapevole degli scandali del confessionale e del comunichino, provò a imporre a Enrichetta la confessione quotidiana. Non ci riuscì e per questo cominciò a detestarla.

Il giorno della professione si avvicinava. Per prendere i voti bisognava sborsare una dote di milleottocento ducati e altri settecento per le spese della funzione, dei quali, come per la cerimonia della vestizione, ottanta venivano donati al confessore don Francesco e altrettanti alle mance delle monache. Una somma superiore alla disponibilità della sua famiglia. Donna Teresa non voleva chiederli al marito perché accettare i suoi soldi l'avrebbe resa ancora più dipendente da lui, mentre voleva tenersi le mani libere per partire a suo piacimento e rimanere a Napoli dove vivevano quattro delle sue figlie. Se non si fosse risolto il problema della dote, Enrichetta non avrebbe potuto fare voto di professione. Il Capitolo, chiamato a decidere, accettò di prenderla con una dote minore, il che la pose in una condizione di inferiorità rispetto alle altre. Il primo attacco lo sferrò Teresa, la sorella di Paolina. Pretendeva che la Caracciolo sloggiasse dalla cella cedutale dalla zia ex badessa perché la sua dote non era all'altezza della sistemazione. Lei rifiutò, e da allora tutte le appartenenti alla consorteria di Paolina le tolsero il saluto, voltavano la faccia quando la incontravano. "Poco male, non sanno che mi fanno un piacere." Un giorno, la conversa di Teresa la bloccò in corridoio e la aggredì gesticolando come una lavandaia: «*Tenite 'na bella faccia tosta, site trasuta ccà dinto pe' duje sorde e vuljte fa' 'a padrona...*».

«Per favore, fatemi passare» rispose lei decisa a non accettare le provocazioni.

«*No una, no doje, no tre, ma quttr' doti hanno purtato 'e mèje patrune*», e contava con le dita per confermare. «*A cella vuost' nun ve spetta, site 'na morta 'e famme e l'avite lassa' 'a signora mea!*»

Enrichetta non replicò. Si allenava da mesi a non rispondere alle provocazioni. Ogni giorno al Mattutino si ripeteva il salmo 21,19 di Luca: "Nella vostra pazienza, possederete le vostre anime". Dunque, tirò dritto per rispetto a se stessa, mentre avrebbe potuto risponderle che i Caracciolo di Forino sin dalla fondazione di San Gregorio Armeno avevano introdotto centinaia di doti nel monastero. Riferì l'episodio alla madre e donna Teresa rispose che avrebbe risolto lei la questione della dote. Raccontò dello scontro con la conversa anche alla nuova badessa Francesca Caracciolo. La donna soffriva a malapena la lontana parente e non faceva nulla per nasconderlo. «Cosa posso farci!» rispose. «Per salvarvi dalla cattiveria fatevi ispirare da Dio. Se per vivere fuori ci vuole prudenza per tre, qui dentro ce ne vuole per trenta. Nel mondo le passioni si accendono e si spengono, sono sabbie mobili e bisogna imparare a muoversi, qui invece, chiuse e compresse dentro questo vaso angusto, esplodono violente.

Che dirvi? Dovreste imparare l'arte della diplomazia, perché quella dell'ipocrisia penso che la conosciate già. Qui dentro è necessaria, d'altronde esiste una mensa senza sale?»

La questione dote si risolse perché un cugino Caracciolo rilasciò a favore di Enrichetta un omologo di mille ducati da cedere al monastero per il compimento della somma di milleottocento, e si obbligò a pagare ogni anno cinquanta ducati di interessi. Accomodata la faccenda, si stabilì che il 1º ottobre, anniversario della vestizione, Enrichetta avrebbe preso i voti.

# 7

# LA PROFESSIONE

*1º ottobre 1842*

Un mese prima della funzione dei voti, Enrichetta dovette abbandonare le letture private e dedicarsi agli esercizi spirituali. Il canonico la convocò in parlatorio per indottrinarla. L'ammissione prevedeva dieci giorni di esercizi spirituali e un esame sulla vocazione, istituito per esplorare il libero arbitrio della novizia, in realtà una mera formalità. Enrichetta lo sostenne con il vicario della Chiesa napoletana. Sedette su una panca di fronte all'anziano prelato. Quando l'uomo si tolse il tridente mostrò una chierica spaziosa ai lati della quale scendevano sino alle spalle dei sottili capelli bianchi.

«Figlia mia cara, la professione è come un secondo battesimo che lava tutti i peccati. Se una donna morisse mentre sta pronunziando i voti monastici andrebbe dritta in paradiso, come l'anima del bambino morto dopo il battesimo.»

Enrichetta si morse la lingua per non reagire. In un anno

di noviziato aveva compreso che esternare il proprio pensiero era controproducente. "Fatti ipocrita" le aveva consigliato la badessa Francesca Caracciolo: quale occasione migliore per provarci.

«Ricordatevi» proseguì il canonico, «qualunque grazia chiederete in quel momento vi sarà concessa perché Iddio è costretto a esaudirla.»

"Nel dubbio ne chiederò due: che mi venga la fede e che la mia Giuseppina guarisca" pensò fiduciosa.

«Come sapete c'è poi da fare la Scala Santa» continuò il prelato.

Enrichetta gemette. Per due anni, tutti i venerdì di marzo aveva compiuto il rito espiatorio, sperimentando sulle proprie ginocchia la fatica e la durezza del marmo. Ventotto gradini, quanti erano quelli del pretorio di Pilato, saliti e scesi da Gesù sei volte. Secondo una bolla pontificia, la comunità intera – dalla badessa fino all'ultima conversa – doveva salire ginocchioni recitando una prece a ogni gradino per guadagnarsi un'indulgenza. Alla sommità si arrivava purgati di tutti i peccati di intenzione e di fatto. Alle indulgenze *toties quoties* si sottoponevano anche le più anziane, almeno fino a quando le forze lo permettevano.

«Enrichetta Caracciolo di Forino, siete consapevole di quanto vi apprestate a fare? Dai voti non si esce più, così come dai monasteri. È la legge! E io sono obbligato a ricordarvelo.»

«Sì, reverendo padre, lo sono.»

«Sapete dunque che quella porta si chiuderà per sempre e dopo potrete soltanto ricevere le visite dei vostri cari una volta al mese?»

«Sì, niente di diverso da quello che faccio già da un anno.

D'altronde non mi pesa, le visite non mi fanno stare bene, mi ricordano la vita libera a cui ho rinunziato.»

«D'accordo, cominciamo» disse severo il prete.

Tirò fuori un libretto su cui il suo segretario aveva annotato le domande, un solerte servitore che si sentiva compreso in quel rito stantio. Ogni tanto ne eliminava una o la sostituiva con un'altra. Il vicario nemmeno le leggeva prima, svolgeva quell'esame pedissequamente. Conosceva benissimo la Caracciolo, una testa calda che non si era raffreddata dopo due anni al monastero. A lui toccava il compito di accertarsi che non dichiarasse all'ultimo momento di essere stata costretta. Anche se era convinto che non sarebbe accaduto. Conosceva il carattere della futura monaca, più coscienziosa che devota.

Inforcò gli occhiali, tossì per schiarirsi la voce e cominciò: «Se dal Palazzo Reale vi arrivasse un invito a una festa da ballo e dalla superiora otteneste il permesso di uscire, sareste tentata di andarvi?».

«No» rispose di getto.

«Se in questo momento si presentasse una carrozza con quattro bellissimi cavalli e uno splendido equipaggio e foste invitata a fare una passeggiata alla Riviera di Chiaia, accettereste?»

«No.»

«Se alla morte di una regnante, venisse offerta a voi la sovranità, rinunziereste per un serto effimero e pericoloso all'alto onore di essere chiamata sposa del Figlio di Dio?»

"Che domande assurde mi fa? Come se potessi prendere il posto di una regina. Chi le scrive queste stupidaggini? Perché non mi chiede se il mio cuore è morto all'amore?"

«No» rispose.

Il prete proseguì seguendo gli appunti sul calepino.

«Se il vostro amante si buttasse ai vostri piedi e vi giurasse di condurvi oggi stesso all'altare, lo seguireste?»

«No, non lo farei.»

"Anche perché Domenico non verrebbe mai, e questo esame è una buffonata."

L'inutile interrogatorio si era concluso ed Enrichetta chiese irriverente: «Ho superato l'esame?».

Il vicario finalmente le sorrise. «Sì, figlia cara.»

«Se avessi risposto *sì* a tutte le vostre domande che cosa sarebbe accaduto?»

«Vi avrei strappato all'istante lo scapolare e ordinato di lasciare il convento in ventiquattro ore, perché sareste stata indegna di convivere con le spose di Gesù Cristo.»

«Vi è mai accaduto?»

«Ma che cosa sono tutte queste domande? Andate a confessarvi e preparatevi al grande giorno con gli esercizi spirituali e con la Scala Santa.»

Arrivò infine il grande giorno.

Enrichetta venne chiamata al confessionale alle sette del mattino e vi rimase fino alle undici, quando cominciava la funzione. L'insegnamento della badessa l'aiutava a contraddire il meno possibile don Francesco. Nell'anno di noviziato, la vocazione non era arrivata; in compenso, aveva imparato a vivere in una riposante prostrazione mentale.

La chiesa era stipata all'inverosimile, tanto che una parte degli astanti era confluita nel portico. Era presente anche il principe di Danimarca, in incognito, accompagnato da Filippo Saluzzo, entrambi in abito di gala. Il cardinale Filippo Caracciolo cantò il pontificale, quindi gli invitati si mossero verso il comunichino; anche Enrichetta avanzò fiancheggiata da quattro monache con in mano delle fiaccole accese. Due di loro le presentarono una pergamena con il giuramento contornato di santi dipinti in acquerello e arabeschi dorati. Doveva leggere la formula ad alta voce, ma la voce le mancava. Cominciò sommessa ma venne interrotta.

«Più forte! Non sentiamo niente!» protestò qualcuno.

Si fece forza e con tutto il fiato che aveva nei polmoni pronunciò i quattro voti: castità, povertà, ubbidienza e perpetua clausura... La gola le si chiuse e dovette fermarsi. A una monaca sfuggì di mano una candela, che cadde a terra spegnendosi.

Enrichetta firmò i voti, e subito dopo controfirmarono la badessa e il cardinale. Nel centro del comunichino era stato steso un tappeto: vi si coricò bocconi e venne coperta da una coltre mortuaria nera con ricamato sopra un teschio. Quattro torce ardevano nei candelieri posti ai lati. La campana emise lugubri rintocchi, a cui risposero dei gemiti in fondo alla chiesa. Il cardinale si rivolse alla defunta Enrichetta Caracciolo e la esortò a destarsi dalla morte e a farsi illuminare da Dio, ripetendo tre volte la formula: «*Surge, qui dormis, et exsurge a mortius, et illuminabit te Christus!*». Destati, tu che dormi, risorgi dai morti e Cristo ti illuminerà! Alla prima invocazione, le monache le scoprirono il drappo mortuario, alla seconda Enrichetta si inginocchiò sul tappeto, alla terza balzò in piedi e si avvicinò al portello del comunichino. «*Ut vivant mortui, et moriantur viventes!*» recitò. Lascia che i morti vivano e i vivi muoiano! La frase le sembrò più che mai appropriata: la morte per lei non era la vita sociale, ma l'inerzia monastica. Però non capiva chi l'avesse pronunciata, agiva come mossa da fili invisibili e il burattinaio di certo non era Gesù Cristo.

Il cardinale benedisse la cocolla benedettina sopra la tonaca, infine comunicò Enrichetta. Venne a baciarla la badessa, poi, in ordine gerarchico, si fecero avanti le monache. Dopo una breve predica, la funzione terminò. Gli invitai salirono al parlatorio, dove furono serviti dolci in attesa che si aprisse la porta.

Enrichetta aveva ancora le gote in fiamme e il respiro ansimante.

Checchina le si avvicinò e la strinse forte, fino a quando non la sentì respirare regolarmente. «Sei pronta?»

Lei si posò una mano sullo sterno e fece un profondo respiro. «Sì, apri.» Era consapevole che sarebbe stata l'ultima volta che vedeva tutti i parenti assieme. La mano cominciò a tremarle e per fermarla l'afferrò con l'altra.

Donna Teresa aveva chiesto alle figlie di non essere emotive; la piccola Amalia, per non disubbidire all'ordine materno, durante il rinfresco rimase in un angolo a mangiare dolci. C'era tutto il parentado, sorelle, cognati, zie, cugini. Giuseppina, pallidissima, andò via subito dopo aver abbracciato Enrichetta; per tacito accordo non si dissero nulla, bastava un'inezia perché la diga cedesse. Donna Teresa, in un momento in cui la monachella non era circondata dai parenti, colse l'occasione per condurla in un angolo e accarezzarle il volto. Un gesto inusuale per lei, sempre parca di tenerezze.

«Alla fine il tuo destino si è compiuto, era già tutto scritto» esordì e la sua fronte si increspò per un pensiero molesto.

Enrichetta abbassò lo sguardo. A cosa serviva contraddirla? Vedeva nella madre i primi segni di invecchiamento, era pentita per quanto le aveva fatto ma non c'era rimedio.

«Non devi pensare che mi sia voluta liberare di te» continuò la donna. «La tua situazione era diventata insostenibile.

Hai ventun anni e a grandi passi ti avviavi a diventare una zitella. Cerca di vedere il lato positivo del tuo sacrificio, altrimenti la vita ti sarà insopportabile.»

«Invece così mi hai salvata, grazie!»

«Non mi perdonerai mai, vero?»

«Mi sono confessata stamattina e non vorrei macchiare questo giorno così importante con una menzogna. Sì, ce l'ho avuta moltissimo con te, ho anche pensato di uccidermi per farti del male, per farti sentire in colpa.»

Donna Teresa le afferrò i polsi, sconvolta. Enrichetta avrebbe voluto divincolarsi ma non lo fece; provava una profonda pena per sua madre, sentiva che la coscienza non le avrebbe dato più tregua. Inutile accanirsi.

«Stai tranquilla, mi sono rassegnata. Il canonico mi ha detto che qualunque grazia avessi chiesto mentre prendevo i voti mi sarebbe stata concessa, perché Iddio è costretto a esaudirla.» Fece una pausa. Donna Teresa le teneva strette le mani come se non volesse lasciarla andare. «E sai cosa ho pensato mentre ero stesa sotto il drappo nero?»

La madre scrollò la testa, in realtà non avrebbe voluto saperlo, ma non poteva evitarlo. «No» disse con un filo di voce.

«Dio, fammi trovare la pace. Se non sei riuscito a liberarmi, fa' che questa mia vita sia serena. Mamma, se non ho la vocazione, la fede non mi manca... me la farò bastare.»

In quel momento si avvicinò il principe di Danimarca assieme all'amico Filippo. La straordinaria bellezza del futuro re turbò la monaca. Indossava, come il suo accompagnatore, la fascia di san Gennaro a bandoliera.

Lo straniero chiese al generale di tradurre. «Siete davvero contenta di farvi monaca?»

«Sì» rispose lei precipitosa, senza aspettare che il traduttore terminasse.

Il volto del principe si sgualcì in un'espressione incredula. Guardò lo scapolare, la veste di lana nera con il lunghissimo strascico e le larghe maniche.

«Siete a conoscenza che l'abito che indossate è l'ultimo residuo del monacato di Madame de Maintenon, la moglie morganatica di Luigi XIV?» disse in danese, fissando Enrichetta.

Lei si rivolse al generale: «Sì, e rispondigli che Madame de Maintenon, a differenza mia, entrò in convento contro la sua volontà, infatti rimase poco tempo, poi uscì e si sposò».

Il generale tradusse.

«Il principe dice che a te non sarà concessa nessuna scelta.»

Enrichetta arrossì e lanciò uno sguardo alla madre. «Non è quello che voglio» replicò, fissando negli occhi lo straniero.

Filippo guardò la marescialla e la giovane monaca soddisfatto e riportò la risposta al principe. Quello fece una strana smorfia e scosse il capo.

Enrichetta li guardò. «Aspettatemi qui» disse e si allontanò rapida.

Il cerimoniale prevedeva che le monache offrissero un mazzo di rose artificiali al cardinale e ai vescovi presenti al pontificale. Enrichetta ne prese una e la porse al principe danese con un sorriso.

L'uomo ringraziò con un rapido cenno della testa. «*Døde roser fra en død.*»

Il generale rimase in silenzio. Enrichetta guardò prima l'uno e poi l'altro in attesa della traduzione.

«Che cosa ha detto?»

«Ringrazia» mentì il generale. Non se la sentiva di tradurre: “Rose morte da una morta”.

A quel punto Sua Altezza Reale le sorrise, fece un cenno galante alle due donne e poi, rivolto a Filippo Saluzzo, in danese disse: «Andiamo, non sopporto di vedere un minuto di più questa giovane donna barbaramente immolata».

Andato via il pubblico, i cancelli del monastero tornarono a stridere sui loro cardini. Adesso un baratro separava Enrichetta dal mondo. Aveva abdicato a tutto, anche alla sua personalità, ma non alla ragione che, a dispetto di tutto, avrebbe continuato a spingerla verso la vita e verso gli umani. Lei però questo ancora non lo sapeva.

# 8

# VITA IN MONASTERO

*San Gregorio Armeno, 13 maggio 1843*

*Cara madre,*
*ieri al nostro colloquio mi hai trovato diversa. Sì, hai detto proprio “diversa”. Al momento non ho reagito, ma rientrata nella mia cella sono scoppiata a piangere. Un pianto irrefrenabile. Mentre piangevo mi chiedevo perché fossi tanto triste. Dopo ogni colloquio con te e con le sorelle piombo in una dolorosa malinconia, rimpiango il mondo che ho lasciato. Un mondo migliore di quello nel quale mi sono seppellita, tra persone grette che non conoscono la misericordia. Come dice un antico proverbio, “nei monasteri frati e monache si uniscono senza conoscersi, convivono senza amarsi, muoiono senza piangersi”.*
*La tristezza di ieri, ripensandoci, non era dettata dal rimpianto di quello che mi è stato sottratto, ma dal tuo stupore nel notare il mio cambiamento. Anche in chimica se mescoli due sostanze diverse queste reagiscono e si trasformano. Se poi i due elementi sono incompatibili, la trasformazione può essere de-*

*leteria. Ecco, io penso che questo stia accadendo dentro di me, così come penso che tu avresti dovuto prevederlo, conosci il mio carattere, eppure hai scelto per me una vita che ha soffocato la mia vitalità, l'allegria, l'ottimismo. Sì, sono cambiata. Quando si perdono tutte le speranze non hai alternative.*

*Qui dentro vedo cose raccapriccianti. Te ne racconterò una, soltanto una, perché non voglio sommergerti con le miserie con cui convivo tutti i giorni.*

*A San Gregorio abbiamo quattro converse destinate alla sepoltura delle monache. Una di loro, Elisabetta, è un demonio sotto forma umana. Un mese fa è venuta a mancare all'improvviso una sorella. Sono andata a cercare Elisabetta per preparare quel povero corpo alla tumulazione, ma lei era già a letto e non voleva scomodarsi. Le ho fatto una scenata e l'ho costretta a fare il suo dovere. Si è alzata di malavoglia e siamo andate nella cella della povera morta. L'ha afferrata per un piede e trascinata sul pavimento, la testa sbatteva a terra facendo un rumore orrendo. I becchini usano più carità con gli appestati.* «Pa' Maronna, nun putevate fa' vuje accussì» *ha ruggito furiosa. Sono andata dalla badessa a denunciarla. Sai come mi ha risposto? «Questo affare riguarda più la coscienza della conversa che il mio governo: d'altronde, fanno tutte così.» Mi sono cadute le braccia. Da allora guardo quella donna in cagnesco e lei fa altrettanto. Ma non è la sola.*

*L'ipocrisia che regna in questo luogo mi sta avvelenando. Purtroppo, la maggior parte delle mie compagne è molto lontana dal dettato di Gesù. Se tu sapessi la meschineria che vado scoprendo giorno per giorno. Per questo ho chiesto l'ufficio d'infermiera. Non te l'ho detto ieri perché la badessa si era presa del tempo per decidere, ma oggi finalmente me l'ha confermato. In realtà non c'era una grande concorrenza. Comincerò la prossima settimana e cercherò di trovare dentro me stessa l'umanità che qui dentro è merce rara. Da quando sono qui sono morte cinque monache, compresa la mia adorata Marianna. Per nessuna di loro ho visto un lutto sincero, un rimpianto cordiale, una lacrima. L'apatia, che per gli stoici era una virtù, per le monache è effetto di calcolo e di egoismo. Qui in genere sotterriamo i morti la mattina; all'ultimo funerale, mentre il cadavere veniva calato nella fossa, ha suonato la campanella per chiamarci al refettorio, le quattro converse hanno lasciato la fossa scoperta e sono corse a mangiare i maccheroni per evitare che si freddassero. Devo andare avanti? No, mi fermo qui. Se volessi raccontare tutti i gesti di inumanità a cui assisto potrei scrivere un romanzo. Quello che Dio mi chiede non è una prova della mia forza ma della mia debolezza. E tu, per favore, non dirmi mai più che mi vedi diversa, accetta il mio cambiamento. Cambio per non morire.*

*La tua Enrichetta*

*P.S.: Spero di non essere stata troppo dura, nel caso ti chiedo perdono.*

Sigillò la lettera. Si era alzata all'alba per scrivere in pace. La campana annunciò l'inizio delle attività: le lodi, le letture, la lectio divina e la messa. Prese il suo posto nel coro e partecipò con il cuore aperto all'ascolto. Il prete che officiava era un uomo sulla cinquantina, alto, di forte corporatura, con il viso volgare. Quando lei si apprestò al comunichino per ricevere l'ostia, chiuse gli occhi, sentì la particola sulla lingua, e mentre si ritirava le parve di percepire una carezza sulla guancia destra. Aprì gli occhi, il prete aveva già ritirato la mano. Credette di essersi sbagliata e non ci pensò più. Si chiuse in biblioteca e vi rimase fino all'ora di pranzo. Alla seconda eucarestia, dimentica di quanto avvenuto il giorno prima, chiuse gli occhi per ricevere l'ostia; sentì le dita del prete sfiorarle il mento, riaprì gli occhi: l'uomo la fissava con un sorriso divertito, un gesto abituale evidentemente. Decise allora di sistemarsi in un punto strategico dove poteva vedere come si comportava con le altre monache. Soltanto alle vecchie il libertino risparmiava la carezza, tutte le altre lo lasciavano fare e nell'andare via facevano pure la riverenza. Provò a interrogarne qualcuna. In refettorio andò a sedersi accanto a un'educanda sulla guancia della quale la carezza del prete si era soffermata.

«Rosaria, non ti dà fastidio che don Igino ti tocchi mentre ricevi l'eucarestia?»

«Perché dovrebbe?» rispose con la testa nel piatto di paccheri alla sorrentina.

«Lo fa con tutte» azzardò lei per colpirla nell'amor proprio.

L'altra lasciò con stizza la forchetta. «Appunto, perché non lo chiedi a qualcun'altra e mi fai mangiare in santa pace?»

Enrichetta alzò lo sguardo sulle commensali. Erano tutte impegnate a masticare e a vuotare il piatto per passare alla seconda, poi alla terza e infine alla quarta portata. Nel silenzio l'unico rumore era quello delle posate sulle stoviglie, soltanto il cibo riusciva a zittirle. Ignoravano cosa fosse l'astinenza. Il venerdì di magro non mangiavano carne e frutta fresca, ma non rinunciavano ai dolci. Ah, i dolci! Per le monache di San Gregorio confezionarli era il maggior diletto. Ognuna aveva il proprio santo protettore, cui dedicava grandi festeggiamenti alla ricorrenza. La celebrazione richiedeva settimane di preparativi. Perennemente in concorrenza tra loro, contraevano debiti, scialacquavano il denaro in oblazioni ai preti e mance ai chierici, che servivano la messa per far risplendere le loro feste. Lo stesso accadeva per i loro onomastici, e a Pasqua e a Natale superavano se stesse. Sublimavano le loro pulsioni in una frenetica attività manuale creativa e poi divoravano in estasi sfogliatelle, barchiglie, biscottini, pasta reale, monacelle, mostaccioli. Cucinare dolci e poi mangiarli era la loro occupazione principale, la *summa rerum* del convento. Ogni monaca poteva disporre del forno per un'intera giornata a partire dalla mezzanotte, ma se non bastava se ne prendeva due di giorni, anche tre, per cui le povere converse morivano di sonno e alcune si ammalavano. All'ultima Pasqua, celebrando il quaresimale, il prete aveva visto il suo uditorio scemare giorno dopo giorno. «Che bel gusto di predicare a delle saracene!» aveva esclamato inviperito scendendo dal pulpito, salvo poi abbuffarsi a quattro palmenti la domenica della Resurrezione.

Enrichetta rimaneva fredda ai riti del convento. Non era portata per la cucina e non aveva soldi da sprecare in festeggiamenti; sapeva però ricamare. Intanto i giorni trascorrevano sempre uguali, con un calendario fisso. Sveglia alle cinque per essere nel coro alle cinque e mezzo (in estate un'ora dopo), recitare le lodi mattutine, poi mezz'ora di orazioni mentali e meditazione per favorire le riflessioni. Un'ora prima di pranzo, recitavano la Terza, la Sesta e la Nona, seguita dalla messa conventuale. Dopo pranzo, un'ora di riposo, e poi lavoro. Alle cinque del pomeriggio messa cantata. Alle sei i Vespri, seguiti dalla Compieta, l'ultima preghiera. Alle sette la cena. Enrichetta non contava più i giorni. Assistere dal coro alle tante feste celebrate nella chiesa affollata era più una tortura che un piacere. Dalla grata sbirciava le secolari vestite e imbellettate e non riusciva a non sentire il tarlo dell'invidia. Il monastero di San Gregorio Armeno festeggiava cinquantanove feste solenni fisse all'anno e sedici mobili. Ai santi venerati come san Benedetto e santa Barbara, che richiedevano l'ostensione della reliquia, si aggiungevano i beati napoletani: il 2 agosto sant'Alfonso, il 7 san Donato. Il 29 agosto la statua di Giovanni Battista veniva prelevata dalla Cappella del Tesoro e portata in processione in chiesa. Enrichetta continuava a sentirsi un corpo estraneo. Il rapporto con le consorelle non era migliorato. Il partito capeggiato da Paolina era sempre molto attivo per renderle la vita impossibile. Quello che parteggiava per lei, con in testa le immancabili Checchina e Concettina, era una sparuta minoranza. Quando poteva si ritirava in biblioteca a leggere. Attività a molte sconosciuta. Qualcuna (non seppe mai chi) riferì alla superiora che divorava libri mondani, se mondani potevano considerarsi Machiavelli e Guicciardini. Per tenersi aggiornata, leggeva i giornali, li comprava a sue spese per rimanere in comunicazione con la vita esterna, perché fuori da quelle mura, a dispetto dell'inerzia del monastero, si faceva la Storia.

Un pomeriggio venne sorpresa dalla badessa mentre leggeva. «Di cosa si tratta, figlia mia? Lasciatemi vedere» disse.

Enrichetta le porse il volume, quella inforcò gli occhiali e letto il titolo glielo restituì.

«*Memoriale di Sant'Elena*... Ah, la vita della madre di Costantino! Quanto è calunniata, quella povera figliola!»

Enrichetta abbassò lo sguardo per non riderle in faccia. La superiora di San Gregorio Armeno non aveva mai sentito nominare Napoleone?

Una giovane educanda aveva assistito alla scena, e quando la badessa uscì dalla biblioteca le si avvicinò complice. «Anche a me piace leggere» disse con tono cospiratorio.

Enrichetta la guardò senza capire e le sorrise.

«Letture interessantissime che riguardano lo stato monastico, me le ha passate il mio confessore.»

«Davvero? Me le imprestereste?»

La giovane abbassò la voce. «Volentieri, stasera venite nella mia stanza e ve le mostro.»

La proposta le parve bizzarra, ma incuriosita dopo cena andò a trovarla.

«Vi aspettavo» disse quella chiudendo la porta della cella. «Le ho qui, sotto il materasso» disse con le gote in fiamme. Tirò fuori due libri: *La monaca* di Denis Diderot, che Enrichetta non aveva mai sentito nominare, sebbene conoscesse l'autore, e *Cronaca del convento di Sant'Arcangelo a Bajano*.

Sobbalzò.

«L'ho letto quattro volte...» disse l'educanda eccitata.

Era il famoso libro di cui le aveva parlato la maestra Marianna. Arrossì. «No, grazie, questo non mi interessa» disse restituendolo. «Ve l'ha consigliato il vostro confessore?» chiese incredula. Quante cose ancora doveva scoprire in quel convento?

«Sì... abbiamo fatto delle letture assieme... *Ce simme arricriati...*»

Enrichetta arricciò il naso.

«Non fate la santarella, era coinvolta anche la vostra antenata Giulia Caracciolo.»

«Non lo metto in dubbio, ma non mi pare una lettura da fare con il proprio confessore.»

«Ma dove vivete?»

«Forse fuori da questo mondo.»

«Volete dire che fino adesso nessuno vi ha *maniato*?»

«*Maniato?*»

«Sì, toccata... palpata!»

«No!» rispose inorridita, non del tutto sincera.

Qualche mese prima aveva ricevuto da un monaco libertino una lettera in cui le proponeva di diventare il suo confessore, forse per *maniarla*; non gli aveva risposto. Poi c'era don Vincenzo, l'autore della lettera anonima che continuava a lanciarle sguardi lascivi, per non parlare di quel *rattuso* di don Igino.

Scosse il capo per allontanare i ricordi. «Be', vi ringrazio, leggerò volentieri questo» disse prendendo Diderot.

«Solo se giurate di ridarmelo e di nasconderlo bene. Se vengo scoperta, rischio di essere espulsa e la mia famiglia mi ucciderebbe.»

Enrichetta aspettò che suonasse il silenzio per aprire il libro. Ambientato nella Francia del XVIII secolo, era scritto in prima persona da un'adolescente, Susanna Simonin, costretta dalla madre a prendere i voti contro la sua volontà per espiare la colpa di essere figlia illegittima.

*La cerimonia, di per sé, non è allegra; quel giorno, poi, fu tristissima. Sebbene le religiose mi venissero intorno per sorreggermi, per venti volte sentii le ginocchia cedermi, e mi vidi pronta a crollare sui gradini dell'altare.*

Reclusa nel convento delle clarisse a Longchamp, Susanna non si sottometteva a un destino imposto da altri. Avrebbe voluto sciogliere i voti, ma non sapeva come fare. Per questo aveva scritto un memoriale, perché il suo caso venisse discusso in un'aula di tribunale.

*Non appena la superiora ebbe ricevuto l'atto giuridico della mia richiesta, corse nella mia cella.*
*– Come, suor Santa Susanna, mi disse, volete lasciarci?*
*– Sì, signora.*
*– E volete domandare la revoca dei vostri voti?*
*– Sì, signora.*
*...*
*– E perché non protestaste ai piedi dell'altare?*
*– Ero così poco presente a me stessa, che non mi ricordo nemmeno di avere assistito alla cerimonia.*
*– Come potete parlare così!*
*– Non dico che la verità.*
*– Dunque non avete sentito il prete domandarvi: "Suor Santa Susanna Simonin, promettete a Dio obbedienza, castità e povertà?"*
*– Non ne ho memoria.*
*– E non avete forse risposto "sì"?*
*– Non ne ho memoria.*
*– E immaginate che gli uomini vi crederanno?*
*– Mi credano, oppure no; il fatto non sarà per questo meno vero.*
*– Cara bambina, se simili pretese fossero ascoltate, vedete bene anche quanti e quali abusi ne seguirebbero. Avete fatto un passo sconsiderato; vi siete lasciata trascinare da un sentimento di vendetta; avete nel cuore i castighi che mi avete obbligata a infliggervi; avete creduto che fossero sufficienti a infrangere i vostri voti; vi sbagliate, questo non è possibile, né davanti agli uomini, né davanti a Dio.*

Enrichetta continuava a leggere senza riuscire a staccarsi da quelle pagine che parlavano di lei, non per le torture fisiche subite dalla povera Susanna ma per quelle morali. Procedette spedita fino ai due terzi del romanzo. Finché un capitolo non la turbò, costringendola a fermarsi per riflettere. Susanna alla fine non era riuscita a smonacarsi, ma almeno aveva cambiato convento. La nuova madre superiora l'aveva accolta con grande affetto. Con smisurato affetto, tanto da infilarsi nottetempo nel letto dell'inesperta monaca per abbracciarla e baciarla. Enrichetta, come la sua eroina, stentò a capire che il sentimento della superiora era contro natura.

*– Ma come ha potuto questa salute così cagionevole resistere a tanti e simili tormenti? Come mai queste piccole membra non si sono spezzate? Come ha fatto questo organismo delicato a non venire distrutto? E come è riuscita la luce di questi occhi a non spengersi nelle lacrime? Crudeli! Stringere queste braccia con delle corde!... – E lei mi prendeva le braccia e le baciava...*
*– Annegare nelle lacrime questi occhi – e li baciava...*
*– Strappare pianti e gemiti a questa bocca!... – e la baciava...*
*– Sbiadire il rosa di queste guance – e lei le carezzava con la mano, e le baciava...*
*– Deturpare questa testa! Sradicare questi capelli! Caricare questa fronte di pensieri! – E mi baciava la testa, la fronte, i capelli...*
*– Osare cingere con una corda questo collo, squarciare queste spalle con punte acuminate!... – E scostava i panni che coprivano il collo e il capo; mi apriva la veste, in alto; i miei capelli cadevano sparsi sulle mie spalle scoperte; il mio petto era seminudo; e i suoi baci si spandevano sul mio collo, sulle mie spalle scoperte e sul mio petto.*

*Mi accorsi allora, dal tremore che l'assaliva, dalla confusione delle sue parole, dall'irrequietezza dei suoi occhi e delle sue mani, dal suo ginocchio che premeva tra i miei, dall'ardore con cui mi stringeva e dalla violenza con cui le sue braccia mi afferravano che una nuova crisi della sua malattia presto l'avrebbe colta. Non so cosa accadde in me; ma fui presa da un terrore, da un tremore e da una debolezza che mi fecero pensare che fosse vero il sospetto che avevo avuto, che davvero il suo male fosse contagioso.*

Enrichetta chiuse il libro di scatto, sconvolta, bagnata di sudore e non solo. Temette che le fossero venute le mestruazioni. Andò a esplorare tra le gambe, il corpo si contrasse e venne scossa da sussulti. Pensò di morire. Una bellissima morte. Il terribile male delle due clarisse aveva contagiato anche lei.

# 9

# LA CARITÀ DELLE MONACHE

*1843*

Una fredda mattina sei scampanellate la chiamarono in parlatorio. Vi trovò la sorella Chiara vestita a lutto: una veletta le copriva il volto sciupato dal pianto. Enrichetta sentì cederle le gambe. «Giuseppina?» chiese tremante. Da anni la sorella maggiore soffriva di tubercolosi e lei la ricordava in tutte le sue preghiere, ma Dio era stato sordo.

«Sì» rispose Chiara.

Caddero l'una tra le braccia dell'altra e piansero cercando di consolarsi a vicenda. Fu Chiara a staccarsi per prima, afferrò le mani gelide della sorella. «È morta nel sonno. Almeno nelle ultime ore non ha sofferto, il medico le aveva dato dell'oppio, questo dovrà consolarci.»

«Consolarci? Come posso consolarmi se non la vedo da sette mesi, da quando si è allettata? Nelle ultime settimane aveva smesso di scrivermi, non ce la faceva a stare dritta nemmeno a letto e a reggere la penna.»

«Non soffre più.»

«E mamma?»

«Arriverà a Napoli domani per il funerale. Tu...» Esitò. «Potrai venire?»

«A costo di scrivere al vescovo e al papa, non mancherò.»

Il permesso di lasciare il convento le venne negato. Pianse, ebbe un malore, venne ricoverata in infermeria per le convulsioni, ma non riuscì a addolcire il cuore del vicario. I suoi nervi si infragilirono. Più il sistema nervoso cedeva, più il carattere le si induriva. Il velo pesante come piombo le soffocò ogni candore, ogni innocenza, spense le ambizioni della ragazza divenuta donna tra quelle mura. L'impegno maggiore in quegli anni era stato rimanere umana, impresa non sempre facile. Aveva saputo dal primo momento che i voti erano perpetui, che nessuno poteva smonacarsi, la Chiesa lo vietava. Susanna Simonin per uscire dal chiostro era dovuta fuggire. Lei non aveva i mezzi né la forza per tentare una fuga, ma se aveva sacrificato il suo futuro non avrebbe fatto altrettanto con la ragione. Più che la voce di san Benedetto, nella sua coscienza risuonava la voce di Gesù Cristo, il distruttore delle sette e delle caste, il cittadino dell'universo. Si dedicò con impegno all'ufficio di infermiera ma non le giovò stare a contatto con la malattia. Divenne pessimista. Passava dalla rassegnazione alla disperazione, e spesso andava a cercare forza ai piedi dell'altare, ma non sempre la trovava. Scriveva alla madre e alle sorelle lettere accorate in cui raccontava la cattiveria delle monache, l'orrore nel vederle lottare tra loro: quella vita coatta non concedeva neanche il privilegio della solidarietà.

"La religione di questi Tartufi non è che un oggetto di

biancheria, lo indossano e se lo levano a loro piacere, e quando è sudicio lo mandano in lavandaia" diceva un proverbio.

Un episodio la sconvolse per la mancanza di carità e per il poco rispetto per la morte. Da qualche settimana era entrata nel chiostro una contadina diciottenne che il padre aveva rinchiuso a San Gregorio per non farla maritare al ragazzo di cui era innamorata. Dal giorno in cui aveva indossato l'abito da educanda, Caterina non aveva mai smesso di piangere. Enrichetta aveva provato a confortarla, ma era inconsolabile. Una sera, mentre cenavano, la giovane scese al pozzo per prendere l'acqua e non tornò più. Francesca Caracciolo ordinò di andare a cercarla. La trovarono in fondo al pozzo ancora viva.

«Presto, aprite il portone e fate entrare degli uomini che ci aiutino a tirarla fuori» ordinò la madre superiora.

Così fu fatto.

Enrichetta, con lo stomaco torto dal terrore, assistette al salvataggio. «Come è venuto in mente alla badessa di mandarci a cercarla al pozzo?» chiese a una monaca anziana torcendosi le mani per l'angoscia.

«Non è la prima volta che qualche matta vi si butta dentro» rispose.

«Cosa?»

«È la scorciatoia per l'inferno, ogni tanto qualcuna la prende.»

La badessa assisté con il volto terreo al ripescaggio di Caterina. Quando infine emerse dal pozzo ordinò di chiuderla in una cella. «Non dovrà uscire per un mese, il confinamento le farà bene.»

«Reverenda madre, questa poveretta ha bisogno di cure:

perde sangue, non so cosa fare, dobbiamo chiamare un medico delle ossa.»

«Ci penseremo domani. Voi occupatevi di cambiarle i vestiti e nient'altro.»

«Ma...»

«Ubbidite e basta!»

Enrichetta attese che venisse deposta sul letto, poi con l'aiuto della sua conversa Gaetanella la spogliò. Sanguinava. Un osso della gamba sinistra aveva lacerato la carne e le due donne non sapevano cosa fare. Per fortuna Caterina aveva perso i sensi e non si lamentava. Enrichetta uscì dalla sua cella e corse in bagno a vomitare. Non chiuse occhio tutta la notte e la mattina seguente, invece di recarsi in chiesa, andò da lei. Caterina pendeva da una fune, aveva trovato la forza di finire quello che non era riuscita a fare gettandosi nel pozzo.

Dopo averla ricomposta, e atteso il medico che confermasse la morte, raggiunse il coro a recita già cominciata. La badessa la guardò accigliata.

Alla fine dell'ufficio la convocò nel suo studio: era magra, con il volto scavato dalla mancanza di misericordia. «Per la vostra assenza ingiustificata di stamattina mi costringete a censurarvi.»

«Madre, ero da Caterina... La poveretta si è impiccata.»

La donna ebbe un leggero fremito alla guancia destra. «Allora non era tanto inferma se è riuscita a suicidarsi.»

«Lo avrà fatto per sfuggire al dolore, non so quante fratture aveva in corpo. Voi non mi avete dato il permesso di darle un calmante.»

«Non era compito vostro.»

«Lo so, ma perché non abbiamo chiamato il medico?»

«Vi state permettendo di giudicare il mio operato?»

«No...»

«A me invece pare proprio di sì. Come vi ho detto, considero la vostra assenza di stamattina censurabile.»

Questo era davvero troppo, al diavolo la diplomazia. «Non ero l'unica assente... C'erano soltanto cinque monache che salmeggiavano... E le altre?»

«Quello che fanno le altre non vi riguarda.»

«Saranno disperse tra confessionali e parlatori a fare...»

«A fare, cosa?» la aggredì la superiora.

«Niente... Chiedo scusa.»

«Non basta! Per una settimana vi asterrete dal partecipare ai riti comuni, andrete soltanto in chiesa e consumerete i pasti nella vostra stanza.»

«E in infermeria?»

«Ci potrete andare, l'importante è che io non vi veda. Siete sempre scontenta, sempre contrariata, sempre pronta a far sentire in colpa le altre. Ci avete provato perfino con me, purtroppo non avete capito i fondamentali della vita monastica.»

«No, evidentemente no.»

«Cieca ubbidienza e sottomissione.»

Enrichetta si morse la lingua.

Francesca Caracciolo se ne accorse. «Ringraziate il cielo che sono una persona ragionevole, in altri conventi le superiore si fanno baciare il ginocchio e persino la pantofola.»

«Come il papa» le sfuggì suo malgrado.

La badessa le lanciò uno sguardo furente. «Io non ho piacere ad avere davanti la vostra faccia sempre aggrondata, andate, e cercate di rendervi invisibile!»

Una volta nella sua stanza Enrichetta prese carta e penna.

Aveva deciso di scrivere un diario. Aprì rabbiosa il quaderno foderato con carta fiorentina. Prima di intingere il pennino rilesse quanto aveva scritto la settimana precedente. Annotava pensieri e avvenimenti, alcuni sconvolgenti.

*La patria di Enrico VIII e di Shakespeare ha un vocabolo che manca in italiano:* priestcraft, *che significa "frode pretesca", è la prova che il clero è infetto dallo stesso vizio a tutte le latitudini. La nostra lingua ha però un'altra particolarità: applica la parola "professione" sia al commerciante sia al monaco, con la differenza che per noi la professione non dovrebbe avere scopo di lucro perché abbiamo fatto voto di povertà. Allora mi chiedo: ha ancora senso questo voto ai giorni nostri, visto che le monache non si sognano di osservarlo? Vestono tonache di lana ruvida, ma sotto usano biancheria di tela finissima, fazzoletti d'Olanda e di batista. Nei giorni festivi portano sospese al fianco delle corone incastonate in argento o dorate.*

*Il voto di umiltà ci vieta la spalliera al letto, ma concede tre materassi di lana morbida, cuscini di piume e tende di merletto antico sospese a un anello di ferro attaccato al soffitto. Non possiamo tenere oggetti di lusso sopra il comò, ma in un armadio a muro custodiamo preziosi vasellami e la più antica porcellana di Cina portati da casa. È proibito tenere molto denaro nella nostra stanza (ad avercelo!), ma nel monastero esiste un luogo chiamato "deposito" dove tutte conservano il loro gruzzolo e lo contano avide, degne emule di Arpagone e Shylock.*

*Possiamo fare un complimento di quattro ducati al mese. La superiora può darne fino a otto, e il vicario può disporne fino a dodici. A cosa servono? A munirsi di permessi che concede Roma.*

Girò le pagine all'indietro dove aveva scritto due mesi prima.

*Oggi due sorelle nobili stavano facendo l'orazione mentale nel coro, misurando il tempo della preghiera con la clessidra. Ero accanto a loro e ho udito quando sono state chiamate alla portineria dal loro tocco. Per non interrompere le orazioni e ricominciarle poi daccapo hanno mandato la conversa a ricevere l'imbasciata. Dopo qualche minuto la giovane è tornata pallidissima.*

*«Chi era?», «Che c'è?» hanno chiesto.*

*«Era il servitore del signor principe...»*

*«Che cosa voleva?»*

*«Il vostro signor fratello...» La conversa si è fermata.*

*«Ma Santo Iddio, parla! È malato?»*

*«No... è morto!»*

*«Madonna del Carmine! Morto* all'intrasatta*!... E come?»*

*La conversa ha riferito in modo confuso che il fratello diplomatico, scoperto di essere compromesso con il governo, si era bruciato le cervella con un colpo di pistola. «È morto di subito!»*

*Le due si sono guardate un momento, hanno sollevato lo sguardo al cielo, congiungendo i palmi.*

*«Anna!» ha detto una.*

*«Camilla!» ha esclamato l'altra.*

*«Iddio l'abbia in gloria. L'ampolla scorre, terminiamo la meditazione.»*

*Poi la prima si è rivolta alla conversa: «Sta per suonare la campana del refettorio. Non divulgare la notizia di questa disgrazia perché saremmo costrette ad astenerci dal pranzare,* e pe' l'anema 'e pate, me muorr' e famme*!».*

*Sì, queste grandi signore, figlie di duchi, conti e baroni napo-*

*letani, quando si distraggono si esprimono in dialetto. Non è colpa loro, sono state strappate alla famiglia ancora bambine e sono prive di cultura. Poi ci sono persone come donna Marcella, entrata nel chiostro a trentadue anni, che si vanta di non avere mai messo piede al museo Borbonico e al San Carlo e sostiene che Pompei è stata sommersa da cenere e lapilli perché abitata da una genia di eretici che Dio ha punito facendo eruttare il vulcano.*

Andò ancora indietro.

*Un prete di cui per pudore taccio il nome era diventato fastidiosissimo perché voleva che lo amassi a ogni costo. Ha usato per convertirmi la poesia profana, sofismi retorici e anche l'interpretazione della parola di Dio. Una dialettica davvero straordinaria e ne scrivo per non dimenticarne perché vale la pena.*

*«Bella figliola» mi ha detto un giorno, «tu sai chi è veramente Dio?»*

*«È il creatore dell'universo» ho risposto seccamente.*

*«No, no, no! Non basta questo. Dio è amore, amore astratto che riceve la sua incarnazione nel mutuo affetto di due cuori che si idolatrano. Tu, dunque, non puoi né devi amare Iddio nell'esistenza astratta: devi amarlo nella sua incarnazione, ossia nell'esclusivo amore di un uomo che ti adori:* quod Deus est amor nec colitur, nisi amando.»

*«Quindi nell'atto di adorare il proprio amante la donna nubile adorerebbe la divinità?» gli ho chiesto.*

*«Sicuramente!» ha ripetuto dieci volte il prete, riprendendo coraggio dalla mia conclusione, soddisfatto per il felice effetto del suo catechismo.*

*«In tal caso» ho continuato pronta, «mi sceglierei per amante un uomo del mondo piuttosto che un prete...»*
*«Dio ti liberi, figlia mia! Dio ti liberi da quella peste!» ha gridato inorridito. «Amare un uomo del mondo, un profano, un empio, un miscredente, un infedele... andresti inevitabilmente all'inferno! L'amore del sacerdote è amore sacro, quello del profano è vituperio; la fede del prete emana la stessa fede prestata alla Santa Chiesa, quella del profano è menzogna quanto è falsa la vanità del secolo; il prete purifica giornalmente l'affetto suo nella comunione della santissima sostanza.»*
*«Ma il cuore e la mia coscienza rifuggono il prete» ho risposto.*
*«Ebbene, se non volete amarmi, perché sono un prete, ho un modo per liberarvi dagli scrupoli: ai nostri incontri, alle nostre espansioni, premetteremo sempre il nome di Gesù Cristo; così il nostro amore sarà un'offerta gratissima al Signore e salirà al cielo pregno di profumi come il fumo dell'incenso nel santuario. Ditemi, per esempio: "Vi amo in Gesù Cristo, questa notte ho sognato di voi in Gesù Cristo", e avrete la coscienza tranquillissima, poiché così facendo santificherete qualunque trasporto.»*

Continuò a leggere a ritroso.

*In convento c'è una continua contesa a chi è più nobile. Con le mie orecchie ho sentito un'anziana monaca dire a un'altra: «Voi in famiglia avete soltanto un conte pezzente, cadetto di famiglia; la buon'anima del mio trisavolo riuniva nel suo scudo tutti i titoli di feudatario: principe di ***, duca di ***, marchese di ***, conte di ***, ed è stato anche consigliere del Re Cattolico e Grande di Spagna».*
*«È vero, ma discendeva da razza bastarda, lo sanno pure i piccirilli.»*

*Queste nobili di blasone e non di spirito reclamano il primato in tutto. Quando c'è la processione, pretendono di avere i primi posti sul belvedere e bisogna cederglieli all'istante, né esitano a fare alzare durante la messa la monaca che ha preso il loro posto preferito nel coro.*

Si sentiva sfinita. Intinse la penna nel calamaio e scrisse:

*Il convento non è soltanto la perdita della libertà personale, è un luogo di violenza. Donne in lotta fra loro: giovani contro vecchie e inferme, monache contro converse e viceversa, ricche e nobili contro povere, non si rendono conto di essere tutte schiacciate da un sistema che le esclude e le mortifica al punto che il pozzo dove ogni tanto qualcuna va a gettarsi può essere un'alternativa allettante.*

# 10

# ANGIOLA MARIA

*1844*

La privazione della libertà, la monotonia delle giornate, le conversazioni frivole delle giovani monache indebolivano i nervi di Enrichetta, ma non soltanto i suoi. Nell'isolamento succedeva che la mente di alcune recluse si perdesse. Quello che accadde con la conversa della zia badessa, Angiola Maria, fu per Enrichetta un'esperienza spaventosa. Dopo il giorno della vestizione la donna aveva cambiato atteggiamento nei suoi confronti. Per farle dimenticare i loro inizi burrascosi era diventata gentile, premurosa, un agnellino. Non solo le aveva fatto un regalo per i voti, ma quando la incontrava si informava sempre della sua salute, con spirito partecipe. Enrichetta aveva provato a liberarsene, rassicurandola di avere dimenticato tutto, ma quella non si scoraggiava e non perdeva occasione per offrirle i suoi servizi. Quando lei era indisposta, Angiola Maria si impadroniva della sua stanza cacciando la conversa Gaetanella. «*Sciò, sciò vattenne, ca ce pienzo io 'a patrona toja.*» Purtroppo, la sua compagnia non era piacevole, Enrichetta era infastidita da tutti quei discorsi stucchevoli e da quegli sguardi equivoci, soprattutto quando parlava del suo confessore. «*Me saglie a freva n'cuórpo quanno me guarda.*» Vagheggiava il corpo del prete, sostenendo di esserne innamorata. Con il passare del tempo il cervello si confuse e cominciò a sragionare, ad aggirarsi di notte nei corridoi, a rifiutare il cibo. Cadeva in farneticazioni per giorni. Si mise in testa di entrare al servizio di Enrichetta e cominciò a tormentarla per convincerla ad allontanare Gaetanella, che a sua volta spronava la padrona a scaricare la matta.

«Liberatevi di lei, impeditele di entrare in camera vostra» le suggerì un giorno esasperata dai piccoli dispetti della rivale.

«Come faccio? Non vedi che è pazza?»

«Pazza quando le conviene.»

«E secondo te che cosa vuole da me?»

Gaetanella si morse le labbra senza sapere cosa rispondere, anche lei rosa dalla gelosia, il sentimento più diffuso a San Gregorio.

Per evitare altri scontri, Enrichetta provò ad arginare la sua devota: «Devi smettere di piombare a tutte le ore nella mia stanza, non mi costringere ad andare dalla priora e chiederle di provvedere».

«Pigliatemi con voi, così posso entrare e uscire dalla vostra cella quando mi pare e piace.»

«Ho già Gaetanella, non posso prendere pure te.»

La donna cominciò a percuotersi la testa. «Per piacere, non cacciatemi, piuttosto *jettateme da n'coppa 'a loggia*!»

«Fermati, non vedi che ti fai del male.» Enrichetta le afferrò il polso.

«*Chesto vaco truvanno*... E poi non venitemi a dire che non ve l'avevo detto» replicò minacciosa.

La badessa doveva prendere dei provvedimenti immediati, per cui andò dritto nel suo studio e la trovò seduta alla scrivania che compulsava dei conti. La superiora sollevò lo sguardo e per difendersi dalla seccatrice afferrò il crocifisso che le pendeva dal collo, come per farla desistere. «Cosa c'è?» chiese aspra. Non faceva niente per nascondere l'antipatia per la Caracciolo.

«Reverenda madre, la conversa Angiola Maria dà segni di forte alienazione, forse...»

«Cosa intendete?»

«L'avete vista voi stessa: straparla, ha le vesti sempre in disordine, temo che possa commettere uno sproposito. Si è messa in testa di diventare la mia conversa e minaccia di uccidersi se non verrà accontentata.»

«E voi cercate di calmarle i furori.»

«Come?»

«Ascoltatela. Non avete chiesto voi l'ufficio di infermiera?»

«Non ho idea di come si affronti una pazza, non posso mica badare a lei giorno e notte.»

«No, questo no, a lei ci penserà la Madonna.»

Enrichetta la guardò esterrefatta, ma Francesca Caracciolo non se ne accorse, era tornata ai suoi conti. Il colloquio finiva lì.

La Madonna, impegnata in altre faccende, non ebbe il tempo di occuparsene. E così Angiola Maria divenne sempre più ingovernabile: si lasciò crescere i capelli, depose il velo, il soggolo, e cominciò a pettinarsi a uso secolare blaterando di volere uscire dal convento per trovare marito. Nei momenti di parossismo parlava in dialetto. «*So' pazza pecché voglio truva' 'n'omme ca me manea comme se compete? Pazz' e scem' site vuje, ricch' e giovéne che ve state intisichendo int' a 'sta spelonca. Jettate 'sti panni niri e faciteve crescere 'e trecce!»*

Quando non blaterava, ballava sguaiata, crocchiando il dito medio sul pollice per imitare il ritmo delle castagnette, e con voce stridula intonava una canzone popolare.

*Ué Ma', ca cchiù nun pozzo*
*Mena' sola 'sta vita:*
*I' voglio fa' la zita,*
*Me voglio ammaretà.*
*Me faje fa' vecchiarella,*
*Me faje jire a l'acito.*
*Ué Ma', voglio 'o marito*
*Nun pozzo sola sta'.*
*Sì già s'è mmaretata*
*Teresa e Luvisella*
*Pecché a me puverella*
*Me faje patì accussì?*
*Lo fecatiello a fforza*
*S'a da 'nfelà a lo spito.*
*Ué Ma', voglio 'o marito*
*Non pozzo sola sta'.*

Enrichetta era in continuo allarme, soprattutto la notte, quando la sentiva aggirarsi nei corridoi; temeva un'irruzione nella sua stanza, che per regolamento non poteva chiudere a chiave. Una volta si svegliò di soprassalto sentendo una mano ruvida sulla fronte. Accese il lume, ma non c'era nessuno: aveva sognato? L'indomani fu svegliata da un bacio sulla bocca. Si drizzò come un fulmine, era buio; udì la voce di Angiola Maria sussurrare: «Sono io, non avere paura». Le dava del tu.

«Che cosa vuoi?»

«Volevo vedere se dormivi, se stavi bene... *darte nu vaso.*»

«Esci immediatamente dalla mia stanza!»

Angiola Maria lanciò uno sguardo al letto di Gaetanella. «Che sonno pesante tiene la tua conversa» disse ironica, «proprio *nu bravo cane 'a guardia*!»

«Va' subito via!» urlò Enrichetta, «e non farlo mai più!»

Appena la pazza uscì, sentì la voce di Gaetanella: «Volete continuare a essere gentile con quella mentecatta? Allora tenetevela!».

Le incursioni continuarono. Una notte Angiola Maria sollevò la cortina del letto della sua amata e le si sdraiò accanto nuda. Enrichetta lanciò delle urla che svegliarono tutto il convento. Per paura di trovarsela nel letto, perse il sonno e finì con l'ammalarsi, allora tornò dalla superiora.

«Che volete che faccia, dobbiamo internarla?»

«Forse sarà il caso.»

«Oltre alle molestie, è pericolosa?»

«Mi state chiedendo se mi minaccia?»

«Sì.»

«No, ma farnetica.»

«Si è invaghita di voi?»

«Non saprei, mi parla sempre del suo confessore, forse dovreste cambiarglielo.»

«Brava, così poi darà i numeri!»

«I numeri li dà già, mi tiene sotto assedio, non posso andare avanti così.»

«E invece dovrete, Dio vi aiuterà.»

«Lo dite perché la Madonna non ci ha potuto fare niente e ora devo rivolgermi al Signore?»

«Non vi capisco...»

«L'ultima volta mi avete detto che mi avrebbe aiutato la Madonna, ma mi pare che abbia fallito.»

«Come vi permettete di scherzare sulla divinità?»

«Perché penso che né la Madonna né Dio possano aiutare quella povera alienata, piuttosto un medico dei pazzi, e forse andrebbe rinchiusa.»

La superiora non prese alcun provvedimento e la situazione precipitò.

Due giorni dopo, mentre salmodiavano il Mattutino, una conversa arrivò trafelata ad avvertire la maestra delle educande Paolina che due sue allieve si erano asserragliate nella loro stanza, minacciate da Angiola Maria. Accorse anche Enrichetta, l'unica capace di far ragionare la folle. Arrivate davanti alla porta, Paolina intimò alle due di aprire. «Angiola Maria è andata via, state tranquille.»

Quando l'uscio si aprì le due si gettarono tremebonde fra le braccia della loro maestra. «Ci ha inseguite con il coltello» disse la più giovane in lacrime.

«Ringraziate la qui presente signorina Caracciolo, è lei ad attizzare la follia di quella disgraziata» disse Paolina furibonda.

Quell'accusa ingiusta spezzò i nervi già provati di Enrichetta: a un tratto gli occhi le si rovesciarono all'indietro e cadde a terra in preda alle convulsioni. Pochi, interminabili secondi, poi il suo corpo si fermò, e per un attimo sembrò che fosse morta, un filo di bava scendeva dalla bocca.

«È morta?» chiese una monaca.

Angiola Maria, forse richiamata dall'improvviso silenzio, si precipitò in corridoio, scostò furiosa il soffocante capannello intorno a Enrichetta: «*Levateve allòco!* Maledette siete voi a farle venire *i riscenzielli*!». La prese in braccio e la condusse nella sua cella, stendendola sul letto. Da quel momento, considerandosi la sua salvatrice, aumentò le attenzioni.

Per sfuggirla, Enrichetta spostò i mobili e i letti disponendoli come quando nella stanza viveva la zia Errica, sperando che Angiola Maria si tenesse alla larga. Aveva trattato così male l'ex badessa prima che morisse da essere stata esonerata dal servizio; forse, pensò Enrichetta, si sentiva in colpa e riversava quei sentimenti sgangherati sulla nipote per rimediare. In ogni caso, non fu una buona idea. Quando Angiola Maria trovò la cella del suo idolo sottosopra cominciò a strepitare per tutto il convento con le orecchie erte come un gatto, le narici aperte quasi a fiutare la preda. «Che cosa ne avete fatto della mia ragazza? L'avete fatta fuori per riprendervi la stanza? *I' v'accide a tutte quante!*» urlava con gli occhi fuori dalle orbite. La "sua ragazza" ascoltava le grida in silenzio, acquattata in una cella vicina, mentre le altre monache correvano dalla badessa per chiedere protezione.

Non paga di avere scomodato la Madonna e il Padreterno per affrontare una malattia mentale, Francesca Caracciolo diede l'ennesima prova di incapacità: cercò di blandire Enrichetta. Si scomodò fino alla sua cella e sedette sull'unica sedia della stanza, costringendo l'altra a stare in piedi. «Mia cara, tu sei la sola che può rimediare allo scompiglio che c'è nella comunità.» Era passata al tu per rendere più intima la loro conversazione, ma il volto contratto esprimeva un terribile disagio.

«E in che modo?»

«Nessuna vuole dormire stanotte al secondo piano dove sta la matta. Tu mi farai la gentilezza di risistemare la tua stanza, riportare il letto come stava prima e chiedere ad Angiola Maria di portarci il suo, così la controllerai e le impedirai di uscire.»

«Questo è troppo! No, non lo farò. Innanzitutto, perché per la mancanza di sonno ho un terribile mal di testa, e poi perché quella poveretta è in uno stato di alienazione tale che non riconosce più la mia voce. Alcune monache mi accusano di aizzarla contro le educande.»

«Per piacere, non dare ascolto alle chiacchiere di qualche stupidella, se accetterai questo sacrificio io e l'intera comunità te ne saremo grate.»

«Davvero non posso, sono stata male e ho la testa che mi scoppia, badare ad Angiola Maria non è contemplato nella lista dei regolamenti.»

Il volto della badessa si indurì. «E qui ti sbagli, cara! Hai fatto il voto di ubbidienza, e vedrai che l'ubbidienza ti guarirà dal mal di testa.»

Enrichetta ubbidì. Salì al secondo piano deserto e in corridoio incrociò Angiola Maria con un coltello in pugno. Sembrava una belva: gli occhi iniettati di sangue, i capelli arruffati, la bocca contorta e schiumante, le narici sbuffanti collera, il braccio alzato pronto a colpire. Farneticava. Per prudenza Enrichetta si fermò davanti alla porta della sua cella, pronta a chiuderla nel caso la pazza le fosse saltata addosso. «Angiola Maria» disse con voce ferma e soave.

La folle si girò, la riconobbe e provò a buttarsi tra le sue braccia, ma Enrichetta, rapida, entrò nella sua stanza e si chiuse a chiave.

«Getta il coltello, mi fai paura» le intimò da dietro l'uscio.

Passò qualche secondo, poi si sentì il tonfo dell'arma e riaprì la porta.

Angiola Maria le afferrò le mani e le coprì di baci. Faceva una gran pena.

«Ti comporti come una pazza furiosa» la rimproverò raccogliendo il coltello.

«Vi giuro, non lo farò più, *tenev 'e lappese a quadrigliè p' 'a capa.*»

«Adesso andiamo nella tua cella e prendiamo tutti i coltelli. Va bene?»

«Ho pure due forbici.»

«Mi darai anche quelle.»

Appena ebbe recuperato coltelli e forbici Enrichetta le disse: «Ora spostiamo il tuo letto nella mia cella, dormiremo insieme».

La conversa batté le mani dandosi alla più sgangherata esultanza. Molto meno contenta fu Gaetanella vedendole entrare. Alle nove di sera suonò il silenzio, perciò si misero tutte e tre a letto. Peccato che Angiola Maria non riuscisse a stare ferma, smaniava.

«*Nun pozz' sta' dint' 'o lietto, a capa m'abbrucia.* Tengo *l'artéteca.*» Fece un profondo sospiro e balzò in piedi, aprì la loggia per prendere un po' d'aria. Era l'8 agosto e non si respirava. Cominciò a camminare avanti e indietro vagheggiando il suo confessore. «*Don Maurì, t'aspetto n'coppa a loggia, nun me fa' spanteca'... damme nu vaso...*» Abbracciava l'aria ruotando il bacino lasciva: piangeva, rideva, delirava. Quando due ore dopo si addormentò, Enrichetta chiuse il balcone e finalmente si assopì. Si risvegliò in piena notte: il letto di Angiola Maria era vuoto, i vestiti sulla sedia, le scarpe sotto il letto.

«Gaetanella, svegliati, Angiola Maria è sparita!»

«E che me ne importa a me!»

Enrichetta indossò la vestaglia e andò in cerca della matta. Il dormitorio era deserto. Si avviò verso la cella della conversa chiamandola. Silenzio. Varcò il secondo dormitorio illuminato da una luce fioca che lo rendeva ancora più sinistro e proseguì nella ricerca. Da un lato del corridoio c'era il pozzo, dall'altro una lunga galleria, una sorta di spaventosa spelonca che nessuna osava attraversare nemmeno di giorno. Stava per dirigersi verso l'antro buio, quando le sembrò di vedere qualcosa di bianco svolazzare vicino al pozzo: era lei! Scalza, scarmigliata, stava poggiando le mani sul bordo e già sporgeva il busto verso il vuoto.

«Fermati! Che fai?»

Angiola Maria si voltò a guardarla, poi rapida saltò sul parapetto. Enrichetta l'afferrò per la cintola e rotolarono insieme a terra. La matta le addentò il polso. Enrichetta reagì assestandole uno schiaffo a cinque dita, e quella per un momento ritornò in sé, poi irruppe in spaventosi ululati. Allora la cinse, facendo aderire il proprio corpo al suo e, come per incanto, Angiola Maria si placò. Si lasciò prendere per mano e ricondurre alla loro stanza. Lì sedette per terra e cominciò a guaire. Gaetanella, inviperita, uscì dalla cella. L'alba era ancora lontana.

Il mattino seguente Enrichetta scrisse un biglietto al suo protettore Filippo raccontandogli la spaventosa deriva che aveva preso la demenza di Angiola Maria. Gli raccontò che per colpa della conversa e dell'insensibilità della badessa stava perdendo la salute. Chiedeva aiuto.

Il generale Saluzzo non perse tempo: il giorno stesso andò a lamentarsi presso il vicario, il canonico Savarese, chiedendogli ragione della scelta insensata della superiora di mettere Enrichetta a guardia di una malata di mente. Il vicario inviò immantinente un medico a visitare Angiola Maria.

Il commento del dottor Cosimo Meo, uscendo dalla cella, non ammetteva repliche: «Questa donna non è soltanto matta, è matta furiosa! Chiamate subito il flebotomo, ha bisogno di un salasso».

Otto robuste converse riuscirono a contenere a malapena i furori di Angiola Maria durante il salasso al piede. Si agitava, si contorceva come un derviscio e il sangue, anziché finire nella mezzaluna di porcellana, schizzò sugli abiti delle presenti. Il medico le prescrisse bagni di neve sulla testa e promise che quel giorno stesso avrebbe mandato un'infermiera professionista, nell'attesa che la badessa trovasse un manicomio dove internarla.

I bagni freddi non aiutarono Angiola Maria e il male peggiorò. Una settimana dopo venne spedita a Calvizzano, in una casa di salute diretta da un prete, ma i rimedi si rivelarono vani. Fu necessario infilarle la camicia di forza. Sopravvisse poche settimane e morì ululando.

La follia di Angiola Maria aveva peggiorato l'aborrimento di Enrichetta per il convento. Ormai conosceva l'egoismo delle monache. Avevano tutte, superiora compresa, la mente angusta e annebbiata dalle superstizioni. Per tacito accordo della comunità, e per ritrovare la serenità che la sola presenza della Caracciolo minava, avevano tentato di farla impazzire come la povera Angiola Maria, ma avevano fallito. Per risarcirla, Francesca Caracciolo la nominò sagrestana.

## 11

# LA SUPPLICA

*1845-1846*

*Cara mamma,*
*ci ho pensato a lungo prima di scrivere questa lettera, ma sono giunta a un punto in cui se non voglio morire devo reagire e trovare un modo per liberarmi da un voto contrario alla mia natura. I patimenti, la vita sedentaria, l'atmosfera malsana e soprattutto le cattiverie di cui sono continuamente bersaglio hanno minato la mia salute. Sono esausta. Ti assicuro che in questi anni ho provato ad accettare la mia sorte, cercando la forza e la rassegnazione ai piedi dell'altare, talvolta l'ho anche trovata, ma la disperazione alla fine ha vinto su tutto. Per anni ho oscillato come un pendolo, accettando il mio destino in tutto il suo rigore, oppure ribellandomi con dei gesti autolesionisti. Non sai quante volte mi sono affacciata al pozzo della disperazione; da quando si è gettata la povera Caterina è l'idea nella quale mi rifugio nei momenti più bui. Mi sono seduta mille volte sul parapetto pensando che con un piccolo atto di coraggio*

*avrei dato fine alle mie sofferenze. Accanto al pozzo c'è un sedile di pietra, mille volte mi sono seduta con la testa appoggiata al parapetto, mille volte nel tumulto delle idee mi sono alzata all'improvviso, decisa a farla finita. Non voglio spaventarti, perché a fermarmi c'è stata sempre la mano di Dio. Ma qui non posso più starci. Ormai sono maggiorenne e arbitro di me stessa. Ho fatto un po' di conti: con la mia piccola pensione potrei cercarmi un ritiro meno forzato di quello monastico e più adatto alle mie inclinazioni. Adesso che zia Errica è morta, non ho più nessun appoggio qui dentro.*

*Devo ancora parlare con il medico della comunità. Chiederò al dottor Ronchi di stilare un certificato che attesti il mio stato di salute, che allegherò a una supplica al papa. Una mia amica si è informata con un gius canonico e mi ha scritto che bisogna mandare il reclamo prima che sia spirato il quinto anno della professione. Per ottenere il rescritto dovrò provare la violenza morale che ho subìto all'atto della monacazione. Ci vorrà tempo e denaro, ma voglio uscire da qui e non posso intraprendere questo cammino senza il tuo appoggio.*

*Ti prego, mamma, questo è il momento di dimostrarmi che sei pentita, che ammetti di avermi spinta in un baratro, salvo poi ripensarci a tempo scaduto. Ricordo come mi guardasti il giorno dei voti solenni. «Rose morte da una morta» disse il principe di Danimarca. Ho poi chiesto a un'amica di tradurmelo. E tu, pur non avendo capito, eri desolata quanto me. Per questo sono certa che non rimarrai sorda al mio grido, potrebbe essere l'ultimo. Non ho più le forze, ho i nervi a fior di pelle, svengo, mi prendono le convulsioni. Ho paura.*

*Sui belvederi del convento si affacciano diversi palazzi. Sulla terrazza di uno di questi vedo spesso una giovane monaca circondata dai suoi parenti. L'ho osservata con attenzione, in-*

*dossa l'abito di clausura. Come ha fatto a uscire dal monastero? Perché a me non è stato permesso di varcare la soglia di San Gregorio nemmeno per andare al funerale di Giuseppina?*
*Non riesco a finire questa lettera, sono sopraffatta dall'emozione. Ormai basta un battito d'ali per farmi perdere lucidità e sprofondare nel baratro.*
*Aspetterò con ansia la tua risposta.*
*Ti abbraccia rispettosa,*

*La tua figlia disperata*

Enrichetta rilesse la lettera, la imbustò e corse a infilarla nella cassetta della posta in partenza. Da quando si era messa in testa di fare come la monaca sconosciuta, non pensava ad altro. Sei tocchi della campanella la chiamarono al comunichino. Scese per la lunga scala, attraversò un cortile umido, poi lo stretto corridoio con le volte altissime e fece un profondo respiro per prepararsi ad affrontare don Francesco. In cinque anni il suo confessore aveva imparato a conoscerla e, non potendola piegare, cercava ogni volta nuove strade, tra cui le citazioni delle Sacre Scritture. Ma con lei non funzionavano, ribatteva colpo su colpo, spesso spiazzandolo con la sua profonda conoscenza dei fondamentali. Pur non volendo ammetterlo nemmeno con se stesso, il gesuita aveva cominciato a rispettarla, le riconosceva una forte personalità e una volontà ferrea.

Giunta alla grata si segnò e sedette sullo sgabello.

«Buongiorno, Enrichetta, dovrei rimproverarti di avere mancato ieri la confessione, ma non voglio fare discussioni, hai la testa dura.»

«Padre, mi ero confessata ieri l'altro, cosa dovevamo dirci ancora?»

«Questo però non ti esime dal presentarti quando vieni chiamata, è maleducazione non farlo.»

«Mi scuso, ero impegnata in cucina, stavo dando una mano a una sorella che compie gli anni dopodomani, e poi dovreste rassegnarvi e smetterla di pretendere che mi confessi quattro volte alla settimana, non ho niente da dire...»

«Allora oggi mi devo ritenere fortunato perché ti sei degnata di presentarti.»

«In verità, oggi qualcosa da dire ce l'ho... ma non vi piacerà.»

Don Francesco sospirò vistosamente per comunicarle che era pronto ad accogliere la nuova idea della sua penitente. «Ti ascolto.»

«So bene che il Concilio di Trento vieta lo scioglimento dei voti monastici, ma penso che ci siano altri modi per uscire dal convento.»

Don Francesco scosse il capo, sconsolato. «E dimmi, che cosa ti sei messa in testa questa volta?»

«Voglio lasciare il cenobio. Non per togliermi il velo, ma per trovare una sistemazione più consona.»

«Che sarebbe?»

«Questo ancora non lo so, ma la troverò.»

«Penso di conoscerti abbastanza bene per immaginare che sarà qualcosa fuori dalle regole.»

«No, è tutto nelle regole. Scriverò una supplica al papa e allegherò un certificato del dottor Ronchi sul mio stato di salute, lo sanno tutti che soffro di convulsioni, svenimenti e diversi altri malanni, adesso lo saprà anche il Santo Padre.»

«San Benedetto non te lo permetterà, chi ha indossato il suo abito non esce da qui né viva né morta.»

«Io ci riuscirò.»

«Mia cara, non farti troppe illusioni, non voglio che quando la tua speranza si infrangerà contro le leggi della Chiesa il tuo stato mentale peggiori. Sei fragile, ogni giorno di più. Non pensare che sottovaluti il tuo stato di salute, ma chiedi l'impossibile.»

«Quello che per me è davvero impossibile è non reagire ai dispetti che mi fanno le altre monache, e poi, ve lo ripeto, non chiedo di lasciare il velo, so di non potere, ma di uscire da questo nido di vipere, sì.»

«È successo altro?»

Annuì.

«Dimmi, allora.»

«Adesso mi derubano. È sparita la piletta d'argento dell'acqua santa che tenevo accanto al cuscino, era un ricordo di famiglia; e poi una tovaglia di Fiandra a largo pizzo che era nell'armadio.»

«Sparite?»

«La tovaglia l'ho ritrovata nell'angolo del corridoio, gettata a terra come uno straccio, e con le iniziali scucite. Appena sono entrata in convento mi avevano messo in guardia dalle *mariuole* che lo infestavano, e infatti il primo giorno si è volatilizzata una scatola di dolci che avevo lasciato sul poggiolo.»

«Con i falegnami, i fabbri e i facchini che entrano a ogni ora... come fai a sospettare delle tue consorelle? Sarà stato uno dei tanti estranei che girano qua dentro.»

«Gli estranei non hanno accesso alle nostre celle. E comunque non sono soltanto io la vittima, spariscono oggetti di valore a tutte noi. Qualcuno ha osato spogliare la *Vergine del Buon Consiglio*, il dipinto che sta sull'altarino del coro: ha aperto un varco nel cristallo incassato nel telaio e ha sottratto i mazzolini e le corone d'argento che impreziosivano la tela.»

«Sì, l'ho saputo.»

«Come fate a rimanere indifferente? A non accettare che il monastero contiene tutti i vizi della città senza averne le virtù e i vantaggi?»

«Sei sempre così esagerata... Non posso pensare che la preghiera non ti aiuti.»

«Sì, mi aiuta, altrimenti a quest'ora sarei già impazzita come Angiola Maria... o l'altra povera conversa, Concetta.»

«La sfortunata novizia che si è buttata dalle scale... L'ho saputo ieri, quando sono venuto inutilmente a confessarti.»

L'ultima tragedia in ordine di tempo. Era domenica, prima del levar del sole, molte monache stavano ascoltando la messa; Enrichetta, come sempre, scendeva al comunichino. A un tratto aveva udito un tonfo. Aveva pensato subito all'ipocondriaca conversa. Si era precipitata giù e l'aveva trovata in terra. Morta? No. Prendendola tra le braccia si era accorta che Concetta respirava ancora. Allora aveva cominciato a urlare per chiedere soccorso, ma nessuna delle quaranta monache intente a seguire la messa era accorsa. Si era avvicinata soltanto un'educanda, che l'aveva aiutata a sollevare da terra Concetta e a adagiarla svenuta su un seggiolone. A quel punto Enrichetta aveva suonato il campanello della sagrestia per chiamare un prete ad assisterla. La povera ragazza aveva la gamba sinistra lussata e grondava sangue. Era caduta a piombo su uno dei pilastri che sorreggevano la volta e si era stracciata il polpaccio. Due facchini avevano passato delle corde sotto il seggiolone e l'avevano issata e portata nella sua stanza. Concetta, nel frattempo, era tornata cosciente e con un gesto flebile aveva rifiutato il sacerdote. Enrichetta era rimasta a lungo sola al suo capezzale. Poi aveva udito delle voci davanti alla cella. La superiora stava cercando di impedire a un poliziotto di entrare. Lo sbirro pretendeva di accertarsi di persona delle condizioni della conversa e la badessa cercava di impedire a dei *profani* di violare la clausura. «Sapete bene, signore, che senza ordine espresso del Santo Padre mi è vietato ricevere chicchessia, fosse il sovrano in persona.» «E voi, reverendissima madre, non dovete ignorare che l'ordine pubblico è superiore agli ordini che avete ricevuto da Roma.» «Mi fate trasecolare. In che modo pensate che nel mio monastero sia stato infranto l'ordine pubblico?» «Signora, siamo qui perché ci è giunta voce che una conversa è precipitata con dolo e premeditazione dal secondo piano, e qualcuno imputa questo misfatto a vostra signoria reverendissima.» A quel punto la superiora aveva condotto lo sbirro dall'infelice, che intanto aveva ripreso un po' di lume e aveva ammesso di avere fatto tutto da sola, e quando il poliziotto le aveva chiesto le ragioni, aveva taciuto, poi sbadigliato ed era ricaduta per sempre nella demenza. Concetta aveva così salvato la badessa: non era lei responsabile del gesto insano, eppure per Enrichetta era la prima colpevole, rea di non essersi accorta del malessere della giovane, così come non si accorgeva mai dello stato fisico e mentale delle consorelle.

A ricordarlo ora le saliva il sangue alla testa.

«Una storia tristissima.» La voce di don Francesco la riportò al presente.

Lei assentì. «Io m'ero accorta che era un po' strana, passava il tempo a cambiare di posto ai medicinali, attaccava il cartellino d'un farmaco al contenitore di un altro. Quando ho pregato la badessa di sostituirla perché era a rischio, sapete cosa mi ha risposto?»

«No.»

«"Adesso fai anche la *ciucciuvettola*?"»

«Ma è la stessa donna che ti ha dato l'incarico di occuparti della sagrestia... Ti stima perché ti sei fatta valere come infermiera. Con i due incarichi sei salita nella gerarchia.»

«Come farmacista mi limito a essere l'assistente della monaca addetta, suor Maddalena è troppo vecchia per scendere al dispensario e mi trasmette gli ordini attraverso la sua conversa.»

«Adesso basta! Non ce la faccio più a sentire le tue lagne. È possibile che tu non veda mai nulla di positivo? Che il convento sia appestato da persone abiette?»

«Non dico questo, qui dentro ci sono monache esemplari, degne di rispetto. Purtroppo, sono tutte molto anziane e si perdono nella maggioranza delle perverse, che invece sono tutte giovani. Ricordate il detto del Profeta: "Fra mille uomini ne troverai qualcuno degno, ma fra altrettante donne non ne troverai nemmeno una". Calza a pennello per i monasteri.»

«Non credo che dica esattamente così e comunque mi spiace che sia proprio una donna a essere feroce nei confronti del proprio sesso.»

«Sì, avete ragione, a volte esagero, ma non chiedetemi di porgere l'altra guancia perché non lo farò.»

«Sei tagliente e senza misericordia, dovresti pentirti. Reciterai un'*Ave Maria*, un *Credo* e l'*Atto di dolore*... E cerca di tenere a freno la lingua, non so per quanto ancora sopporterò la tua ribellione.»

«Spero ancora per poco, padre.»

Dieci giorni dopo arrivò l'agognata risposta di donna Teresa.

*Carissima figlia,*
*la tua lettera mi ha tolto il sonno. Colpa del rimorso che mi tormenta da mesi, da quando l'ultima volta ti ho vista smagrita, pallida e con le occhiaie. Sono tornata a Reggio con il cuore stretto. Ne ho parlato con Eduardo: siamo disposti ad appoggiarti. Se mai riuscissi ad andare via da San Gregorio, potresti venire a Reggio e vivere in casa nostra, come la suora che vedi dal belvedere.*
*Mi sono informata: è monaca di clausura di un monastero a Nola, ma è riuscita a ottenere il permesso di uscire per sei mesi. Permesso che viene rinnovato a ogni scadenza. Non so quali motivi abbia addotto, ma una cosa è certa: dal chiostro si può uscire, quindi, se il referto del tuo medico sarà convincente, non vedo perché tu non possa ottenere il permesso, magari* pro tempore. *L'importante è cominciare a mettere un piede fuori, al resto ci penseremo poi. Quindi, figlia mia, conta pure su di me e sull'appoggio di Eduardo.*
*Pregherò per te tutti i giorni.*

*Tua madre*

Enrichetta corse a scapicollo in portineria con le gote in fiamme. «Per favore, Gabriella, manda a chiamare il dottor Ronchi, ho da parlargli con urgenza.» Tornò nella sua cella per riordinare le idee, prese carta e penna e cominciò a scrivere la supplica.

*Reverendo padre, padre di tutte le anime su questa terra...*

Ma che razza di attacco era? Stracciò il foglio.

*Reverendo padre...*

Troppo freddo. Stracciò anche quello.

*Reverendissimo, onoratissimo padre,*
*il mio nome è Enrichetta Caracciolo di Forino, monaca benedettina nel monastero di San Gregorio Armeno di Napoli. Sono entrata nel chiostro ancora minorenne e sono stata fatta professa compiuta la maggiore età. Sono rinchiusa da sei anni e, purtroppo, questi sei anni di clausura hanno minato la mia salute: la mia mente si è infragilita e da tempo sono affetta da mal caduco.*
*Confesso che da giovinetta avevo un'inclinazione al matrimonio, ma da tempo ho abbandonato questi fatui sogni. Non cerco una vita secolare, non invidio le secolari, ma è un dato accertato ormai che la clausura danneggia la mia mente e il mio corpo. Ero una persona in salute, ora sono ridotta al lumicino. Fa fede il certificato giurato del dottor Giuseppe Ronchi che mi tiene in cura da quando sono entrata nel monastero.*
*Qualora Ella, nella Sua somma bontà, condiscendesse a svincolarmi dagli obblighi del chiostro, potrei cominciare una nuova vita. Non chiedo di lasciare il mio stato, ma soltanto il convento per andare in un luogo più consono a curarmi.*
*Mia madre, donna Teresa Caracciolo di Forino, vedova del maresciallo Fabio, e rimaritata con il colonnello Eduardo Lamberti, sarebbe disposta a tenermi presso di sé nella sua casa di Reggio.*

Fu interrotta dai sei squilli di campanella. Il dottore doveva essere arrivato. Entrò in infermeria come una furia.

Con grande stupore si trovò davanti un uomo in finanziera con il bavero di velluto nero. Alto, di solida corporatura, il volto ben rasato, senza favoriti, capelli neri, occhi verdi, ciglia lunghe.

«Mah... scusate... Voi non siete il dottor Ronchi» balbettò.

«Be', no!»

Arrossì.

Lui le sorrise mostrando una doppia fila di denti bianchi come l'avorio. «Non vi ricordate di me?»

«No...» rispose confusa.

«Ci siamo visti qualche anno fa al capezzale di una vostra consorella divorata dal cancro.»

«Ma certo! Adesso ricordo. Il dottor...»

«Lucarelli, mi chiamo Pietro Lucarelli», e sorrise di nuovo.

Enrichetta sentì le ginocchia cederle, non aveva mai visto un uomo tanto bello, i lineamenti delicati accentuavano la sua virilità.

«State male? Sedetevi!» disse lui premuroso.

«No... sì... Scusate, quel giorno al capezzale della mia maestra ero tanto sconvolta che il ricordo è sfocato.»

«Io ero passato a trovare il dottor Ronchi per un consulto, lavoravo all'ospedale degli Incurabili, avevo una paziente idropica e volevo un consiglio, ero lì per caso e lui mi chiese di andare a visitare quella povera monaca.»

«Anche adesso siete qui per caso?»

«No, da questa settimana sono il medico del monastero.»

«Non lo sapevo... Eppure lavoro in infermeria.»

«Non so cosa dirvi. Ma ditemi, perché mi avete chiesto di venire con urgenza?»

Enrichetta scosse il capo e sedette delusa sulla sedia. «In

verità avevo bisogno del dottor Ronchi, che conosce bene i miei mali.»

«Se non vi fidate di me, rivolgetevi pure a lui, non mi offenderò.»

«Perdonatemi, non volevo essere scortese. Ho bisogno di un certificato di malattia. Sto preparando una supplica per il papa, gli chiedo di lasciare il monastero, l'atmosfera qui mi danneggia, soffro di crisi nervose.»

«Mi spiace, oggi stesso riferirò la vostra richiesta al collega. Lo vedrò nel pomeriggio per il passaggio delle consegne. Il mio amico vuole mettersi a riposo e lo capisco.»

«A me non ha detto niente.»

«Credo che non spetti a lui informarvi, ma alla superiora.»

«Già... Ma mi spiace che vada via, lavoravamo bene insieme.»

«Vi auguro di ottenere quello che volete. Se potrò vi aiuterò.»

«Grazie» disse e non seppe cos'altro aggiungere, turbata. Mai, nella breve vita da secolare, aveva provato un'attrazione così violenta per un uomo.

Il 20 giugno 1846 partì alla volta del Vaticano la supplica accompagnata dal referto sottoscritto dai dottori Giuseppe Ronchi e Pietro Lucarelli. Enrichetta era tanto sicura del buon esito della sua richiesta che da quel giorno cominciò a contare le ore e i minuti che restavano ancora da patire. "Ora il corriere consegna la mia supplica. Ora Pio IX la sta leggendo con animo disposto a favore. Ora avrà firmato la grazia, sigillato il foglio, trasmesso all'autorità preposta perché lo trasmetta alla Sacra Congregazione dei Vescovi e Regolari. Fra due giorni sarà di ritorno il corriere. Oggi è giovedì, sabato mattina giungerà. Ah! Questi due giorni mi sembreranno due secoli!"

Arrivò il sabato, poi quello successivo e un altro ancora. Il papa taceva.

# 12

## SISTO RIARIO SFORZA

Ai primi di luglio il convento venne messo in subbuglio dalla notizia che l'arcivescovo di Napoli, il cardinale Sisto Riario Sforza, sarebbe arrivato quel pomeriggio in visita. Appena appresa la notizia, Enrichetta aveva scritto al sempre disponibile Filippo per avere informazioni sul nuovo arcivescovo, senza il suo appoggio non sarebbe riuscita a lasciare il cenobio. La risposta le giunse pochi minuti prima della visita del porporato.

*Carissima Enrichetta,*
*mi chiedi notizie sul nuovo arcivescovo e io ho fatto il possibile per raccoglierle rapidamente. Mi scuserai se saranno incomplete. Sisto Riario Sforza ha trentacinque anni e sarebbe troppo giovane per aspirare alla porpora cardinalizia. Ma dopo i Borgia in Vaticano è tutto ammesso, e comunque lo zio Tommaso, che aveva un forte ascendente su Gregorio XVI, è riuscito a convincere il vecchio pontefice a prendere il nipote come suo segretario particolare.*

*Quando, per la morte improvvisa di tuo zio Filippo Caracciolo, l'episcopato di Napoli è divenuto vacante, il papa avrebbe voluto destinarlo lì, ma Riario Sforza era davvero troppo giovane e il re, che non ama la sua famiglia per il coinvolgimento nei moti del '99, ha preferito che gli venisse destinata la sede di Aversa, e a Napoli ha messo il vicario Savarese. Ad Aversa Riario Sforza è rimasto per un semestre. Gregorio XVI non ha potuto godere il trionfo del suo pupillo perché il Signore lo ha richiamato a sé.*
*Riario Sforza ha avuto la strada spianata sin da quando era adolescente. Ha vestito l'abito a quindici anni, preso gli ordini minori a sedici, con una dispensa per l'età, ed è stato ordinato sacerdote a ventitré. Da allora la sua carriera è in continua ascesa. Proprio l'anno scorso è stato nominato vescovo, e subito dopo elevato ad arcivescovo, poi nominato cardinale da Gregorio nel gennaio di quest'anno. Ha anche partecipato al concistoro che ha eletto nel giugno scorso papa Mastai.*
*Ha studiato sempre a Roma, prima all'Accademia dei Nobili, perché pensava alla carriera diplomatica, poi all'Università La Sapienza, dove ha ottenuto un dottorato in diritto canonico e un altro in teologia. Insomma, è un cavallo di razza che sa muoversi in tutti i salotti della capitale, eccellente giocatore di scopone e di tressette. Parla correntemente il francese. Le ascendenze liberali della sua famiglia farebbero ben sperare: lo zio, Giuseppe Riario Sforza, è stato decapitato nel 1799 per avere aderito alla Repubblica Napoletana. Spero che voi due possiate intendervi.*
*Sono sempre e sempre sarò a tua disposizione. Ti abbraccio con affetto paterno.*

Enrichetta ripose la lettera nel cassetto e corse in parlatorio dove erano già tutte riunite per dare un caloroso benvenuto al giovane cardinale. La badessa aveva preteso che fossero presenti anche le monache inferme. Lei si mise nell'ultima fila, per nulla ansiosa di farsi notare. Da quella postazione poté osservarlo con attenzione: era un uomo prestante, anzi bello, nonostante un accenno di doppio mento, fronte alta, in parte coperta da un infausto taglio di capelli a paggetto, un naso dritto, le labbra sottili. Vestiva una tunica nera con impunture rosse, e rossi erano i bottoni e la fascia che gli cingeva la vita. Sulle spalle portava una mozzetta nera lunga fino al gomito, sul capo uno zucchetto rosso e sotto l'abito spuntavano degli scarpini di vernice con la fibbia in cui ci si poteva specchiare.

Sisto Riario Sforza si profuse in un lungo e complicato discorso, parte in latino parte in italiano, con qualche incursione nel napoletano. Citò brani della Bibbia, onorò san Benedetto e la sua Regola. Enrichetta ebbe la sgradevole sensazione che l'uomo parlasse per il piacere di ascoltare la propria voce e per sfoderare la sua cultura in modo da confondere le ignoranti *cape 'e pezza*, come i napoletani chiamavano con affetto le suore. L'eloquio abbondava di perifrasi, frasi disordinate che alla fine nemmeno venivano concluse; forse, più che a sudare sui libri, il bel cardinale si era distinto nei tornei di scopone. Ma lei fu la sola a non rimanere colpita dal prelato. Quando Riario Sforza lasciò il parlatorio le monache, elettrizzate, si riunirono in crocchi.

«Quant'è bello!»

«Nobile come un re!»

«Bello come san Pasquale!»

«*Ma chist' arò vene... sicuro no 'a chesta terra!*»

«Che mani, sembrano fatte al tornio!»

«*N'angelo 'e bellezza!*»

«Dalla sua bocca sgorga solo miele!»

«*E chi s'adduorme stanotte... già me gira 'a capa.*»

Lei, polemica per natura, non riusciva a condividere l'entusiasmo delle consorelle. «Ma che cosa ha detto? Io non ci ho capito niente» chiese titubante.

«Stai insinuando qualcosa?» la aggredì Paolina.

«Tante parole che a me hanno lasciato ben poco. Forse è colpa mia, dimmelo tu che cosa ha detto di indimenticabile» rispose.

Paolina aggrottò la fronte. «Ha parlato dello "zelo buono".»

«Sì, citando san Benedetto, ma cosa intendeva?» la incalzò Enrichetta.

«Che dobbiamo tenerci alla larga dallo zelo cattivo.»

Lei scosse il capo interrogativa: «Cioè?».

«Uffa, ma che vuoi?»

«Capire, visto che tu ci sei riuscita. Dobbiamo tenerci alla larga dallo zelo cattivo, preservare la lingua dal male e dalle parole bugiarde, e per aspirare alla vita eterna dobbiamo pregare. È questo che ha detto, vero?»

«Uffa! Sei insopportabile e io non ho voglia di perdere tempo a discutere con te!» Paolina le voltò le spalle e andò via seguita dal suo codazzo.

"Forse sono davvero un bastian contrario, ma l'uomo non mi piace, ha qualcosa di ripugnante. Ha labbra troppo sottili, una bocca cattiva. Un signorino bennato travestito da principe ecclesiastico" disse a se stessa. E quella prima impressione pregiudicò il suo futuro.

La passione delle monache per il nuovo arcivescovo cardinale giunse all'acme quando, pochi giorni dopo la visita a San Gregorio, il generoso prelato mandò in regalo alla comunità un grande cesto di fragole. Le benedettine, rapite dal fascino del donatore, allungarono una piastra di mancia al corriere. Tre giorni dopo arrivò un secondo regalo. Un pesce enorme coperto di foglie d'arancio.

«*Sua Eminenza ve manna a di' che 'stu pesce salterà ìnto 'o piatto*» disse il facchino.

La portiera lo guardò poco convinta. «Prendete e ringraziate il cardinale» disse porgendogli un'altra piastra. Intanto attorno a lei si era formato un capannello.

«Che pensiero squisito!»

«*Maro'*, che meraviglia!»

Giunse anche la badessa per ammirare il dono, scortata dal resto della compagnia. Erano tutte concentrate a contemplare il vitello marino, quando arrivò il ragioniere del convento.

«Don Giuseppe, abbiamo ricevuto un regalo esagerato dal cardinale. Dobbiamo scrivergli subito un biglietto di ringraziamento» disse la priora.

«Certo, di che si tratta?»

Ci vollero tre converse per trasportare l'enorme bestia davanti alla porta.

Il ragioniere inforcò gli occhiali, squadrò il mostro marino disgustato e sentenziò: «Ma questo è un pesce da museo di storia naturale!».

«Un pesce da museo? Allora il regalo è ancora più importante!»

«Macché, è uno scherzo bello e buono! Non potete mangiarlo a meno che non vogliate andare al creatore.»

«Ma non è possibile!»

«Il vostro entusiasmo deve essere uscito da queste mura e qualche *capa fresca* non ha resistito a farvi uno scherzo. Credetemi, questo pesce è un mostro!»

«Voi farneticate!»

«Allora fatelo vedere a uno che ci capisce» disse l'uomo offeso.

Dopo un quarto d'ora giunse il pescatore che riforniva il monastero, lanciò uno sguardo all'obbrobrio venuto dal mare e gridò: «*Maro', è 'na foca! Jettatela!*».

Che delusione! La portiera scuoteva la testa incredula. «E io che ho dato anche la mancia a quel farabutto!»

«Se la sarà bevuta alla nostra salute.»

«È mai possibile che tutto quello che succede qua dentro esce fuori? Che clausura è questa?» chiese un'anziana monaca. «All'epoca mia, i cardinali non mandavano doni e le monache non si sdilinquivano in sciocchezze.»

Si dispersero tutte a testa bassa e di comune accordo decisero di non accennare mai più all'incidente. Il caso volle che lo scherzo arrivasse alle orecchie del cardinale, che per qualche tempo non si fece più vedere. Poi, sul finire di novembre, tornò al convento.

«Che piacere vedervi, negli ultimi tempi Vostra Eccellenza si è fatta desiderare» lo accolse la badessa.

«Dopo lo scherzo della foca, ho capito che in questa città la galanteria costa più cara che a Roma e per non esporvi al ridicolo ho deciso di non darvi altre prove d'affetto.»

La superiora arrossì e per darsi un contegno accarezzò il crocifisso che aveva al collo. «Cosa vi porta qui, oggi?» chiese.

«Siete al corrente che la monaca Enrichetta Caracciolo ha mandato una supplica al pontefice per uscire dal convento?»

«Sì, qui dentro lo sappiamo tutte. La Caracciolo è una donna ostinata e il suo malumore non giova alle altre. Appesta l'atmosfera.»

«Chiamatela, voglio parlarle.»

La badessa fece cenno a una monaca e quella suonò sei tocchi di campanella.

Enrichetta entrando incontrò la badessa: «Il cardinale vuole parlarti, vi lascio soli» annunciò.

Il cuore le balzò in gola: forse Riario Sforza veniva a dirle che la supplica era stata accolta.

L'arcivescovo era adagiato sulla poltrona di Francesca Caracciolo nel suo lussuoso salottino dalle volte basse, interamente affrescato, con le poltrone dorate di velluto rosso e il lampadario a gocce. Era vestito in modo ricercato, la sua colonia aspra aveva invaso l'ambiente, sapeva di legno di sandalo, agrumi e lavanda. Enrichetta si inginocchiò e sfiorò con le labbra l'anello che l'uomo portava all'anulare destro, lui la benedisse e cominciò a fissarla senza parlare per un tempo che le sembrò un'eternità. Infine disse: «Mia cara, mi è stata trasmessa copia della vostra supplica a Pio IX in cui chiedete di lasciare il monastero». La sua voce era melliflua, sdolcinata.

«Sì, Vostra Eminenza» rispose lei senza riuscire a tenere a freno il tremolio della voce.

«E per quale motivo?»

«Per motivi di salute.»

Il porporato sorrise: «Non mi sembrate malata».

«Eppure lo sono e Dio sa quanto.»

«Di cosa soffrite?»

«Di mal di nervi.»

«Chi non soffre di questo male, di questi tempi!» disse sorridendo con espressione mondana.

«Di convulsioni...» aggiunse lei con accento grave.

«Eh, tutte le donne ne patiscono» sospirò. «Isterismi... Isterismi, di questo si tratta. Voi monache ne andate più soggette delle femmine secolari.»

«La mia domanda è stata accompagnata dal certificato dei dottori Ronchi e Lucarelli.»

«Ho poca fiducia nei medici, sono tutti degli impostori, chi più e chi meno.»

«Entrambi sono medici giurati.»

«Tutti miscredenti, spergiuri, *capisci a me*!»

Enrichetta rimase muta e l'altro continuò: «La vostra petizione è sulla mia scrivania, la Santa Sede rimanda a me tutti gli atti che riguardano il mio arcivescovado, quindi devo accertarmi del vostro stato di salute e decidere cosa fare, e ve lo dico subito per evitare fraintendimenti, la vostra idea di lasciare il chiostro è assurda, vi ingiungo di deporla immediatamente».

Le gote di Enrichetta si erano imporporate per la rabbia. Scosse il capo. «Io non voglio credere che Dio, il Santo Padre e Vostra Eminenza, di comune accordo, decretino la mia morte, perché questo accadrà se rimango qui...»

Riario Sforza la interruppe, alzandosi per manifestare la fine del colloquio. «Basta! Abbandonate questo sogno, perché di sogno si tratta, svegliatevi nella grazia di Dio. Cercate di affrontare il vostro destino con spirito di sopportazione e fatevene un merito con il Signore.»

Enrichetta teneva gli occhi bassi per non mostrare le lacrime, sussurrava. «No... no... no...»

L'uomo forse non la udì o forse finse di non cogliere il suo dolore. Le porse la mano affinché la baciasse di nuovo, ma lei si girò di scatto e corse via. Voleva arrivare nella sua stanza, gettarsi sul letto e piangere tutte le sue lacrime, soffocare nei singhiozzi il sogno che l'aveva tenuta in vita negli ultimi mesi. "Adesso mi butto nel pozzo e la faccio finita!" L'idea per un istante la consolò. Staccarsi da quel mondo non era una grande rinuncia. Magari nella morte avrebbe trovato conforto, Dio avrebbe capito le sue ragioni e l'avrebbe perdonata.

Uscì dalla cella e si guardò attorno. Il corridoio era deserto. Le monache erano a mensa, in giro non si vedeva anima viva. Attraversò la loggia, girò a destra, scese due rampe di scale e si trovò davanti al pozzo, lo stesso dove aveva afferrato Angiola Maria. Fu scossa da un brivido. «Sono troppo attaccata alla vita per uccidermi» disse a voce alta. «Non è tempo di morire.»

# 13

# IL CHIERICO

*1847*

Da tre anni svolgeva il compito di sagrestana che, aggiungendosi a quello di farmacista, non le lasciava molto tempo libero. La badessa aveva pensato che sovraccaricarla di lavoro l'avrebbe tenuta lontana dai pensieri funesti e in parte aveva avuto ragione. Si trattava di mantenere in ordine e pulita la sagrestia, di occuparsi degli arredi sacri, di preparare il necessario per la messa. In qualità di sagrestana aveva contatto giornaliero anche con quattro chierici che facevano servizio a San Gregorio e aspiravano al sacerdozio. Gaspare era il più svelto e il suo preferito. Quando aveva accettato l'incarico, la sagrestana uscente aveva lodato le doti di quel giovane ragazzo con occhi di brace e la bocca color ciliegia matura. Ogni chierico aveva la sua protettrice, meglio se ricca e di nobile famiglia. Durante gli anni di clausura Enrichetta aveva assistito a diverse promozioni. Per l'avanzamento di carriera molto contavano le benefattrici, che aiutavano i protetti grazie al loro potere economico e sociale. Lei stessa aveva assistito alla promozione di un giovane robusto, pupillo di un'anziana monaca; per la prima messa del chierico la religiosa gli aveva pagato i festeggiamenti per ventiquattro persone, recapitandogli a casa libagioni con la carrozza di famiglia in livrea di gala. Nessuno si scandalizzava di queste prodigalità, anzi la badessa le fomentava dicendo: «Io pure l'ho fatto quando ero giovane, in fede mia è una prassi acquisita». E così in effetti facevano tutte, tranne la Caracciolo. I maneggi e la civetteria delle consorelle con confessori, preti e chierici la disgustavano. Le novizie erano le più soggette a innamoramenti, soprattutto se carine. Certe volte, chiusa nella sua cella, Enrichetta si chiedeva da dove venisse il suo moralismo, perché non riusciva a essere indulgente con le debolezze altrui, argomento con cui si confrontava con don Francesco.

«Io per prima ho sperimentato la durezza di una vita scelta da altri, eppure non riesco a essere solidale con nessuna di queste civette, non gliene lascio passare una, me lo merito il vuoto che ho attorno. Quando le incrocio, quelle smettono di parlare, non vogliono che ascolti e partecipi alle loro chiacchiere, sanno che non le approverei.»

«Eppure sai che non spetta a te giudicare.»

«Non posso giudicare perché sono una donna?»

«No, solo Dio può farlo.»

«Non è vero. Se fossi un prete potrei fare il confessore, giudicare e rifiutare l'assoluzione.»

«Ho l'impressione che saresti un giudice spietato.»

«Potete giurarci, la confessione è una pratica ipocrita: commetti un peccato, ti confessi, fai penitenza e poi sei libero di peccare nuovamente, tanto alla fine verrai assolto.»

«Parli di cose che non conosci. L'assoluzione non è scontata, se per esempio mi accorgessi che tu non sei pentita potrei rifiutarmi di assolverti. Il confessore è l'unico intermediario fra terra e cielo.»

«E che cosa fareste? Mi mandereste a letto senza cena?»

«Non essere sarcastica, Enrichetta... Lavorerei per farti pentire.»

«E se mi fingessi pentita?»

«Diciamo che me ne accorgerei. Nel dubbio ti darei un'assoluzione condizionata.» Sorrise.

Discutere con Enrichetta era un'esperienza intellettuale. A volte don Francesco tornava a casa e ripensava a quello che si erano detti, un continuo duello in punta di ragionamento.

«Chissà se quelle stupide raccontano ai loro amati confessori il modo in cui mi trattano.» Parlava più a se stessa che a don Francesco. «Stanno lì per ore e ore... chissà che cosa si dicono. Magari parlano delle cattiverie che mi fanno e poi fingono di pentirsi. Sanno che il loro atteggiamento è insultante, ed è proprio questa la loro maggiore soddisfazione.»

«Tu vedi il male negli altri e mai dentro di te. Chiediti perché succede, forse riusciresti ad avere un atteggiamento più accondiscendente, e la tua vita qui dentro sarebbe meno faticosa. Ho l'impressione che fai di tutto per complicartela.»

Lei si strinse nelle spalle e si lisciò la tonaca da cui facevano capolino le orrende scarpe nere. Ancora non si era abituata alla loro bruttezza. «Forse avete ragione, non ho pazienza e sono intollerante di fronte alla stupidità, alla piccineria. Pare che le menti più ristrette di Napoli siano chiuse tutte qui a San Gregorio, a cominciare dalla superiora.»

Il gesuita allargò le braccia: «Ecco che ritorniamo al giudizio: chi sei tu per biasimare?».

Enrichetta tacque cercando una risposta.

Don Francesco proseguì: «Ricorda che quando ti troverai al cospetto di Dio, lui *non* ti chiederà quanto male hai fatto, ma piuttosto quanto bene hai dato. Concentrati su questo pensiero. Gesù ha detto: "Non giudicate e non sarete giudicati, non condannate e non sarete condannati"».

«Padre, queste sono frasi con cui avete addormentato le coscienze, io sono giudicata e condannata.»

«Ti va bene se allora cito Aristotele?»

«Forse.»

«C'è solo un modo per evitare le critiche: non dire nulla, non fare nulla, essere nulla. È questo che vuoi per te e che siano così le tue consorelle?»

«Certo che no.»

«Bene. Per oggi abbiamo finito. Dirai due *Ave Maria*, un *Credo* e l'*Atto di dolore. Ego te absolvo...*»

Il mancato appoggio di don Francesco non la turbò. Ma le impedì di raccontargli quello che stavano tramando contro di lei le altre monache. A riferirglielo erano state Checchina e Concettina, le uniche, a parte la sua nuova conversa, Maria Giuseppa Cacciapuoti, a volerle davvero bene.

Un mattino mentre pregavano nel coro, Checchina le sussurrò di doverle parlare al più presto. Enrichetta a fine liturgia sussurrò alle due sorelle che le aspettava nella sua stanza appena finito il pranzo. Quel giorno mangiò poco, sentiva lo stomaco stretto, a preoccuparla era stata l'espressione di Checchina.

Le due monache entrarono nella cella con il volto terreo. In quei sette anni erano avvizzite come viti tagliate, la clausura faceva male anche a chi la sceglieva con convinzione.

«Allora, amiche mie, che cosa sta succedendo?»

«Paolina e il suo gruppo hanno scommesso su di te. Tre scudi che perderai la testa per Gaspare o uno degli altri tre chierici. Sei a contatto con loro tutti i giorni... la carne è debole.»

«Con chi ha scommesso Paolina?»

«Con noi due, quattro monache e sette educande... Sai bene chi sono, le tue poche amiche.»

«Era necessario scommettere?»

«Sì, per non dargliela vinta.»

«Ma che cosa c'entro io? Perché mi hanno messa in mezzo?» Si sentiva sfinita, ne aveva abbastanza di quel gallinaio.

«A molte sembra assurdo che in sette anni di castità non hai desiderato nessun maschio né nessuna femmina» disse Checchina e arrossì.

«Be', perderanno.»

Le due rimasero in silenzio.

«C'è dell'altro?»

Tacquero.

«Parlate!»

Concettina prese coraggio. «La scommessa l'hanno fatta tre mesi fa, e siccome rischiavano di perderla, la settimana scorsa, hanno deciso di dare una mano alla sorte.»

«Diciamo una spintarella» chiosò Checchina.

«Una spintarella?»

«Sì, Paolina è andata da Gaspare e ha provato a sondarlo. Gli ha chiesto se era contento di avere una sagrestana giovane dopo quella vecchia balena di suor Marta. Pare che il poveretto sia diventato paonazzo.»

«Diciamo che con Marta c'è una bella differenza. Mani affusolate, l'incarnato di pesca, labbra carnose. Nel buio della sua stanza chissà quante fantasie ha fatto su di te, e come biasimarlo! Sono giovani a contatto con tante femmine, alcune molto carine.»

«Ma voi come lo sapete?»

«Non si parla d'altro da giorni.»

«Lasciatele fare.»

«E tu stai in guardia!»

Due giorni dopo Enrichetta si era ammalata e le nemiche avevano approfittato della sua assenza in sagrestia per tessere la loro tela. Per una settimana – tanto la sagrestana mancò al suo ufficio – chiamarono Gaspare al portello per porgergli i saluti di Enrichetta e per dirgli che la Caracciolo chiedeva in continuazione sue notizie. Arrivarono a consegnargli sotto la grata prima un bigliettino apocrifo e poi un fazzoletto di batista con le cifre *E C* ricamate da una conversa. Il povero chierico perse la testa.

Enrichetta tornò una mattina, all'alba, in sagrestia per preparare la chiesa per la messa delle otto. Stava riempiendo la pisside di ostie quando irruppe baldanzoso Gaspare. Aveva tagliato i capelli a guisa di paggetto e indossava una tonaca nuova.

«Buongiorno, Gaspare.»

«Signora, che piacere vedervi, ero tanto in pensiero per voi.»

«Ho avuto un banale raffreddore.»

«Non si sa mai come gira.»

«*Come gira?*»

Gaspare arrossì. «Ehm... volevo dire come va a finire.»

«Per fortuna sono guarita.»

«Dio sia lodato!» Si gettò ai suoi piedi, le afferrò la mano e cominciò a baciargliela.

Enrichetta la ritrasse spaventata.

«Ma che fate? Siete impazzito?»

«Sì, d'amore. Dormo con il vostro biglietto sul cuore e il fazzoletto sotto il cuscino.» Lo tirò fuori dalla tasca. «Eccolo, è sempre con me», e vi affondò il naso aspirando con voluttà.

Enrichetta glielo sfilò mentre lui in ginocchio la guardava con aria supplice.

*Gaspare caro,*
*presto tornerò alle mie funzioni, aspettami fiducioso, io non vedo l'ora.*

La passione di quel giovane la turbò più della malevolenza di Paolina. Il suo amato Domenico non le aveva mai parlato con accenti così passionali, né mai mostrato tanta devozione. Avrebbe dovuto fare un passo indietro, recedere inorridita, non lo fece. Fissava gli occhi febbricitanti d'amore del povero ragazzo: le pupille dilatate sembravano due biglie di ossidiana. Non trovava la forza di disilluderlo, dirgli che quel fazzoletto non le apparteneva e che mai si sarebbe sognata di scrivergli un biglietto. Era stato beffato. Invece disse: «Gaspare, è stato un momento di debolezza, vi prego di restituirmeli entrambi, evitiamo uno scandalo».

«L'amore vero non può essere scandaloso. "Chi ama l'altro ha adempiuto la legge" dice san Paolo.»

«Sono commossa dal vostro ardore, ma amare una monaca è sbagliato. Liberatevi da questa passione, sarete un sacerdote e dovete imparare a controllarvi.»

Il giovane la divorava con gli occhi e lei si sentiva nuda, come se l'avesse svestita. Per un attimo lo sperò. Prostrato ai suoi piedi le abbracciò le gambe, poggiando la testa sul suo bacino. Enrichetta provò una scossa terribile, un languore che le fece perdere l'equilibrio. Mentre il chierico la stringeva tra le braccia, lei sentì qualcosa di duro tra le sue gambe. Terrorizzata più da se stessa che dall'uomo fuggì con il volto in fiamme.

Per due giorni rimase confinata a letto, non si dava pace di avere provato quell'insana emozione quando Gaspare l'aveva abbracciata. Una sorta di delizioso deliquio. Continuava a pensare al corpo del giovane e al contatto con il suo membro.

Al terzo giorno ricevette una visita della superiora. «Cosa è successo, cara? Perché sei a letto?» chiese insinuante.

«Niente di grave, sono stata male, sapete che soffro di nervi.»

«Eppure mi sembri in perfetta salute.»

«Non è così, lavoro troppo e non mi fa bene. Sarei venuta io stessa a chiedervi di sollevarmi dal ruolo di sagrestana... Prenderei volentieri quello di panettiera.»

«Che cosa c'è che non va? A me puoi dirlo... È per via di quel chierico?»

Le guance di Enrichetta erano in fiamme. «Sì, qualcuno ha ordito un complotto contro di me e ha creato degli equivoci.»

«Equivoci? Ne sei certa?»

«Assolutamente sì! Gli hanno fatto credere che provo un sentimento per lui.»

«So bene a cosa alludi, ti assicuro che ho dato una bella strigliata alle responsabili. Una condotta riprovevole, ma ti giuro sull'immagine della Madonna che più nulla di spiacevole avverrà contro di te.»

«Mi sento perseguitata.»

«Non esagerare, è stato uno scherzo di pessimo gusto che non avrà seguito, e comunque non ti rimuoverò dalla sagrestia. Secondo il regolamento devi rimanere ancora un anno.»

«E con Gaspare? Come si fa a riportarlo alla ragione?»

«Quale sarebbe la ragione?»

«Madre, ma che cosa mi state chiedendo?»

«Non lo so. Visto che il poveretto è caduto svenuto ieri durante la funzione, sono io che chiedo a te che cosa gli hai fatto.»

«Io? Niente! È tutto frutto della sua immaginazione.»

«Be', è ridotto uno straccio, la passione non gli giova. A questo punto sarò costretta ad allontanarlo dal convento.»

«Non fatelo, reverenda madre! Da anni studia per diventare prete. La famiglia ha investito il poco che aveva... Non buttatelo in strada, tanto più che manterreste gli altri tre chierici che tutti insieme non valgono la metà di lui. Sono io che devo lasciare la sagrestia, non Gaspare!»

«Come prendi subito fuoco, mia cara... Sei sicura che tra te e quel giovane non c'è nulla?»

Enrichetta era impallidita.

«Guarda che non ci sarebbe nulla di male a scapricciarsi con la fantasia.» Le lanciò un sorriso complice. «Con la fantasia non si commette peccato.»

«Io non ho fatto niente per alimentare la sua passione. È stato uno scherzo maligno di Paolina e delle sue adepte, lo sapete bene! Non ho colpa e non ce l'ha nemmeno Gaspare. Promettetemi che non lo manderete via.»

«Non posso promettertelo, però posso mandare via tutti e quattro, in modo che non sembri una punizione. Ma tu da domani tornerai a occuparti della sagrestia.»

«Se mi sollevaste dall'incarico non dovreste mandare via i quattro chierici.»

«Non ti rimuoverò, quindi non insistere. Da domani voglio vederti in piedi in farmacia e in sagrestia.»

# 14

## SECONDA SUPPLICA

«Padre, perdonatemi perché ho peccato.»

Inginocchiata davanti al comunichino, per la prima volta sentiva il cuore in tumulto.

«Ti ascolto, Enrichetta, parla pure.»

«È successa una cosa terribile che non pensavo potesse accadermi.»

Don Francesco tacque aspettando che la penitente fosse pronta.

«Il chierico Gaspare mi ha dichiarato la sua passione inginocchiandosi e abbracciandomi.»

Silenzio dall'altra parte della grata.

«Paolina e le sue complici, approfittando dell'indisposizione che mi ha tenuta a letto per una settimana, gli hanno fatto credere che ho una simpatia particolare per lui. Hanno scritto un biglietto compromettente a mio nome e gli hanno recapitato un fazzoletto che non mi appartiene sul quale hanno ricamato le mie iniziali...»

Il confessore non reagì.

«Gaspare ci ha creduto e quando sono tornata in sagrestia si è gettato ai miei piedi, mi ha abbracciata... e io non ho avuto il coraggio di disilluderlo.» Si fermò, ma poiché don Francesco taceva riprese: «Forse il coraggio non c'entra. Mi piaceva vederlo ai miei piedi, nessun uomo mi aveva mai parlato così. Ero compiaciuta di avere suscitato una passione. Nonostante il velo e il mio carattere scontroso, qualcuno mi amava...». Tossì per schiarirsi la voce. «Mi desiderava.» Tossì ancora per dissipare l'imbarazzo e riempire il silenzio del confessore. «Mi sono ammalata. Per tre giorni sono stata chiusa nella mia cella.» Si fermò. Non gli avrebbe detto che da allora non faceva che pensare al membro duro del giovane e al deliquio che l'aveva presa come una febbre improvvisa. Era fuggita da Gaspare ma non dai pensieri carnali. Prese fiato. «La badessa ora lo ha allontanato, non lo vedrò più, e questo è un bene, ma il turbamento che ho provato mi conferma che non sono fatta per la vita monastica. Credevo di essere immune, che il velo mi tenesse al riparo da certe passioni, ma non è così. Anche se non per mia volontà, ho infranto il voto di castità.» Le lacrime le scendevano copiose sul volto.

Finalmente il prete parlò: «Sai perché piangi?».

Enrichetta rispose con un singhiozzo.

«Perché hai deluso te stessa. Sei sempre intransigente e adesso tocca a te.»

Don Francesco aveva ragione: il suo corpo non era immune dal richiamo della carne, e per lei era una disfatta. Ma quanto quel trasporto dipendeva dal fatto che fosse una reclusa? Se avesse incontrato Gaspare nel mondo, lo avrebbe notato? Si sarebbe infiammata? Anche sua madre aveva sempre avuto ragione: era incapace di controllare i suoi istinti.

Il gesuita accavallò le gambe, aspettava una risposta.
«Forse è la costrizione a eccitare le mie emozioni...»
«È possibile. Tu non sei serena, non conosci la serenità, comunque non hai infranto nessun voto, e Dio sa che avresti potuto... Sei scappata.»
Dopo essersi seduta, Enrichetta rimase immobile sullo sgabello. «Vado» disse ma non lo fece.
«Se hai bisogno di rimanere, rimani. Se vuoi, preghiamo insieme.»
«Grazie, padre.»

La badessa non mantenne la promessa. Dopo avere mandato via i quattro chierici, ne riprese tre, lasciando fuori Gaspare, che fu spogliato dell'abito ecclesiastico per ordine del cardinale Riario Sforza. Pochi giorni dopo, Enrichetta ricevette una lettera della madre del chierico.

*Signora, o se preferite vi chiamerò principessa di Forino del princisbecco, a me non la date a bere, so come sono andate le cose: prima avete fatto la gatta morta con mio figlio, poi siete andata a protestare dalla superiora. Volevate rovinarlo e ci siete riuscita. Complimenti!*
*Ma io vi chiedo, che cosa aveva fatto quel povero ragazzo se non peccare d'ingenuità? I vostri artifizi lo hanno perduto, mio cugino lo ha diseredato e adesso non sappiamo come andare avanti. Siamo sul lastrico per colpa vostra.*
*Vi auguro di perdere il sonno.*

Enrichetta si sentì mancare. Corse da Francesca Caracciolo e le sventolò sotto il naso la lettera. «Non avete rispettato il vostro giuramento, la vostra parola non vale nulla, non vedo perché io dovrei ubbidire alla volontà del cardinale. Oggi stesso scriverò al papa una nuova istanza.»

Era furiosa, innanzitutto con se stessa. Per quanto si indignasse per le promesse non mantenute dalla badessa, era lei la prima a sentirsi in colpa. "Gatta morta", la madre di Gaspare le aveva dato della gatta morta. Cercò di farsi un esame di coscienza. Poteva dirsi del tutto innocente? Pur non volendo ammetterlo, l'amore del chierico l'aveva fatta vibrare. Si era sentita voluta, Gaspare le aveva acceso i sensi e il corpo reagiva. Adesso capiva gli innamoramenti delle monache, le relazioni con i confessori. Ma lei non avrebbe mai potuto desiderare un prete o un monaco, e nemmeno una consorella, come invece facevano in tante. La lettura del libro sul convento di Bajano, che alla fine aveva chiesto in prestito all'educanda, le aveva fatto cadere il velo. Da quando esistevano i conventi, le recluse cercavano di aggirare il voto di castità con cardinali, preti, monache e secolari. Quante volte passando nei corridoi aveva sentito dietro le porte delle celle sospiri per nulla spirituali. Lei stessa nella sua stanza, quando la conversa dormiva, esplorava il suo corpo, lo sentiva caldo e cercava di saziarlo. In quei momenti pensava a Gaspare. Da quando il povero ragazzo con quel semplice abbraccio le aveva provocato un orgasmo il suo corpo era in continuo ascolto, ricettivo a tutto e costretto a languire nel deserto delle emozioni.

Enrichetta aveva sviluppato un seno fiorente e fianchi morbidi. Una volta uno scugnizzo, mentre passeggiava sul lungomare, quando era ancora una ragazza giovane e libera, le aveva gridato dietro: «*Signuri', tenite 'o culo a mandolino... 'na meraviglia! Comme ve lo vulesse suna'!*». Era in uno stato di perenne eccitazione, le pulsioni erotiche le confondevano la mente. Smise di andare in sagrestia e in farmacia, rifiutò di presentarsi nel coro a recitare l'uffizio. Adduceva malanni immaginari, e alla fine la superiora smise di tormentarla. Enrichetta stava diventando un caso sociale, cadeva in continui accessi nervosi, soffriva di feroci emicranie, spasmi allo stomaco. Un giorno si sentì chiamare in parlatorio e vi trovò la madre. Donna Teresa, spaventata dal tono delle sue lettere, temendo che potesse fare una sciocchezza, si era precipitata a Napoli senza preavviso. Quando la vide entrare non poté nascondere lo spavento: era emaciata, il viso scavato, le gote, un tempo rubizze, erano flosce e pallide, gli occhi affogati in due profonde occhiaie.

«Figlia mia, ho parlato con il segretario di stato Gabriele Ferretti, buon amico del compianto cugino Filippo Caracciolo: mi ha detto che presenterà personalmente al papa un'istanza che scriverò io di mio pugno. Citerò come precedente quello della monaca del convento di Santa Maria di Nola. Mi sono informata: è una Sersale, si chiama Agnese, il fratello ha buone entrate in Vaticano ed è riuscito a ottenere il regresso. Regresso che viene rinnovato ogni sei mesi. Nola non è Napoli e le aspirazioni del nostro cardinale arcivescovo Riario Sforza non sono concentrate su Santa Maria, per noi non sarà una passeggiata, sei una benedettina di San Gregorio Armeno, ma userò tutti i mezzi che ho a disposizione per tirarti fuori da qui. Quindi, per favore, resisti!»

«Non so per quanto ancora posso riuscirci. Ho lasciato la sagrestia e la farmacia, non sopporto di essere comandata, passo le giornate in camera mia a meditare, a leggere, a pensare ai fatti miei. A questo convento non voglio più dare nessuna energia.»

«Ma che cosa è questa storia del chierico? Ti sei compromessa?»

«Ma no, te lo giuro!»

«Invece qui dicono che hai cominciato a dare i numeri quando è stato allontanato. Ti sei innamorata? Sai bene quanto temo i tuoi colpi di testa.»

«Non sono più una bambina, è finita l'epoca di Domenico e di quell'altro, il vicino di casa a Reggio... Non ricordo nemmeno più il suo nome.»

«Non vorrei che dimenticassi cosa significa il decoro.»

«Mamma, non ho infangato il nostro nome, devi credermi, né ho mai peccato... Purtroppo.»

«Purtroppo? Ma sei impazzita?»

«Sì, e se non mi tirerai fuori da qui farò una brutta fine.»

«Lo so, me lo hai anche scritto. Sono qui per questo e non tornerò a Reggio senza di te. Però tu stai calma, cerca di riprendere un po' di peso, hai le guance smunte, sei uno spettro irriconoscibile.»

«E non sai cosa succede sotto il velo... Perdo i capelli a ciocche... Mi faccio pena da sola.»

«Ma ti curano?»

«Mi danno delle gocce, ma non funzionano. Le prendo, mi addormento e dopo due ore sono sveglia come se fosse giorno pieno e comincio a vagare per il convento. Non sarò la prima né l'ultima monaca a impazzire qui dentro.»

«Non voglio sentirtelo dire, lascia fare a me, so come muovermi. Tu devi soltanto stare tranquilla e allontanare i cattivi pensieri.»

Enrichetta abbassò gli occhi per nascondere le lacrime, la madre le afferrò le mani e la trasse a sé.

«Abbi fiducia, ti tirerò fuori da qui, te lo prometto.»

Ai primi di settembre la badessa Teresa Brancaccio, succeduta alla defunta Francesca Caracciolo, convocò in parlatorio la comunità per accogliere il cardinale Riario Sforza. Enrichetta avrebbe fatto carte false per sottrarsi all'incontro. Durante le visite si metteva sempre in fondo, curva per non svettare sulle altre, e l'arcivescovo l'aveva lasciata in pace, ma il tempo della tolleranza finì quel giorno.

«La vostra Caracciolo dov'è?» chiese appena entrato, guardando verso le ultime file.

«Enrichetta! Venite avanti!» la esortò la badessa.

Fremente di dispetto, lei ubbidì. Avanzò lentamente tra le consorelle. La femminilità del suo incedere sembrò al cardinale una provocazione, ma non un muscolo del suo volto reagì. Adesso erano l'uno di fronte all'altra e lei si ostinava a non guardarlo. Come avrebbe potuto nascondere la profonda antipatia per quel damerino e per la sua colonia troppo muschiata? Lui la guardò in silenzio, aspettando che lei alzasse lo sguardo.

«Povera figliola, è così buona!» intervenne la badessa, donna instabile, affettuosa o brusca a fasi alterne. Quel giorno era positiva. «Non si vede e non si sente.»

«Bene» commentò compiaciuto il cardinale, «da adesso in poi vi voglio sempre in prima fila.»

Un brusio geloso si diffuse tra le altre. «Che fastidio! Si parlerà in eterno della Caracciolo?» sibilò una consorella a poca distanza dall'interessata.

«Eminenza» disse la superiora, «debbo però denunziarvi questa monachella che ogni giorno di più si atteggia a misantropa. Fugge la compagnia, trascorre la giornata chiusa nella sua cella e nelle ore di ricreazione si rifiuta di riunirsi alle altre.»

«Lasciateci un momento soli» disse l'arcivescovo con patriarcale podestà.

Le monache uscirono scontente. Riario Sforza attese paziente che l'ultima chiudesse la porta continuando a fissare la "misantropa", forse per intimidirla, poi assunse un'espressione affabile e si terse il sudore del volto con un fazzoletto di batista.

«Allora, figlia cara, per quale motivo ve ne state per i fatti vostri e non partecipate alle attività del convento?»

«Non credo di commettere nessuna infrazione al regolamento. Ubbidisco ai precetti. Se non adempio ai miei doveri è perché sono malata, voi lo sapete, avete letto le carte.»

«Mi piacerebbe sapere quello che fate nelle tante ore in cui ve ne state rinchiusa nella vostra cella.»

«Leggo, scarabocchio, scrivo.»

«Sapete che vi sono concesse da leggere soltanto opere devozionali? Di grazia, cosa state leggendo e scrivendo?»

«Cerco nella lettura un conforto all'oppressione che mi abbrutisce, e sbozzo le memorie di questa mia cattività per lasciarne un ricordo, se mai dovessi uscirne.»

«Oppressione... memorie... cattività! Dove avete attinto questo frasario da carbonaro? Sapete che dovrei castigarvi per queste fantasie spropositate?»

«Fatelo, tanto mi manca soltanto la catena al piede. Perché non la ordinate?»

«Le catene servirebbero a farvi deporre la smania maledetta di recuperare la libertà? Non credo, ma sappiate che su questo argomento sono irremovibile, non ve la concederò mai!»

«Mia madre ha scritto alla Santa Sede e se non riuscirà a tirarmi fuori scriverò io a Pio IX.»

«La superiora mi ha detto che il motivo della vostra petizione non è legato al vostro stato di salute, ma all'affare del chierico.»

Il sangue le schizzò al volto imporporandole le guance. «Vostra Eminenza dovrebbe rifiutarsi di abbassarsi a pettegolezzi tanto falsi e malevoli.»

«Sono convinto che nulla è passato tra voi e il giovane chierico... Come si chiama?»

«Gaspare.»

Sventolò la mano per allontanare quella presenza importuna. «Una donna come voi non scenderebbe mai al livello di un semplice chierico... Voglio dire, una monaca quale voi siete.» Ebbe un attimo di incertezza. Avrebbe voluto dirle che in realtà la considerava responsabile. Di donne era esperto, oltre che un loro fiero ammiratore, e aveva capito che quella monaca, se lasciata libera, avrebbe creato infiniti problemi all'arcivescovado e a lui stesso. Lei gli lesse sul volto un'espressione preoccupata. Possibile che il grande prelato la temesse? Rimase in piedi, con le mani intrecciate sul ventre, alta, pettoruta, gli occhi due punte di spillo. Lui accavallò le gambe. Lo scarpino di vernice nera faceva a pugni con le calze rosse, eppure era stata una scelta ponderata: Sisto Riario Sforza teneva molto al suo aspetto, per la gioia del suo sarto; e del suo barbiere, a giudicare dalla frangetta sempre perfetta.

«Ho voluto parlarvi di persona perché mi è arrivata copia dell'istanza di vostra madre... Come vi ho già detto, tutto quanto riguarda la mia Curia arriva a me, e se ne scriverete un'altra la mia risposta continuerà a essere negativa.» Si fermò e accavallò l'altra gamba, poi si accarezzò la guancia per controllare che fosse perfettamente sbarbato. «Vi prego di dirmi la verità: se vi fosse concesso di uscire dal convento, dove vorreste andare?»

«A casa di mia madre a Reggio. Nessuna più di una madre può prendersi cura di una figlia monaca.»

Il cardinale proruppe in una risata. «Pastocchie! Voi volete uscire dal chiostro per comportarvi come una secolare, andare a feste, raduni, frequentare salotti. So che da vostra madre si danno feste da ballo e si ricevono liberali. Mettete in guardia donna Teresa, deve stare molto attenta a chi fa entrare in casa, altrimenti ci baderà la polizia.»

Enrichetta perse la pazienza, afferrò lo scapolare e ruggì: «Feste da ballo? Con questo abito che aborro avrei vergogna di farmi vedere, e ancora di più a partecipare a una festa. Non toglierei mai il velo, chiedo soltanto di riavere la libertà, bene supremo a cui ho rinunziato per inesperienza e per debolezza».

«Non posso... Non posso... Non posso» disse Riario Sforza, aumentando dopo ogni pausa il timbro della voce.

Si era alzato e per tenere ferme le mani aveva afferrato il crocifisso che aveva al collo. C'era anche un'altra verità che il cardinale non avrebbe confessato nemmeno a se stesso: la sensualità di quella donna lo turbava. La giovane monaca smaniava e lui, non sapendo come contenerla, la teneva carcerata.

«Sono in partenza per Roma, appena torno ti rivedrò» disse aggiustandosi lo zucchetto. «Fatti dunque vedere di buon grado e non ti nascondere come hai fatto finora. Quando mi dirai di avere abbandonato la tentazione di restituirti all'inferno del secolo, mi farai contento.»

I loro colloqui cominciavano sempre in modo formale, poi Riario Sforza perdeva la pazienza e passava al tu.

«Mi troverete qui al vostro ritorno, ma non contate sulla mia rassegnazione. Buon viaggio!»

Quando vide l'arcivescovo allontanarsi, sibilò: «Vattene alla malora!».

# 15

# IL QUARANTOTTO

Il cardinale arcivescovo Riario Sforza non riuscì a farle cambiare atteggiamento. Enrichetta continuava a non partecipare al coro, si era dimessa dall'incarico di sagrestana e da quello di farmacista. Vagava come un fantasma in pena tra le mura del monastero e trascorreva molte ore su uno dei belvederi a spiare dalle finestre della casa di fronte la monaca transfuga dal convento di Nola.

Mentre tra l'arcivescovado di Napoli e la Congregazione dei Vescovi e Regolari di Roma si svolgeva una fitta corrispondenza sulla religiosa Enrichetta Caracciolo, fuori dalle mura di San Gregorio la città sobbolliva. Un pomeriggio di fine gennaio, dalla postazione abituale sul belvedere est, sentì delle grida. Si protese dal parapetto per vedere meglio: il popolino e molti borghesi si stavano riversando in strada armati di forconi, coltelli, bastoni, residui di sedie, spalliere. «Viva l'Italia! Viva Pio IX! Viva il re e la Costituzione!» urlavano da un quartiere all'altro seguiti dalla Guardia Nazionale. Enrichetta alzò lo sguardo verso Castel Sant'Elmo dove sventolava una bandiera rossa. Conosceva il significato: era stata applicata la legge marziale. Udì un colpo di cannone, seguito da altri due, la folla impaurita si sparpagliò in modo disordinato, l'aria si riempì di fumo, il sole attraverso un velo di polvere diffondeva una luce metallica. Leggendo i giornali che comprava di tasca sua, Enrichetta si teneva informata sul fermento che agitava il Regno. Aveva cominciato la Sicilia per chiedere maggiore indipendenza da Napoli, a Palermo erano state erette barricate su cui sventolava il tricolore italiano, il malcontento si era allargato in tutto il meridione. Il Cilento si era sollevato contro i proprietari terrieri. Re Ferdinando aveva imbarcato cinquemila soldati sulle navi a vapore per reprimere l'insurrezione in Sicilia: un errore politico, perché nel momento in cui la rivoluzione prendeva piede sguarniva i domini sulla terraferma. Per due giorni Enrichetta seguì dal suo ristretto osservatorio la rivoluzione napoletana. Quel che non vedeva lo leggeva sui giornali, per quanto riusciva a raccontare una stampa controllata dal regime.

Il 30 gennaio una gazzetta scriveva:

*Decine di contadini stanno marciando verso la città, scatenando nella popolazione una confusa paura per l'imminente arrivo delle folle rurali armate di falci. Ve n'è abbastanza per chiedere qualche cambiamento politico al re per affrontare la crisi in atto.*
*La corte deve avere condiviso il panico, perché sembra che la Guardia Nazionale sia riluttante a sparare contro il popolo e perciò tre giorni fa ha scarcerato il liberale Carlo Poerio. Ma non è bastato a fermare la protesta. Venticinquemila manifestanti si sono riuniti davanti a Palazzo Reale. Quando la caval-*

*leria è intervenuta per disperderli, la folla si è accalcata attorno ai cavalleggeri convincendoli a desistere e il loro comandante si è offerto di portare una petizione al re.*

Eccitata dagli eventi, Enrichetta dimenticò i suoi affanni. La caduta dei Borbone si sarebbe portata dietro la caduta di tutte le leggi del Regno, comprese quelle che la riguardavano direttamente. Voleva saperne di più e l'unica persona estranea alla sua famiglia di cui poteva fidarsi era Corinna Cortese. Decise di scriverle, chiedendole di informarla non soltanto su Napoli, ma sul Regno delle Due Sicilie. La risposta dell'amica arrivò una settimana dopo.

*Enrichetta mia cara,*
*tutto mi aspettavo salvo che ricevere una vostra lettera dopo tanti anni. Ora siete una monaca di clausura e pensavo che i tumulti del mondo secolare non vi toccassero, vi immaginavo immersa in una pace interiore, al riparo dai moti politici e sociali grazie alla preghiera e alla lontananza. Evidentemente non è così. Il chiostro non ha sfiancato il vostro grande cuore, che batte insieme ai nostri. Proverò dunque a farvi un breve riassunto degli ultimi giorni.*
*Ferdinando, spaventato dai moti, per paura di perdere l'intero Regno, il 10 febbraio ha firmato la Costituzione. Se la rispetterà avrà un'enorme portata storica. Il testo si ispira alla carta costituzionale francese del 1814. Parla di una temperata monarchia ereditaria costituzionale. Il potere legislativo appartiene al re e a due Camere: i Pari eletti dal sovrano e i Deputati scelti dagli elettori. La religione cattolica sarà dominante e non saranno tollerati altri culti. La persona del re è sacra, inviolabile e non responsabile. I ministri sono invece sempre responsabili. Le for-*

*ze di terra e di mare dipendono dal re. La Guardia Nazionale sarà riorganizzata. La stampa sarà libera, rimanendo soggetta alle leggi repressive nel caso offenda la religione, la morale, l'ordine pubblico, il re e la sua famiglia, i sovrani esteri, nonché l'onore e gli interessi particolari. Insomma, nella realtà avrà sempre il bavaglio. La libertà individuale dovrebbe essere comunque garantita.*

*Tutto è partito dalla Sicilia, che chiede l'indipendenza da Napoli e il ripristino della Costituzione di Francesco di Borbone del 1812, che riconosceva l'autonomia dell'isola e manteneva un semplice legame dinastico con Napoli. Inutile sottolinearvi che Ferdinando è ben lontano dal concedere il diritto di voto alle masse; speriamo almeno non si rimangi la Costituzione come fece il padre pochi mesi dopo averla promulgata.*

*Vi ricordate di Luigi Settembrini? Ve lo presentai a casa di mio zio Benedetto. È tornato dal suo esilio a Malta, e sbarcando ha trovato il porto tappezzato di tricolore. Io ero lì e mi si è allargato il cuore. Per il momento non ho altro da raccontarvi ma se lo vorrete vi farò un rapporto dettagliato mensile. Sono convinta che riusciremo a cacciare i Borbone, che con la loro cultura retrograda vi tengono prigioniera in convento. Amica mia, coraggio! Manca poco alla vittoria.*

*Vi abbraccio con l'affetto spontaneo che ho provato dal primo momento in cui vi ho vista nel salotto della principessa di Gagliati. Quanti anni fa, otto? Sembravate un animaletto spaurito, non lo dimentico. Avrei voluto fare di più per voi.*

*Corinna*

Forse la corrispondente di Enrichetta aveva ecceduto in pessimismo. In realtà la Costituzione, accettando una temperata libertà di stampa, permise il fiorire dei giornali di opposizione che divennero per la monaca ribelle una fonte continua di informazioni. Li leggeva sotto le volte del cenobio ad alta voce in segno di protesta contro l'atteggiamento conservatore delle sue consorelle, che platealmente, o forse per tormentarla, pregavano per il re e per lo sterminio dei malvagi, cioè dei liberali. Era un continuo provocarsi, rintuzzarsi, con la differenza che la Caracciolo era tra le poche monache informate; le altre, attaccate alla tradizione, non capivano nemmeno di cosa si discutesse. Per loro esisteva soltanto il re. Sotto il dominio Borbone erano nate e sotto i Borbone volevano morire. Non auspicavano alcuna libertà, si sentivano ben protette tra le mura del monastero. «Galline con il velo nero» sussurrava lei sprezzante. Più passava il tempo e più le pareva incomprensibile l'atteggiamento della Chiesa, a cominciare dal papa. Il re aveva capitolato concedendo ai napoletani la Costituzione, la Chiesa invece non arretrava dai suoi riti millenari. "In questo modo rimane fuori dalla Storia" scriveva alle sue corrispondenti.

Alle amiche si era aggiunta la cugina di Corinna Cortese, anche lei monaca in un convento passionista di Velletri. Le aveva messe in contatto Corinna, convinta che le due avessero molto da dirsi e da scambiarsi. Costanza Cortese aveva scelto liberamente di entrare in clausura, salvo pentirsene dopo avere conosciuto l'ambiente. Non faceva nulla per cambiare la sua condizione ma manteneva una mente aperta con cui Enrichetta si confrontava con piacere. In tutte le lettere, la ribelle cercava di portarla dalla sua parte: Costanza le chiamava "barricate" e la prendeva affettuosamente in giro. L'aveva soprannominata "Saint-Just". A suo avviso i conventi non erano ancora pronti per fare la rivoluzione, essere intransigenti era controproducente, inaspriva i rapporti e rendeva il quotidiano più faticoso. Enrichetta stava al gioco, anche se era convinta che la rivoluzione non sarebbe stata scatenata dal papa o dal Vaticano, e nemmeno dalle armi, ma dall'interno, da chi conosceva bene le storture del sistema.

L'atteggiamento provocatorio che manteneva come una corazza non fece che alimentare l'isolamento. Le monache misero in giro la voce che nel convento ci fosse una rivoluzionaria, anzi un'eretica aggregata a una società segreta che con il suo comportamento trascinava il monastero sull'orlo del precipizio. Per l'interessata quelle calunnie erano puro godimento. Più le consorelle e i loro confessori manifestavano paura, più cresceva il suo entusiasmo; più illividivano, più lei prendeva coraggio. Cercava di non reagire quando sentiva chiamare la Costituzione "Prostituzione", convinta che la rivolta non avrebbe tardato, spazzando via tutto, compreso il monastero. "Il re ha concesso la Costituzione perché stava scoppiando una rivoluzione e noi dovremmo farla scoppiare anche qui dentro!"

Quando alla fine di marzo i giornali diedero la notizia che la patriottica principessa Cristina Trivulzio di Belgiojoso aveva noleggiato una nave a vapore per tornare in Lombardia e partecipare alla guerra contro gli austriaci, Enrichetta lesse gli articoli ad alta voce. La entusiasmava l'immagine del porto assediato dai napoletani pronti a imbarcarsi con lei: centottantaquattro valorosi, quanti poteva contenere il vascello. Con l'appoggio di Ferdinando, anche il generale Guglielmo Pepe si preparava a correre in aiuto di Carlo Alberto di Savoia.

Ormai preda di un delirio patriottico Enrichetta non

scendeva più al refettorio, la vista delle consorelle la disgustava. Un atteggiamento poco equilibrato, ma tanto ormai aveva manifestato fin troppi segni di instabilità. Il danno dalla testa si era trasferito al corpo, ai bronchi, ai polmoni. Era squassata da una tosse nervosa che la lasciava senza forze. L'ambulatorio era diventato un appuntamento quotidiano. Anche perché la vista del dottor Lucarelli la placava. Giovane, bruno con due smeraldi al posto degli occhi, usava un dopobarba irresistibile; la prima volta che le si era avvicinato per osservarle la gola arrossata, Enrichetta aveva colto nei suoi baffi l'odore di sigaro che le ricordava il padre ed era stata presa dal folle impulso di baciarlo. Da quel momento aveva cominciato a manifestare un malanno al giorno. La tosse la tormentava ma non faceva nulla per placarla pur di essere spedita in infermeria dal medico, che a quel punto fu costretto ad andare al monastero tutti i giorni perché la paziente non guariva. Nessun rimedio aveva effetto. I suffumigi le aumentavano la tosse, i salassi pure. Un vero rompicapo. Un giorno, mentre Enrichetta era seduta sul lettino a inebriarsi del profumo dell'uomo di cui ormai non poteva fare più a meno, sentì la propria voce dire: «Dottore, forse dovreste auscultarmi».

«Lo faccio tutte le volte.»

«Attraverso i panni non potete arrivare ai miei bronchi.»

L'uomo si ritrasse senza riuscire a nascondere il disagio e andò a sedersi alla scrivania. Il tono della monaca lo aveva allarmato. Il suo predecessore l'aveva messo in guardia. «Attento ai loro impulsi, ne hanno di continuo, se dovessi cedere infrangeresti il giuramento di Ippocrate e non apparterresti più al consesso dei medici. Ricordalo. Io sono vecchio, eppure mi è capitato di dover respingere le loro pulsioni. Queste povere creature, soprattutto le più giovani, sono governate da appetiti che la Chiesa considera bestiali ma che fanno parte della fisiologia... della natura. Non è facile reprimerli, anzi, in qualche modo devi rispettarli e difenderti.»

«Sorella...»

Enrichetta gli impedì di proseguire. «Pietro, non merito nemmeno che mi chiamiate per nome?»

L'uomo si alzò e le andò vicino.

Lei gli afferrò la mano e si sentì morire di languore. Poggiò il palmo sulla sua guancia. «Sentite come arde? Temo di essermi innamorata di voi.»

Lui la guardò con sguardo pieno... No, non era amore, piuttosto compassione. Enrichetta lasciò la sua mano come se si fosse ustionata. Sentì un dolore sordo invaderle il corpo, passarle attraverso la schiena, contrarle il collo e scaricarsi nel cervello. Era questo il mal d'amore? Pietro Lucarelli non provava nulla per lei. Errore! Un sentimento lo provava, glielo leggeva negli occhi: pura pietà. Arrossì più per frustrazione che per la vergogna di essersi spinta troppo oltre, preda di una mera illusione. Si era resa ridicola, il suo ego smisurato l'aveva portata a considerarsi desiderabile. Con quegli abiti mortificanti, quale uomo avrebbe potuto desiderarla? Avvampò di nuovo. Avrebbe voluto sprofondare, sparire e non vederlo mai più. Impossibile tornare indietro, cancellare l'accaduto, dimenticarlo. Sentì la mano del dottore toccarle il mento per farle alzare il viso. Chiuse gli occhi per nascondersi al mondo.

«Enrichetta...» La voce di lui non era ironica, tentennante, ma calda, rassicurante. «Enrichetta, vi prego, guardatemi.»

Lei aprì gli occhi e fissò il pavimento, si vergognava troppo.

Lui non insisté. «Quello che è successo oggi non è grave...» Attese una reazione, che però non arrivò. «Da tempo vi osservo. Un buon medico, oltre a essere un clinico, deve capire lo stato d'animo del paziente, soprattutto per chi come me si occupa della salute delle persone che non vivono in una condizione di piena libertà.»

Enrichetta alzò lo sguardo incuriosita.

«I vostri polmoni sono sanissimi, i bronchi pure. La tosse, così come gli altri malanni, viene dalla vostra testa, da una costrizione che voi non sopportate più.»

Lei scosse il capo. Lucarelli cercava di tirarsi fuori da una situazione imbarazzante oppure era sincero?

L'uomo sembrò leggerle nel pensiero. «Come sapete, con il dottor Ronchi ho già firmato una relazione sul vostro stato, sostenendo che il male di cui soffrite sta nella restrizione in cui siete costretta a vivere. Io sono convinto che uscendo dal convento guarirete.»

«Se lo credete anche voi, perché il cardinale continua a negarmelo?»

«Non lo so, ma posso dirvi che scriverò un secondo certificato in cui dirò che le vostre condizioni si sono aggravate. Come vedete, non vi nascondo nulla. La mia diagnosi è supportata dai vostri comportamenti abnormi.» Si fermò per non affondare il coltello nella piaga.

«Intendete il mio innamoramento?» chiese Enrichetta guardandolo finalmente negli occhi.

«Non si tratta di innamoramento, credetemi, è un sintomo di una patologia seria. Io non lavoro qui da molto e ho ancora poca esperienza sul campo, ma l'ho studiata sui testi.»

Lei assentì. Il bel dottore le consigliava una decorosa via d'uscita da una situazione imbarazzante?

«Quindi cosa suggerite?»

«Ve l'ho appena detto, scriverò un nuovo certificato medico.»

«Un salvacondotto per la libertà?»

«Che potrete allegare a una nuova istanza al papa.»

«Non so a cosa servirebbe un'ennesima istanza, Pio IX ha ignorato anche la seconda, scritta da mia madre.»

«Ricordatevi che quando è stato eletto, Pietro Mastai si è dichiarato amico supremo della libertà e ha concesso l'amnistia per i reati politici. Soltanto lui può superare gli ostacoli che vi pone l'arcivescovo. Dobbiamo provarci.»

*Beatissimo Padre,*
*eccomi nuovamente a voi per chiedere la dispensa che mi faccia uscire dal chiostro per motivi di salute. Lo stato monastico che mi è stato imposto dalla famiglia è per me un residuo di barbarismi orientali. Per chi non è entrata in clausura per vocazione o per volontà, come nel mio caso, è un tormento.*
*Voi siete salito al soglio di San Pietro invocando la libertà dei popoli, avete promesso alla cristianità un'era nuova, un riordino delle leggi barbare. Dunque, a Vostra Beatitudine sommamente mi rivolgo per chiedere di essere liberata dalla clausura. Ho perso la salute. Il referto medico che qui accludo asserisce l'impossibilità di rimanere nel monastero di San Gregorio Armeno per mia sanità mentale e fisica. Non avendo commesso alcun delitto contro Dio e contro alcuno, mi è difficile comprendere quale inumana legge mi costringe a languire e morire in questo santo luogo che a me continua ad apparire un carcere.*
*Nel caso, Beatissimo Padre, doveste accogliere la mia richiesta, mi impegno a mantenere l'abito monastico e a rispettare*

*le leggi a cui mi sono sottomessa con i miei voti. Non ho velleità secolari, ma ho bisogno di non vivere in uno stato di continua coercizione.*
*Padre Santo, aiutatemi, perché se le istituzioni ecclesiastiche si ostineranno a negarmi l'impetrata giustizia, mi vedrò costretta a rivolgermi a chi è disposto ad ascoltarmi: alla stampa finalmente libera dal bavaglio della censura, per gridare alla città, al paese e magari al mondo intero l'enormità del sacrificio che mi è stato imposto.*
*Vostra devota penitente monaca benedettina,*
*Enrichetta Caracciolo di Forino*

L'istanza venne sottoscritta dal Prefetto della Congregazione, cardinale Francesco Orioli, che vi allegò un'altra lettera che spedì il 2 maggio 1848 in Vaticano.

*Eminentissimo Padre,*
*Enrichetta Caracciolo, monaca professa nel monastero di San Gregorio Armeno di Napoli, con ogni ossequio espone alla Santità Vostra di andare soggetta a bronchite congiunta con un'irritazione nervosa che facendola cadere in forti e violente convulsioni la rendono emottoica. A giudizio dei medici, l'unico e solo rimedio che gioverebbe alla guarigione della supplicante sarebbe il cambiamento d'aria.*
*Piena di fiducia si rivolge pertanto alla Santità Vostra, affinché, in vista delle esposte fisiche indisposizioni, voglia degnarsi di accordarle il permesso di potersi trasferire in altro monastero di aria salubre, dove poter riacquistare la salute e, una volta guarita, tornare nel monastero all'esercizio della regola che ha professato.*

Una settimana dopo Enrichetta venne chiamata in parlatorio. L'odiato arcivescovo profumato con la sua colonia insopportabile la aspettava in piedi davanti alla finestra. Lo vide di spalle, massiccio, dritto e capì che tirava aria di tempesta.

«La Congregazione mi informa che avete mandato una terza supplica alla Santa Sede.» Non si era nemmeno voltato, le parlava dandole ostinato le spalle. «Scrivete, e ancora non avete imparato come rivolgervi al pontefice. Comunque, vi ripeto per l'ennesima volta che la vostra agognata liberazione dipende esclusivamente da me.» Si voltò, aveva l'aria scontenta, il volto corrucciato. Per lo sforzo di dominarsi, una ruga gli tagliava a metà la fronte indurendogli il viso. Era furibondo e non riusciva a nascondere l'irritazione. «Avete osato minacciare il Santo Padre, e con lui tutta l'istituzione, di rivolgervi alla stampa e per questo sarete punita.»

Il 15 maggio spuntò il giorno che i napoletani avrebbero per sempre ricordato con vergogna. La badessa aveva anticipato di due ore la recita dell'ufficio e diede licenza di salire al belvedere per ammirare il re che si recava alla chiesa di San Lorenzo per la funzione che avrebbe preceduto l'apertura del nuovo parlamento. Ferdinando sarebbe passato a cavallo tra ali di popolo festante come sempre faceva. Infatti il sovrano, giunto sotto il campanile di San Gregorio, si sciolse la coccarda tricolore, se la cacciò in tasca e si inabissò nel quartiere del mercato, tra i lazzaroni, suoi sfegatati sostenitori. Nel quartiere era l'emblema della giurata libertà.

Alle dieci arrivò ansimante la portinaia. «Presto, presto, bisogna chiudere il monastero, via Toledo è asserragliata.»

Asserragliata? Perché, che cosa stava succedendo?

Enrichetta volò al campanile con un'altra monaca dove trovò un discreto capannello. La Guardia Nazionale di picchetto a San Lorenzo si affannava avanti e indietro. Udì un colpo di cannone, poi degli spari. Voci concitate. Urla: «*Viva 'o rre! Viva la nazione!*». La gente correva a scapicollo, soltanto tre giovani camminavano tranquilli lungo il vicolo di San Gregorio Armeno. Uno di loro lanciò uno sguardo alle inferriate del finestrino affacciato sul vico e sorridendo gridò: «*Sussegateve, sore'! 'E vuoste pene so' fernute!*».

«Che ha detto?» chiese Enrichetta.

«Di stare tranquille perché le nostre pene sono finite.»

«Magari...»

Cominciò un inferno di fuoco, sentivano gli spari mentre il cielo era squarciato da lame di fuoco.

«Che cosa brucia?» chiese una conversa.

«Sembra che sia Palazzo Gravina.»

Il rullo del tamburo annunciò l'adunata generale. Enrichetta corse nella sua cella, afferrò le sue memorie, accese un braciere e le bruciò. Non voleva rischiare di compromettersi nel caso di una perquisizione. In quelle pagine aveva espresso apertamente la sua fede repubblicana, criticato i Borbone e versato fiumi di veleno sulla Chiesa e sui preti. Ma si poteva perquisire un convento di clausura? Forse sì, durante una sommossa popolare, meglio non correre rischi.

Apprese l'accaduto tre giorni dopo dalla sorella Chiara in visita a San Gregorio come ogni mese. «Il re si è rimangiato le promesse. Ha sciolto il parlamento senza avere nemmeno il tempo di inaugurarlo. Lorenzo sostiene che è stato un vero colpo di stato. Ferdinando non voleva concedere nessuna libertà, vedrai che si tornerà a una monarchia assolutista, altro che costituzionale!»

«Ma cosa è successo? Da qui ho sentito che si è scatenata la guerra ma non ho capito nulla. Per di più in convento non sono arrivati i giornali. È l'inizio della fine?»

«Il re avrebbe dovuto giurare sulla Costituzione all'apertura delle Camere, ma i deputati più radicali non volevano. Temevano che dopo il giuramento non sarebbe stato più possibile modificarla. In fondo, chiedevano di rinviare il giuramento. Per due giorni si è cercato un punto di incontro, un muro contro muro. Ferdinando è stato irremovibile. La notte della vigilia ha cominciato a girare la voce che avesse fatto disporre le sue truppe in vari luoghi della città: dodicimila soldati. E così nelle strade sono state erette le prime barricate. Pare che i primi colpi siano partiti da via Nardones, seguiti dagli *urrà!* delle barricate di Santa Brigida e di vico delle Campane. Poi qualcosa è sfuggito al controllo.»

«Ho sentito delle urla spaventose.»

«Liberali, semplici cittadini oppressi dal regime, artigiani, contadini, agricoltori, hanno lottato corpo a corpo, morendo a centinaia. Le guardie svizzere guidavano la carica. Le barricate sono state prese a cannonate e i soldati hanno fatto irruzione nelle case infilzando con le baionette chi trovavano davanti, senza risparmiare donne e bambini.» Si terse il volto con un fazzoletto. Sudava.

«Un'orrenda carneficina...»

«Si parla di duecento soldati morti e quattrocento feriti.»

«E gli insorti?»

«Non si sa quante vittime, ma ne sono stati fatti prigionieri sei, settecento. Pare che alcuni soldati abbiano estorto denaro con la violenza e minacciato e insultato persone pacifiche.»

«Che bestie!»

«E dopo di loro sono arrivati i lazzaroni a saccheggiare le case crivellate dai colpi. Hanno disarmato la Guardia Nazionale e sfilato con la bandiera bianca dei Borbone al grido: "Viva il re! Morte alla nazione!". La città è stata messa a ferro e fuoco per sette ore. Noi abbiamo steso dei materassi sul balcone per evitare di respirare in casa l'aria impestata dalla polvere pirica e dal fumo.»

«In quanti erano?»

«Non lo so, si dice che i napoletani non fossero più di trecento, tra Guardia Nazionale, borghesi, artigiani, negozianti, un pugno di combattenti contro un esercito di dodicimila soldati. Per fortuna sono stati appoggiati da cilentani, calabresi e siciliani.»

«Perché così pochi napoletani?»

«Lorenzo sostiene che i napoletani sono in maggioranza dei moderati e non partecipano ai moti di piazza, perché sanno che finisce in un inutile bagno di sangue.»

«Con il popolino sempre schierato con il re...»

«Che infatti ha saccheggiato le case abbandonate dei manifestanti.»

«Ho visto che su Palazzo Gravina è stata issata una bandiera bianca.»

«Sì, c'era l'ordine di mettere un segno bianco sui portoni e sui balconi a significare il sostegno alla casa reale. Sai come è finita alla faccia dei tanti morti?»

«No.»

«Che uno stuolo di *vaiasse* inghirlandate e avvinazzate ha festeggiato la vittoria davanti a Palazzo Reale.»

«Il mio stato non mi protegge, le monache e i preti non hanno l'immunità, potrei essere stata inserita anche io nel libro nero della polizia. Nella comunità non mancano i delatori.»

Chiara le prese la mano e le sorrise per tranquillizzare quell'anima in pena. «La polizia ha altro a cui pensare in questo momento, io non mi preoccuperei. Comunque il 15 maggio è finito il liberalismo napoletano, e a questo, temo, non ci sarà rimedio.» Avrebbe voluto dirle che nonostante l'odio che si era procurata nel convento, per sua colpa, perché gli sbirri varcassero il portone di un monastero avrebbe dovuto macchiarsi di gravi delitti. Qualche lettera patriottica non bastava. Se mai a rischiare erano i suoi corrispondenti.

# 16

# IL BREVE DEL PAPA

Finito nel sangue il sogno di libertà del popolo napoletano, il pessimismo di Enrichetta sull'esito della sua terza istanza decuplicò. I giorni passavano e lei languiva. Sembrava un fantasma. Ai primi di settembre venne chiamata nella sala della badessa, ad attenderla vi trovò il suo nemico.

«Torno dalla città santa» disse Riario Sforza stranamente affabile.

Enrichetta si mise sulla difensiva: l'avrebbe punita, altrimenti perché la presenza della superiora?

Il cardinale invece la sorprese porgendole una corona. «Vi ho portato un regalo, è stata benedetta dal Santo Padre.»

«Grazie» rispose, accennando un inchino.

«In cambio vorrei che voi faceste per me un lavoretto all'uncinetto.»

«Eminenza, io non sono portata per i lavori donneschi.»

«Non è vero, conosco bene i vostri ricami eleganti, siete troppo modesta. Se vi applicherete a un lavoro manuale, terrete la vostra testolina occupata. Mi piacerebbe che ricamaste qualche fazzoletto.»

«Il lavoro sarà fatto immancabilmente» si intromise Teresa Brancaccio, «mi impegno io a farglielo finire.»

I giorni che seguirono furono un autentico assillo. La superiora le chiedeva quotidianamente se avesse cominciato il ricamo. Dopo una settimana Enrichetta insorse: «Vorrete forse impormelo per disciplina?». Non aveva intenzione di ubbidire ai capricci dell'uomo che si ostinava a tenerla rinchiusa.

«No, spero che lo facciate di buon grado.»

«Allora smettete di tormentarmi! Detesto il cardinale quanto un prigioniero detesta il suo carceriere.»

«Siete ingiusta, lo fa per il vostro bene.»

«Mi vuole bene? Obbligatissima! Dio voglia che cominci a odiarmi e che finisca questa funesta amicizia!»

Teresa Brancaccio si indispettì. Non riuscì a mordersi la lingua, come spesso faceva, per evitare uno scontro diretto e gli strascichi che avrebbero appesantito l'atmosfera già impestata dalla perpetua insofferenza della monaca. «Siete insolente e indolente. A partire da oggi vi dichiaro guarita e riprenderete tutte le vostre incombenze in farmacia e in sagrestia. Non tollero più insubordinazioni, e in mia presenza non dovrete più oltraggiare il nostro arcivescovo. Non è un avvertimento, è un ordine. E ora andate via!»

L'infelicità ancora una volta le si manifestò sul corpo. Deperì, l'incarnato perse ogni delicatezza e divenne grigio come un cencio mal lavato. Riprendere il lavoro non le giovò. Armata di coraggio si presentò in ambulatorio. La porta era chiusa ma dal vetro zigrinato intravedeva la sagoma dell'uomo amato piegata su un'ombra scura. Venne travolta da una gelosia furibonda. Tossì rumorosamente per disturbare e attese un tempo che le sembrò interminabile. Quando la porta si aprì, lanciò uno sguardo carico di odio alla giovane educanda Agnese che usciva dalla medicheria. «Gatta morta!» sibilò e sedette imbronciata sul lettino.

«Dall'ultima volta che vi ho visitata non mi sembrate migliorata. Da quanto tempo non vi vedo?» chiese il medico, fingendo di non accorgersi del malumore della monaca.

«Da almeno tre mesi e in tutto questo tempo il papa non ha risposto alla petizione.»

«Come ben sapete è scappato a Gaeta per i moti di piazza, avrà avuto altro da fare.»

«La verità è che non ho speranze. Dopo il colpo di stato di maggio, il mio nome sarà finito negli elenchi della polizia.»

Lucarelli la guardò incredulo. «Come potrebbe essere sospettata una monaca di clausura?»

«Basta che siano entrati in casa di alcuni dei miei corrispondenti, sono una dichiarata liberale e ho una serie di contatti fuori da queste mura...»

L'uomo sorrise. «Mi sembra un timore eccessivo, la polizia si occupa di chi è fuori e fa le barricate.»

«Non mi denuncerete, vero?»

La guardò sorpreso e gli occhi verdi si illuminarono di una luce nuova, era offeso dalla ingratitudine della sua paziente. «Come potete pensarlo? Io sono dalla vostra parte e ve l'ho dimostrato ampiamente.»

Enrichetta si sentì in colpa e reagì con un accesso di tosse che le squassò il petto.

«Voi state male: lasciate che vi visiti, andate a sedervi sul lettino» ordinò freddo.

Enrichetta ubbidì.

L'uomo prese lo stetoscopio e le si avvicinò. «Devo auscultarvi.»

«Sì» rispose lei inebetita.

«Dovete sfilarvi la cocolla...»

«Non dite così, sapete cosa è successo l'ultima volta.»

Lucarelli finalmente le sorrise. «State tranquilla.»

«Non c'è bisogno che lo facciate, la mia, lo avete detto voi stesso, è una tosse nervosa» provò a giustificarsi lei.

«Adesso fate voi le diagnosi?»

«Ho imparato a conoscere il mio corpo, e poi mi imbarazza troppo...» Avrebbe voluto aggiungere che con il dottor Ronchi non aveva mai avuto problemi, invece rimase a fissare la punta delle sue pesanti scarpe nere con i lacci con cui ogni giorno calpestava la sua femminilità.

Insistere non sarebbe servito a nulla, Lucarelli conosceva ormai quella monaca testarda. «Almeno lasciate che vi guardi la gola, forse avete delle placche...»

Lei assentì.

Il medico prese un cucchiaio e le si avvicinò. «Aprite la bocca e tirate bene fuori la lingua.»

Enrichetta ubbidì.

L'uomo si portò a pochi centimetri da lei. Il dopobarba al sandalo le invase le narici.

«Dite *ahhh* e spalancate la bocca.»

«Ahhh...» Gli occhi le si riempirono di lacrime, serrò le labbra con violenza, il busto vacillò.

Lucarelli se ne accorse e la sorresse afferrandola per gli avambracci. «Va bene, per oggi basta così» disse e poi aggiunse: «Le tonsille sono molto arrossate, avete fatto i suffumigi?».

«Sì.»

«Dovete prendere dei fiori di camomilla in farmacia e

metterli in una bacinella di acqua bollente, poi con un asciugamano in testa respirare a bocca aperta e a occhi chiusi.»

«Pietro, so come si fanno.»

«Se la tosse non migliora sarò costretto a visitarvi per bene.»

«Lo capisco, ma vi assicuro che non ho bisogno di un medico, semmai di un po' di pietà dai miei persecutori.»

Quando Enrichetta uscì dall'ambulatorio gli lanciò un'ultima occhiata. Lucarelli era tornato a sedersi alla scrivania e, chino su un foglio, scriveva la diagnosi che lei per fortuna non lesse: "Giovane suora malata di nervi e con fame d'aria e d'amore".

Verso la fine di novembre venne chiamata in parlatorio dal suo scampanellio pur non essendo giorno di visita, si era comunicata la sera prima e non aspettava don Francesco. Il cuore cominciò a batterle tanto da pensare di svenire.

Un cappuccino con una lunga barba bianca l'aspettava di fronte alla grata del comunichino. In controluce sembrava un santo con l'aureola. Sorrideva: «Mi chiamo don Valentino, vengo da Roma per volontà del pontefice» esordì.

Enrichetta sentì le gambe cederle.

«Sedetevi, cara, ho un Breve del pontefice per voi» aggiunse paterno. Tirò fuori dal mantello una busta e gliela passò sotto la grata.

Enrichetta l'afferrò, ruppe il sigillo, lesse le poche righe e gli occhi le si riempirono di lacrime.

«Non piangete, mia cara, Sua Beatitudine vi ha accontentata.»

«Accontentata?» rispose singhiozzando. «E come? Concedendomi un Breve di uscita di sei mesi?»

«È un primo passo, dovete avere pazienza e comportarvi con giudizio. E vedrete che verrà rinnovato.»

«Che cosa intendete?»

«Se non vi ha concesso quello che chiedevate è perché la vostra condotta è stata reputata equivoca.»

«Equivoca?» chiese trasecolata.

«La vicenda del chierico è arrivata fino a Roma, mettetevi nei panni del Santo Padre, che non vuole dispiacere l'arcivescovo cardinale.»

«Sua Eminenza Riario Sforza è il primo a non aver preso sul serio la storia del chierico.»

«Il cardinale teme che andando a vivere da vostra madre subireste la pessima influenza delle persone che frequentano la casa, tutte sospettate di ateismo e liberalismo.»

Lei scosse il capo. «Non ci posso credere, quindi che cosa mi viene concesso?»

«Potete lasciare il convento ma non potrete trasferirvi a Reggio. Avete il permesso di andare a vivere in un conservatorio da voi scelto in piena libertà. Così è scritto. Potrete uscire tutti i giorni ma dovrete farvi ritorno ogni sera.»

«Al cardinale questo andrà bene? Mi ha minacciata di farmela pagare quando ha saputo che avevo scritto una petizione al papa.»

«Non potrà opporre alcun veto, state tranquilla. Se non accettaste, fareste un errore madornale. Come vedete, il Santo Padre non è stato sordo al vostro grido di dolore, ha spedito me a parlarvi senza l'intermediario di autorità superiori. Questo fatelo pesare a chi vorrà porvi nuovi ostacoli.»

Quattro giorni dopo venne chiamata nuovamente in parlatorio. Riario Sforza aveva l'aria scontenta, il volto accartocciato dalla rabbia. Vestito come un principe, impestato di colonia, la guardò con sguardo feroce. Enrichetta l'aveva sempre visto mellifluo, capace di nascondere i suoi tentacoli, ora invece era alterato e non faceva nulla per nascondere il disappunto. "Evidentemente ha provato a bloccare il Breve e non c'è riuscito" pensò soddisfatta.

«Dunque, signora, volete andare via da qui a ogni costo?» esordì senza guardarla negli occhi.

Lei spavalda cercò invano lo sguardo del nemico. «Sì, e a quanto pare ci riuscirò.»

«Poiché potete scegliere il conservatorio, vi prenderete l'onere di cercarvelo da sola...»

«Volentieri, Eminenza» rispose lei troncandogli la parola.

«Non mi resta che augurarvi buona fortuna... Temo che non sarà facile, il vostro nome è girato troppo, molti sanno quanto vi pesi l'abito che portate, accogliervi è una responsabilità.»

Cosa le stava dicendo? Che avrebbe continuato a metterle il bastone tra le ruote diffamandola?

Dopo due settimane Enrichetta ebbe la conferma di avere interpretato in modo corretto le parole minacciose del cardinale. Tutte le domande di ammissione ai conservatori vennero rifiutate, perfino da quelli con pessima reputazione. Appena ricevuta la domanda, tutti i ricettacoli chiedevano informazioni a San Gregorio Armeno; Pilato ricorreva a Caifa e nel momento in cui stava per mettere un piede fuori dal suo Purgatorio, una nuova e inaspettata fune di inciampo le veniva tesa dalla camorra con la sottana. I tentacoli dell'arcivescovo arrivavano ovunque. Fu costretta a chiedere un'udienza al suo oppressore. Il cardinale si fece attendere più di una settimana, quando infine apparve senza preavviso nella sua cella era rubizzo e gongolante.

«Eccellenza, ho chiesto di parlarvi perché immagino che non siate estraneo ai rifiuti ad accogliermi delle suore di tutta la città.»

«Non certo malignamente, credetemi. Mi chiedono il motivo che vi spinge a lasciare San Gregorio per passare a un conservatorio e io rispondo con la verità: che non lo so.»

Enrichetta provò a reagire ma il cardinale la fermò con un gesto della mano. «Non vi nascondo che alcune sorelle mi hanno chiesto se siate un'anima dannata.»

Lei spalancò la bocca, allibita.

«E io ogni volta rispondo: "Tutt'altro! È piena di rare qualità: è buona, docile, generosa". Purtroppo, le malelingue sono dappertutto.»

Gli sarebbe saltata alla gola se solo avesse potuto, invece tenne a freno il tumulto interiore e con voce ferma chiese: «Dunque quale sarebbe il mio peccato?».

Lui la accarezzò con lo sguardo. «Peccato? Nessuno! Però corre voce che leggiate libri proibiti e che passiate alle gazzette storie velenose...»

«Davvero?»

«E non solo.»

«Cos'altro?»

«Che spesso lasciate il coro per "fare poesie" e che coviate il progetto di una riforma ecclesiastica il cui primo effetto sarebbe l'abolizione degli ordini monastici.»

«Seppure fosse vero, che pericolo potrei rappresentare per la Santa Madre Chiesa?»

«Nessuno, figliola cara, conosco la vostra bontà.» Era uscito sul ballatoio e adesso ammirava il cielo terso, una nuvola era appollaiata sul cucuzzolo del Vesuvio, intorno le belle colline verdi. «La vostra stanza ha un panorama magnifico! Da qui l'orizzonte non ha fine! Una vista che solleva il cuore e edifica lo spirito...» Si girò verso di lei con lo sguardo abbagliato dalla bellezza della città. «E voi volete lasciarla?»

«Proprio perché è così speciale mi fa rimpiangere e sospirare la libertà.»

«Voi siete libera quanto basta, una dose maggiore di libertà potrebbe danneggiarvi. Come sapete, il mio compito è difendere la santità e l'onore della vita consacrata.»

Enrichetta dovette trattenersi ancora una volta per non saltargli alla gola. L'ipocrisia dell'uomo la disgustava: prima le metteva il cappio al collo e poi si mostrava generoso e paterno. Con quella presentazione nessun conservatorio l'avrebbe accolta. "Rifletti, Enrichetta" si disse, "lui ti minaccia e tu devi ripagarlo con la stessa moneta."

«Eminenza, sono grata che vi prendiate cura di me, ma le calunnie rimangono. Chi diceva: "Calunniate, calunniate, che qualcosa resterà"? Sarò costretta a scrivere di nuovo al Santo Padre chiedendogli di farmi accettare con l'autorità che voi purtroppo non possedete.»

Il cardinale diventò paonazzo, le gote si gonfiarono e per un istante Enrichetta temette che gli venisse un colpo apoplettico. La congedò gelido e lei ebbe la netta sensazione che qualcosa si fosse rotto tra loro. Quell'assurdo legame di odio e amore non corrisposto si era inceppato, lo intuiva pur senza conoscere la reale situazione, ignorando che Sisto Riario Sforza, da quando era arrivato il Breve del papa, consultava diversi canonici per trovare un sofisma che le impedisse l'uscita dal chiostro. L'ordine papale, come aveva affermato il cappuccino, era esplicito e non ammetteva cavilli di sorta, così, quattro giorni dopo il loro colloquio a Enrichetta si aprirono le porte del conservatorio di Costantinopoli, a pochi passi da San Gregorio. Un edificio monumentale affacciato sulle fosse del grano e su Santa Maria di Costantinopoli, una delle strade più frequentate della città. Per essere ammessa, la transfuga doveva sborsare quaranta ducati e aveva il permesso di portare con sé l'amata conversa Maria Giuseppa.

Stavano preparando i bagagli quando entrò nella cella Teresa Brancaccio, dritta e segaligna più che mai. «Enrichetta, richiudete l'armadio e consegnatemi la chiave.»

«Non capisco...»

«Mi spiace ma dovete lasciare qui l'argenteria e tutti gli oggetti di valore.»

«Perché?» chiese stupita. «Sono miei! Li ho ereditati dalle zie Lucrezia ed Errica.»

«Non so dirvi perché, ma queste sono le direttive e voi ubbidirete, d'altronde la vostra uscita dal convento è temporanea, il Breve dura sei mesi...»

«Potrà però essere rinnovato» rispose tenendo ferma la voce per non manifestare il turbamento.

«Nel dubbio le tue cose rimarranno qui. Non ho altro da dirti, se non che non è una mia decisione ma un ordine che viene dall'alto», e uscì senza darle il tempo di reagire.

Era un colpo basso. Non sapeva a chi rivolgersi per ottenere giustizia. "Un ordine che viene dall'alto": come se non sapesse da chi. Se quello era un espediente per farla ritornare, il suo nemico aveva fatto male i calcoli. Nel malaugurato caso che scaduti i sei mesi il Breve non fosse stato rinnovato avrebbe chiesto asilo a un altro convento. Con San Gregorio Armeno aveva chiuso.

Fu stabilito che sarebbe partita in gennaio. Nell'attesa dell'anno nuovo, ormai in pace con se stessa, provò a ricostruire i rapporti con le sue nemiche. Si sentiva piena di grazia e buona volontà. Organizzò un pranzo sontuoso per salutarle tutte. Lavorò al forno con Maria Giuseppa per tre giorni, confezionò dolci e pasta cresciuta mentre la sorella Chiara si occupò di organizzare il salato: casatiello, tortano, mozzarelle, salsicce, friarielli.

Mandò una carrozza carica di cibo al convento. Quando la campanella del pranzo suonò, venti monache non si presentarono. Passarono minuti interminabili, le presenti sedevano smaniose davanti ai piatti fumanti. Circondata dalle consorelle anziane, Teresa Brancaccio, con il volto del colore della cenere, non sapeva se dare inizio al festeggiamento o aspettare ancora qualche minuto. Visto l'appetito delle monache e la loro gola, sembrava incomprensibile che per fare un dispetto alla loro nemica venti di loro, capeggiate da Paolina e sua sorella, rinunciassero al lauto pranzo.

Enrichetta si alzò e chiese alla badessa il permesso di parlare. La donna, con un gesto grave del capo, acconsentì. Lei si pose al centro del refettorio. «Care sorelle, voi tutte sapete quanto abbia patito la clausura in questi otto anni e sono consapevole che la sofferenza mi ha reso una compagna insopportabile.»

Il brusio di assenso la fece sorridere, se lo aspettava, lo meritava. Volse uno sguardo circolare per abbracciare quelle figure sedute sulla lunghissima tavola disposta a ferro di cavallo. «Vi chiedo perdono per tutto. Diceva un erudito: "Concediamo il perdono a chi lo chiede e si pente, non conserviamo nel nostro cuore l'inimicizia, altrimenti corromperemo il nostro cuore". Per questo avrei voluto che oggi foste tutte presenti.» Sbirciò le sedie vuote. «Peccato! Perché chiedere scusa non cambia il passato ma spalanca una porta sul futuro.»

Quando tornò al suo posto si accorse che alcune consorelle anziane si erano commosse. Lei al contrario aveva gli occhi asciutti. Non avrebbe versato mezza lacrima per l'addio al monastero.

Don Francesco dava per scontato che avrebbe seguito Enrichetta al conservatorio di Costantinopoli e lei, per evitare conflitti nelle ultime settimane, non lo informò di avere deciso di non portarsi dietro nessun testimone della vecchia vita, esclusa Maria Giuseppa.

Attese l'ultimo giorno per licenziarlo. «Don Francesco, non ho nulla contro di voi, ma questo luogo mi ha reso la confessione insopportabile. Potrò uscire, entrerò nella prima chiesa e vedrò chi c'è dietro il confessionale, se mi piacerà mi inginocchierò. Non accetto più costrizioni.»

«Non le hai mai accettate.»

«E voi non avete mai provato a rendermele più leggere.»

«Quindi ci lasceremo senza che tu mi dia l'assoluzione?»

«A parte voi, ci sono poche persone qui dentro che assolverei e tutte purtroppo molto anziane. La gioventù sa essere spietata.»

«E tu non ti senti di appartenere alla gioventù? Ti senti vecchia?»

«Decrepita. Questi anni mi hanno tolto ogni energia.»

«Sai che non è vero, e lo dimostra il fatto che sei riuscita ad andare via da qui e potrai godere di una discreta libertà, le energie ti serviranno per non commettere errori irreparabili. In qualsiasi momento il Breve potrebbe essere ritirato, mi raccomando, comportati con giudizio e trovati un confessore che sappia tenere a bada le tue intemperanze.»

«Lo farò. E comunque vi do ragione, questi anni di reclusione non sono riusciti a spegnere le mie energie ma mi hanno tolto ogni velleità, e le intemperanze le terrò a bada da sola.»

«Le monache hanno velleità?»

«Sì, e voi preti fareste meglio ad accettarlo. Dipende dal tipo di velleità...»

«Di che tipo sono le tue?»

«Lo sapete perfettamente: la libertà. Non voglio essere comandata.»

«Siamo tutti comandati.»

«Ma voi vi siete scelto il vostro padrone, a me è stato imposto.»

«È possibile che in questi anni non abbiamo fatto nemmeno un passo avanti? Non può essere soltanto colpa mia.»

«Infatti non lo è. Sono stata indisponibile quasi a tutto, però la mia testardaggine è stata premiata.»

«Un Breve di sei mesi non mi pare un grande passo.»

«È il primo. Ce la farò a non tornare qui dentro, datemi la vostra benedizione.»

# 17

# CONSERVATORIO DI COSTANTINOPOLI

*1849*

Il 28 gennaio, nove anni dopo l'entrata in convento, Enrichetta salutò le monache disposte su due file nell'atrio. Le baciò una per una. «Non vi dimenticherò...», «Pregherò per voi...», «Vi scriverò...». Frasi di circostanza, poiché sapeva che una volta uscita dal cenobio le avrebbe cancellate dalla sua testa. La badessa e la decana chiudevano il corteggio, sorridenti, contente di liberarsi per un po' di quell'insopportabile arruffapopolo.

«Spero che questi mesi di libertà gioveranno alla vostra salute e che tornerete risanata» le disse la superiora. Dietro l'espressione artefatta di Teresa Brancaccio, Enrichetta vide l'ipocrisia che aveva avvelenato l'ultimo decennio della sua vita, e non riuscì a reprimersi. «A essere sincera, reverenda madre, non penso di mettere più piede qui dentro.»

«Figlia cara, il Breve è a tempo...»

«Cercherò di renderlo definitivo.»

La donna scosse il capo, scettica. «Se lo dite voi... vuol dire che saprete piegare le leggi della Chiesa e convincere il Santo Padre e la Sacra Congregazione. Che altro dirvi? Andate con Dio e rendete grazia alla divina provvidenza.»

Enrichetta scese i trentatré gradini del monastero con il cuore sollevato. In fondo alla scala l'aspettava Maria Giuseppa, e quando la raggiunse si abbracciarono. Ad attenderla c'erano due carrozze: una con dentro la madre, l'altra con il vicario Ferdinando Panico. Prima di salire, lanciò uno sguardo alle mura del convento. Da dentro sembravano invalicabili. Passò in rassegna il campanile, il belvedere, dove era stata di vedetta ore interminabili, e il finestrino del passaggio affacciato sul vicolo, un piccolo pertugio attraverso il quale aveva seguito la vita pulsare inzuppando di lacrime i fazzoletti.

In carrozza, si gettò fra le braccia della madre.

«Finalmente! Quanto ti sei fatta aspettare!» la accolse donna Teresa raggiante.

Le vetture si mossero. Enrichetta appiccicò il naso al vetro per guardare da una diversa prospettiva le mura che l'avevano tenuta prigioniera e le venne in mente la terzina del primo canto dell'*Inferno*: "*Così l'animo mio, ch'ancor fuggiva, / si volse a retro a rimirar lo passo, / che non lasciò già mai persona viva*". Lei dall'inferno ne era uscita viva e non ci sarebbe più tornata.

Anche donna Teresa era immersa nei suoi pensieri. Non aveva mai potuto raccontare alla figlia perché non fosse riuscita a liberarla dall'impegno di monacarsi preso con la cognata Errica. Ricordava perfettamente il drammatico colloquio che avevano avuto quando era andata al monastero a dirle che la decisione di Enrichetta di rientrare a San Gregorio era stata presa senza consultarla. «Sei stata tu a chiedermi di accoglierla, conoscevi la sua natura, volevi imbrigliarla... liberartene!» aveva risposto la cognata tirando fuori una grinta inaspettata per il suo carattere meditativo. «Sì, Fabio era morto da pochi mesi e mi arrabattavo.» «Adesso però sei venuta a riprendertela... ma non si può fare così. Questa non è una locanda di passaggio. Mi meraviglio di te!» «Ho cambiato idea perché mi sono resa conto che Enrichetta aborre la clausura e io non voglio portarmi sulla coscienza la sua infelicità. È minorenne, sono la sua tutrice e ho il diritto e il potere di farlo.» «Teresa, non posso permetterlo, verrebbe macchiata la reputazione del mio badessato, sarebbe per me una fine ingloriosa. E poi sai quanto volevo bene a mio fratello, l'ho sempre protetto, anche quando sono circolati quei pettegolezzi sulla paternità di Enrichetta...» «Pettegolezzi infami, sai bene che erano falsità.» «Venne Fabio qui a raccontarmeli, era distrutto.» «Mio marito è stato il primo a non crederci, a essere convinto della mia innocenza.» «Ne sono convinta anche io... ma per rovinare una reputazione, non dico un rapporto filiale, basta una parola, anche bugiarda...» «Ma cosa dici? Mi stai ricattando?» Errica aveva scosso la testa e guardato la cognata con sguardo imperscrutabile. «Lo sai che tua figlia si lamenta di te? Sostiene che non le vuoi bene, che con lei hai un atteggiamento diverso rispetto alle altre tue figlie... Perché hai deciso di monacare proprio lei?» «Sai bene in quali condizioni ero.» «No, non lo so. Hai sposato Giuseppina, potevi sposare anche Enrichetta.» «Tu non la conosci...» «Ma la conoscerò presto, e tu, finché sarò in vita, non farai nulla per allontanarla dal monastero. Tua figlia prenderà i voti.» «Altrimenti...?» «Non mi fare essere sgradevole.» Donna Teresa era tornata a casa disfatta.

Il ricordo la fece sospirare, e la figlia le strinse la mano sorridendo. Adesso che la cognata era morta l'avrebbe tirata fuori da quella prigione per sempre.

Il tragitto fino al conservatorio fu percorso con lentezza. Disabituata alle grandi folle, al flusso e al riflusso delle strade, all'assordante frastuono delle ruote delle carrozze, con il viso attaccato al finestrino e la mano in quella della madre, le sembrava di risalire dal regno dei morti. Una moltitudine di anime si sfiorava, si evitava, si salutava, le donne si parlavano dai balconi, i panni stesi oscuravano il cielo. Sobbalzò nello slargo di via San Pietro a Majella quando un capraro batté il bastone contro la carrozza per intimare al cocchiere di far passare le sue quattro capre. In vico Santa Maria di Costantinopoli le due carrozze si fermarono. Davanti al portone erano schierate una trentina di monache: le oblate vestite con l'abito dell'Immacolata Concezione: tunica e scapolare bianco, manto turchino. Enrichetta si guardò attorno e sentì la testa invasa dalle troppe emozioni e una leggera nausea. Il bagaglio di una monaca di clausura era ben poca cosa, un baule pieno di libri, carte e corrispondenza e pochi effetti personali che si incaricò di disfare Maria Giuseppa.

Il conservatorio era un edificio immenso affacciato su quattro strade, Enrichetta lo avrebbe capito in seguito, in quel momento non aveva né testa né tempo. Il vicario doveva dire messa e andare subito via. La chiesa a croce latina era stata eretta per ringraziare la fine di un'epidemia di peste nel 1529 che aveva fatto più di trentamila morti, come spiegava il fregio della trabeazione sul portale principale: *Matri Dei ob urbem ac regnum a peste servatum*. Dopo la liturgia fu scortata alla mensa della badessa e sedette accanto a lei e ad altre tre monache. L'assenza di un refettorio non sarebbe stata la sola differenza con San Gregorio. In suo onore alcune monache avevano cucinato un sartù di riso, seguito da stinco di maiale con patate e un dolce con crema Chantilly. La nuova arrivata, per buona creanza, mangiò tutto, anche se alla nausea si era sostituito un terribile mal di testa. La superiora le spiegò che il conservatorio, nonostante la sua vastità, ospitava soltanto quattordici oblate, venti educande e quattro converse, a cui andava ad aggiungersi Maria Giuseppa, che si sarebbe occupata di lei, unica monaca professa. Durante il pasto venne informata delle abitudini del conservatorio, la badessa evitò di dirle che la sua presenza le era stata imposta dall'arcivescovo. Riario Sforza si era presentato senza annunciarsi ordinandole di trovare immantinente una sistemazione per la monaca Enrichetta Caracciolo di Forino. La donna aveva provato a opporsi: nonostante la mole dell'edificio, le stanze erano già tutte occupate. «Non ammetto rifiuti, vuol dire che una di voi le cederà la sua camera.» Detto fatto. Le fu assegnata un'ampia stanza affacciata su via Santa Maria di Costantinopoli. Appena fu sola spalancò la finestra. Il cielo era tinto di un azzurro che le sembrò di vedere per la prima volta. Non sentì il freddo pungerle le guance, distratta dal frastuono della città. Riempì i polmoni e poggiò le mani sul cuore per ascoltarne il tumulto. Era quella la felicità? Le emozioni potevano togliere il respiro? Porse l'orecchio ai rumori della vita: le carrozze, la voce dei passanti, le grida dei venditori, il passo cadenzato delle truppe in marcia. Un gabbiano appollaiato su un tetto sventagliò le ali e prese il volo. Alzò lo sguardo sulla cupola a embrici smaltati di giallo e azzurro e vide in lontananza altri campanili e altre cupole. Napoli era la città con più chiese del Regno. Tutto le appariva nuovo: l'aria, i suoni, la luce, gli odori. Lei stessa si sentiva diversa, come fosse una pianta venuta da un paese esotico. La sensazione le rimase incollata per diversi giorni. Si guardava allo specchio per convincersi di essere sempre la stessa: l'abito nero, il velo, lo scapolare erano i suoi, eppure non si riconosceva.

Il Breve le permetteva di uscire ogni mattina, ma – per ordine del cardinale – non a piedi. Le era concesso di percorrere soltanto le strade principali, senza avventurarsi nel reticolo di vicoli infestati da lazzaroni, e sempre "in compagnia di una matrona o di un'altra onesta donna", con l'obbligo di rientrare prima del tramonto. Tutte le mattine donna Teresa, tornata a vivere a Palazzo Schiavone, andava a prenderla in carrozza, pranzavano a casa e all'imbrunire la riconduceva a Santa Maria di Costantinopoli. Il ritorno all'aria aperta, circondata dai parenti, le giovò. Nel giro di poche settimane riprese peso, l'incarnato si colorì e svanì la caligine che le aveva oppresso la mente. Aveva chiesto alla madre di comprarle un paio di scarpe femminili e donna Teresa l'aveva accontentata, così appena arrivava a casa Enrichetta si sfilava le orrende calzature che detestava più del velo, infilava i piedi in comode pantofole di velluto bordò e grazie a quel colore acceso a cui non era più abituata sentiva rifiorire la sua femminilità.

Dopo un mese alzò la posta e chiese il permesso di vestirsi in casa con abiti secolari e liberarsi di quelli da monaca, ma la madre si oppose.

«Non ti farebbe bene, poi soffriresti a rientrare nei tuoi panni, sei uscita dal monastero ma i voti sono perpetui.»

«Lo so, stai tranquilla, vorrei soltanto capire cosa si prova a essere una donna del secolo.»

«Proprio questo mi preoccupa, non è una buona idea, credimi!»

«Dài, mamma!» intervenne la sorella Giulia. «Non ricordo più come è fatta Enrichetta, sempre parata da *capa 'e pezza*!»

«Non dire così» la rimproverò la madre.

«Mamma, sarà un po' come vestire e rivestire una bambola» intervenne Amalia.

«Ma non è una bambola!» protestò donna Teresa.

Giulia e Amalia si strinsero intorno alla sorella maggiore: «Forza, Enrichetta, togliti il velo, si favoleggia dei tuoi bellissimi capelli».

Lei fece una smorfia, in realtà si vergognava di mostrare la testa. I capelli glieli tagliava Maria Giuseppa senza garbo. «D'accordo, ma voi non fate commenti» acconsentì. Con gesti lenti e misurati si sfilò lo scapolare, il soggolo, le bende, infine il velo e lanciò uno sguardo insicuro alle tre donne.

Amalia si portò le mani al volto, le altre due rimasero impietrite; la femminilità di Enrichetta era stata annichilita, trattata come un morbo contagioso.

«Ma sembri uno scopino!» disse Amalia rompendo il silenzio. Si copriva la bocca per non mostrarsi troppo sfacciata ma le veniva da ridere.

«Amalia, sei tremenda!» la rimproverò la madre.

«Ma no!» si giustificò lei. «Enrichetta ha l'aria più dolce, meno dura. Sta molto meglio senza quella schifezza in testa.»

«Quella schifezza è un abito sacro, sei incorreggibile!»

«No, mamma, lascia stare, ha ragione Amalia. Non credo dipenda dal velo, ma dal mio stato d'animo con quello in testa.»

«Esatto» intervenne Giulia, «sembri un'altra... ti preferisco così.»

«Anche io.»

«Ho tre figlie pazze» sospirò divertita donna Teresa.

«Posso toccarti i capelli?» chiese Giulia.

«Fai pure.»

«È cambiato il colore, ti sei scurita.»

«È ovvio, non vedono mai la luce del sole.»

«Ma sono morbidi.»

«Sembri Sancho Panza.»

Scoppiarono tutte a ridere. Non era mai accaduto nella loro vita, o forse sì, ma nessuna lo ricordava.

In nove anni Enrichetta si era inselvatichita. Non lo avrebbe ammesso nemmeno al confessore, ma il disagio di sentirsi fuori luogo svaniva quando entrava in chiesa. Ne sceglieva sempre di diverse. Accompagnata dalla madre, sedeva a un banco laterale, discosto dall'altare maggiore, e vi rimaneva a lungo, senza manifestare il desiderio di confessarsi. Pregava e intanto donna Teresa vegliava su di lei.

Un pomeriggio di inizio primavera, mentre erano nella chiesa di Santa Caterina a Formiello a Porta Capuana, un giovane chierico con la tonaca perfettamente stirata entrò nel confessionale. Enrichetta lo seguì con lo sguardo.

«Perché non vai?» chiese la madre.

Lei scrollò il capo.

«Dopo ti sentirai meglio...»

«Non sono pronta.»

«Pronta per cosa?»

«A parlare con un prete.»

«Non devi sposartelo, se non ti piace o non ti convince non ci torni più, so che ne senti il bisogno, lo hai fatto per nove anni...»

«Appunto!» Enrichetta si alzò. «Mamma, usciamo, vorrei tornare al conservatorio.»

Donna Teresa aveva impedito alla figlia di cambiarsi quando era in casa, ma dopo quattro mesi l'abito le pesava come un'armatura. E la rendeva bersaglio della curiosità del popolino e delle signore del secolo. Monache di clausura non ne giravano a Napoli, e quando la sua figura nera si affacciava al finestrino della carrozza i bambini scoppiavano a piangere. Enrichetta finì per scegliere la chiesa di Santa Caterina di Porta Capuana, e cominciò ad andarci tre volte alla settimana sedendo sempre nello stesso banco. Non più costretta a pregare, genuflettersi, cantare le lodi al Signore, ebbe voglia di aprirsi. Il conflitto perenne con se stessa e con la Chiesa le aveva intossicato il cuore, concentrato il suo pensiero sulla sua sorte, certamente non delle peggiori, di questo era perfettamente consapevole. Napoli non si era ripresa dai moti del '48; in strada, accatastati negli angoli, c'erano ancora i resti delle barricate: spalliere di letti, porte, travi, insegne di negozi. La miseria della città si respirava in ogni angolo.

Un giorno, in chiesa, notò una popolana pregare in piedi al primo banco, aveva un bambino attaccato al collo. Il piccolo non si muoveva né piangeva. Enrichetta fece cenno alla madre di rimanere al suo posto e andò a sedersi accanto alla donna. Pregava a occhi chiusi. Osservandola notò le scarpe scalcagnate, la gonna infangata e uno scolorito scialletto nero al collo; dal fagottino che stringeva al petto spuntava una testolina riccia e scura. A un tratto la donna riaprì gli occhi, si segnò rapida e a passi frettolosi uscì dalla chiesa. Enrichetta la seguì. Nella piazza, un robivecchi stracciato le andò incontro e le sussurrò qualcosa, poi le prese dalle braccia il fagottino e si avviarono insieme verso via Carbonara. Camminavano curvi, ripiegati sul piccolino che non aveva fatto né un gemito né un movimento.

«Enrichetta, che ti prende?» chiese donna Teresa raggiungendola sul sagrato.

«Hai visto quella povera madre?»

«Sì, la vedo sempre qui e tu hai avuto un bel coraggio a sederti accanto a lei, speriamo che non hai preso le pulci.»

«Non mi ha nemmeno notata, e dire che non passo inosservata.»

«Dovresti sapere che quando si prega c'è solo Dio.»

«A me non è capitato spesso di trovare Dio pregando.»

«Quando ti sei alzata ho pensato che avessi deciso di andarti a confessare. C'era quel prete giovane...»

«Non sono pronta, tanto ho un credito con il Padreterno... e lui lo sa.»

«Certe volte mi sembri blasfema.»

La figlia la guardò con occhi luminosi. «Non pensi che amare Dio significhi occuparsi degli infelici? Quella madre viene qui a pregare per chiedere la grazia per il suo bambino che se non è morto poco ci manca.»

«E cosa pensi di poter fare?»

«Ancora non lo so, ma verrò qui tutti i giorni ad aspettarla e le parlerò.»

Enrichetta la attese per due settimane ma la donna non si fece più vedere. Se avesse potuto camminare a piedi, l'avrebbe cercata in tutto il quartiere, vicolo per vicolo, non doveva abitare lontano. Poi un pensiero la folgorò: il bambino era morto e la madre non aveva più motivo di pregare. Decise che lo avrebbe fatto lei, per tutte le creature malate, per gli infermi, per i vecchi fragili e per la sua città sempre più lacerata.

Il 12 marzo il re aveva sciolto le Camere. Il parlamento non esisteva più e la Costituzione, pur non abrogata, era diventata lo spauracchio da sventolare di fronte all'Europa per non perdere la faccia. La repressione di cui erano fatti segno i liberali incrudeliva, chi non riusciva a fuggire finiva in carcere o al confino. Non andava meglio nel resto del paese. Carlo Alberto, sconfitto a Novara, aveva abdicato e abbandonato l'Italia. Il papa, dopo la proclamazione della Repubblica Romana, era fuggito a Gaeta protetto dai Borbone e chiedeva aiuto agli stati cattolici per rientrare a Roma. In Toscana era tornato il granduca Leopoldo d'Austria e aveva restaurato l'antico regime. Venezia, ormai senza appoggi, combatteva da sola contro gli austriaci.

Grazie a Corinna, Enrichetta aveva cominciato a vivere con moderazione. Spesso rientrava al conservatorio oltre l'orario concesso e trovava la portiera inviperita. Era un cerbero con la stazza di un orso siberiano, la fronte non più alta di due dita, sopracciglia folte e arricciate, occhi piccini, voce spaventosa. Quando guardava minacciava, quando parlava mordeva. Cinque minuti di ritardo la facevano imbestialire: digrignava i denti e stralunava gli occhi. «*Na capa 'e pezza che vuo' asci' tutte e juorne, nun s'è mai vista! A pacienza vale cchiù d' 'a scienza! Ascite e trasite comme ve pare, ma chesta nun è 'na locanda!*»

Le proteste giunsero alle orecchie del cardinale, che sul finire di ottobre le proibì di uscire. Enrichetta era di nuovo in prigione.

# 18

## CANONICHESSA DI SANT'ANNA

Per aggirare gli eventuali divieti del cardinale, che puntualmente erano arrivati, donna Teresa, consigliata dal principe Dendier, assiduo frequentatore della corte di Monaco, e dal cardinale Francesco Serra di Cassano, ex nunzio apostolico in Baviera, aveva chiesto per Enrichetta il diploma di canonichessa di Sant'Anna di Monaco, religiose a cui era concesso di vivere libere in famiglia. Teresa Caracciolo aveva scritto una supplica al papa e il buon generale Saluzzo, nel caso Pio IX l'avesse accordato, avrebbe tirato fuori i duecentoquaranta ducati necessari per acquisire i diritti.

*Napoli, 25 maggio 1849*

*Beatissimo Padre,*
*la maresciالla Caracciolo di Forino, prostrata umilmente al sacro trono di Vostra Santità, è qui a supplicarvi per la figlia monaca professa all'Ordine di San Benedetto, nel monastero di San Gregorio Armeno di Napoli, e adesso, grazie a un Vostro Breve,*

*nel conservatorio di Costantinopoli, in nome di Dio, della giustizia e della misericordia della Santità Vostra, di accordarle la grazia di passare nell'Ordine delle Canonichesse di Sant'Anna di Monaco, conservando i voti sino alla morte ma essendo libera dai pesi della vita claustrale, poiché soffre di emottisi, di forte irritazione dei nervi e di convulsioni.*

*Mercé le cure che potrei usarle in casa, mia figlia Enrichetta verrebbe restituita a una madre afflitta dalla perdita di un'altra figlia di venticinque anni che non potrebbe giammai consolarsi se, per mancanza di umani soccorsi, fosse ora costretta a perdere la seconda di ventotto anni.*

*Prego affinché il cuore magnanimo di Vostra Santità, che tanto somiglia a quello del Divino Maestro, esaudisca le mie preghiere, e con me l'intera mia famiglia si unisce ai voti di tutta Napoli, per pregare l'Altissimo di restituire la pace alla Chiesa e conservare la salute a Vostra Santità.*

*Tanto spera l'umilissima e devotissima serva,*

*Marescialla Teresa Caracciolo di Forino*

Donna Teresa non aveva ottenuto risposta, però la richiesta, spedita come da prassi anche al governo italiano, era stata accolta dal primo ministro del Regno, Giustino Fortunato, inconsapevole che la richiedente fosse una monaca professa.

Quando a Enrichetta era giunto il diploma firmato da Massimiliano II, lo aveva appeso al muro della sua stanza.

*Engen, 12 ottobre 1849*

*Massimiliano II*
*Per la grazia di Dio, Re di Baviera, Conte Palatino*

*Poiché ci siamo graziosamente determinati di ammettere Enrichetta Caracciolo, della Casa dei Principi di Forino nel novero delle componenti straniere del nostro nobile Capitolo di Dame di Sant'Anna di Monaco, facciamo pervenire alla stessa, per sua perpetua legittimazione come proprietaria, analogamente agli Statuti, il presente Decreto, firmato di propria mano e munito del suggello della Cancelleria privata.*

*Massimiliano von der Pfordten*

Enrichetta provò a presentare una nuova richiesta per abbandonare l'Ordine di San Benedetto ed entrare a far parte, grazie al diploma, di quello delle canonichesse di Baviera. Tre giorni dopo, mentre tornava nella sua stanza passando per la canonica, si trovò di fronte il suo nemico e capì che non l'avrebbe spuntata.

Il cardinale aveva un'espressione scontenta, la mano destra chiusa a pugno, che accarezzava nervosamente con la sinistra. «Cara Enrichetta, che cosa ho fatto di male per meritarmi i pensieri che mi date?»

«Se vi pesano tanto, smettete di pensare a me» rispose lei, nonostante sapesse che l'atteggiamento sprezzante non avrebbe giovato alla trattativa.

«Perché questo nuovo capriccio?» chiese l'uomo con sguardo torvo.

«Perché una canonichessa di Baviera non può rimanere monaca benedettina.»

«Voi abusate della mia pazienza. Chi vi ha messo in testa queste sciocchezze?»

«Le ho lette.»

«Avete ottenuto l'*exequatur* del governo ma non otterrete mai il riconoscimento pontificio.»

«Mia madre ha scritto al papa.»

«Ancora non avete capito che per queste faccende il papa si consulta con me, e io porrò il veto? Dovrete rinunciare al diploma.»

«Me l'ha concesso il re di Baviera, non credo vogliate opporvi al suo volere.»

«Infatti, ma non vedo contraddizioni» sorrise beffardo. «Potrete portare le insegne bavaresi sull'abito benedettino. A voi non va mai bene niente.»

«Non è vero, stava andando tutto bene, fino a quando non mi avete impedito di uscire.»

«L'ho fatto perché mettevate in subbuglio il conservatorio, siete impuntuale, qui dentro avete esasperato tutte e non è la prima volta. Dove andate seminate zizzania.»

Enrichetta si morse la lingua. Impossibile negare che tra lei e le trentaquattro monache non corresse buon sangue, ma nemmeno tra loro andavano d'accordo. Erano divise in tre partiti: le oblate bigotte e fanatiche della badessa, le giovani non nemiche del progresso, le educande che non simpatizzavano né per un partito né per un altro. Affette dalla piccineria dell'ambiente chiuso, si detestavano al punto da non salutarsi quando si incrociavano in giardino o nei corridoi.

«Eccellenza, siete ingiusto. Sapete che sono arrivata qui dentro accompagnata dalle voci della consorteria di San Gregorio, la superiora è la prima a detestarmi.»

«Ecco che ricominciate con la solita solfa!» esclamò esasperato Riario Sforza.

«È talmente sanfedista, caparbia, ignorante, che quando passa alcune suore sussurrano: "Ecco l'antipapa!".»

«Piccinerie di donnette, la badessa è una donna intelligente.»

«Quanto ignorante.»

Riario Sforza sbuffò.

«Sapete che mi ha impedito di suonare il pianoforte?» insisté Enrichetta per avvalorare la sua causa.

«Sì, sono stato informato del vostro ultimo capriccio, vi siete fatta portare lo strumento in conservatorio.»

«E sapete anche che mentre studiavo l'*ouverture* e la tirolese del *Guglielmo Tell* è entrata come una furia nella stanza e mi ha urlato di smettere di suonare tarantelle?»

Al cardinale sfuggì un sorriso. Era un uomo devoto, la sua dottrina si studiava in tutta Roma, la parte più difficile del suo lavoro consisteva nell'avere a che fare con tante galline rinchiuse in un pollaio, voler loro bene, capirle. «Chiudiamola qui e rassegnatevi. Non cambierete ordine, rimarrete benedettina e non voglio più sentire lamentele sul vostro conto. Adesso andate. Vedervi mi fa venire i bruciori di stomaco.»

Enrichetta non ubbidì. Rimase impalata davanti a lui, con il viso dell'arme.

«Avete sentito cosa vi ho detto? Andate!» ripeté l'uomo stizzito.

Lei scosse il capo. «Non capisco...»

«Non c'è nulla da capire, è un ordine.»

«Con tutte le anime di cui dovete occuparvi, perché non mi lasciate andare? Sostenete che sono una spina nel fianco, allora liberatevi di me! Non capisco la vostra ostinazione.»

«Parli *tu* di ostinazione?» Il volto del cardinale per la rabbia si era chiazzato di macchie rosse. Quella donna lo faceva impazzire eppure si intestardiva a tenerla alla catena. Non sarebbe stato più facile liberarsene? Riario Sforza non sapeva rispondersi ed era furibondo anche per questo. Scacciava continuamente il pensiero di lei dalla mente, ma poi, con cadenza trimestrale, gli arrivava sulla scrivania una petizione, una supplica, una lamentela e perdeva il sonno.

Lei intanto lo fissava in attesa di una risposta, non se ne sarebbe andata se non l'avesse ottenuta.

Riario Sforza le si accostò e la guardò minaccioso. «Vuoi davvero sapere perché non puoi uscire?»

Annuì.

«Perché sei pericolosa!»

«Non crederete davvero che sia una carbonara?»

«Non è quello che mi fa paura, anche se sono convinto che cominceresti a fare qualcosa di illegale, la tua famiglia è sempre ai limiti della legalità...»

«E allora?»

«Ma cosa credi? Pensi che non sia a conoscenza di quello che hai combinato con il chierico?»

Enrichetta sbiancò. «Cosa? Ancora con la storia del chierico? Non posso crederci.»

«Invece dovresti, perché è venuta a protestare in arcivescovado la madre di quel poveretto e mi ha raccontato tutto. Le tue voglie sono incontenibili. Se ti lasciassi libera come tu chiedi, in poche settimane, anzi, in pochi giorni, daresti scandalo, infangheresti la Curia e il sacro abito che indossi. Lo sai cosa ha scritto il tuo medico nella diagnosi? "Che sei malata di nervi e hai fame d'amore." E dimmi, mia cara, dove vorresti prendertelo questo amore?»

«Come osate!»

«Oso perché se ti lasciassi libera diventeresti più famosa della monaca di Monza. No, tu non uscirai mai! E adesso sparisci dalla mia vista.»

Enrichetta ci mise diversi giorni a riprendersi dallo scontro. In realtà non si riprese mai definitivamente. Ne scrisse ai suoi corrispondenti e tutti convennero sul fatto che non avrebbe ottenuto mai nulla dal cardinale arcivescovo di Napoli. L'unica possibilità era raggirarlo. Soltanto il papa poteva intervenire per annullare l'ultimo divieto di Riario Sforza. Donna Teresa decise di andare a parlargli personalmente facendosi accompagnare dalle due giovani figlie e si mise in viaggio per Gaeta. Aveva ottenuto un'udienza grazie agli uffici del suo buon amico, il cardinale di Capua Francesco Serra di Cassano. Avrebbe chiesto al pontefice di vincolare la figlia soltanto ai voti di canonichessa di Baviera oltre che di liberarla da un debito che le monache di San Gregorio Armeno invocavano, e a causa del quale non le restituivano i suoi beni.

Enrichetta attese il ritorno della madre con i nervi a fior di pelle. Furono giorni di tormento. Le venne la febbre, faticava a respirare. Maria Giuseppa chiese l'intervento del dottor Lucarelli. La badessa prese tempo, poi, temendo una crisi epilettica, lo mandò a chiamare. Il medico era impegnato in ospedale e riuscì a liberarsi soltanto in serata. Trovò la malata prostrata a letto. Senza velo, con i capelli sciolti, stentò a riconoscerla. Dormiva? Le si accostò e le prese il polso, faticava a cogliere i battiti. Lei aprì gli occhi e il cuore si fece subito sentire. La visita fu breve. Non aveva la febbre: come sempre era stata vittima della sua emotività. Lucarelli le si sedette accanto, e lei gli afferrò la mano. All'anulare portava la fede.

«Vi siete sposato?» chiese con un filo di voce.

«Sì, tre mesi fa.»

«Auguri! La donna che vi ha fatto innamorare è molto fortunata.»

«È una lontana cugina siciliana, praticamente non ci conoscevamo...»
«Un colpo di fulmine?»
Lucarelli sorrise. «Più o meno.»
Chiuse gli occhi. Avrebbe potuto esserci lei al posto della cugina siciliana, sarebbe stata una moglie devota e attenta. Corrugò la fronte.
«Enrichetta, voi non avete niente.»
«Non è niente il mal di prigione?»
«Avete già ottenuto molto, a nessuna monaca era stato concesso tanto, non potevate accontentarvi?»
Lei gli lanciò uno sguardo indignato: «Anche voi!».
«È una questione di buon senso.»
Scosse il capo risoluta per negare, troppo debole per alzare la voce. «Andate via, se non sono malata non ho bisogno di voi!»
«Non trattatemi come un nemico.»
«Ma nemmeno come un amico. Avete scritto che sono malata di nervi.»
Lucarelli rimase sorpreso e lei continuò: «Il cardinale mi ha ritorto contro la vostra diagnosi».
«Ho scritto la verità.»
«Che ho fame d'amore?»
«Perché, non è vero?»
Enrichetta chiuse gli occhi e rimase per qualche tempo silenziosa. Respirava regolarmente e Lucarelli attese paziente.
Infine lei parlò: «Perché non chiamate le cose con il loro nome: malata d'amore e gelosa della donna che vi sta accanto».
Il giovane medico si alzò, afferrò il cappello e la borsa di cuoio. «Io ho fatto quello che ho potuto. Tra noi non c'è un rapporto sereno.»

«Per colpa mia.»

«Non state a cercare sempre le colpe e le responsabilità, sarà meglio che la prossima volta vi rivolgiate a un altro medico.»

«Non sono stata io a chiamarvi, ma Maria Giuseppa, la mia conversa... comunque sono d'accordo.»

«Allora abbiate cura di voi. Più che Dio, solamente voi stessa potete aiutarvi.»

Enrichetta voltò la testa verso la parete e non rispose.

A Napoli si moriva di caldo, nuvole gonfie di umidità soffocavano la città. La madre non dava notizie, poi il giorno di Ferragosto si presentò al conservatorio e le chiese di scendere in parlatorio. Aveva il volto scuro.

«È andata male!» esordì. «E dire che eravamo a un pelo dal farcela, maledetto Riario Sforza!»

«Che cosa ha fatto?»

Donna Teresa aprì il ventaglio e cominciò a sventolarsi. «Il papa ci ha ricevute. È un brav'uomo. Ci ha ascoltate, e a un certo punto mi è sembrato sul punto di commuoversi, anche perché Giulia e Amalia si sono messe a supplicarlo e a tessere le tue lodi, sembrava fatta...» Il sudore le imperlava la fronte, si terse con un fazzoletto ricamato.

«Mamma, continua.»

La donna abbassò lo sguardo per non intercettare quello della figlia e sopportare la delusione. «Purtroppo, in quel momento non aveva sottomano carta e penna e ci ha detto di tornare due giorni dopo.» Sospirò. «Non so in che modo, ma il cardinale ha saputo che ero lì e si è precipitato a Gaeta, e quando siamo tornate, Pio IX aveva cambiato tono. L'ho capito appena sono entrata. Era freddo, rigido sulla poltrona. "Sua

Santità…” ho detto inchinandomi. “Suvvia, alzatevi, signora” mi ha interrotta con tono glaciale. Siccome non capivo devo avere avuto un’espressione stupita. “L’arcivescovo di Napoli è venuto a trovarci, portandoci copia della supplica che vostra figlia ci ha mandato due anni fa, conservata presso la Congregazione dei Vescovi e Regolari. Noi non ricordavamo di averle concesso il Breve. Di più non possiamo fare. È impossibile cambiare abito e condizione. Cosa direbbero, cosa farebbero le altre monache nelle stesse condizioni? Mi dispiace, ma non facciamo eccezioni. Cercherò in qualche modo di accontentarvi, ma non nei termini che mi chiedete.”»

Un mese dopo, lo stesso Riario Sforza consegnò a Enrichetta il Breve in cui il pontefice le concedeva la *grazia* di risiedere stabilmente nel conservatorio, il permesso di uscire e, durante i mesi estivi, di prendere i bagni marini, visto che i medici con fede giurata ne attestavano la necessità.

# 19

## LA PROPOSTA

*1850*

Il cardinale, non potendosi opporre ai certificati medici, e costretto a concedere a Enrichetta il permesso di andare fuori città a fare i bagni, per punirla di essersi rivolta direttamente al pontefice le sospese l'assegno mensile, frutto della sua dote monastica, obbligandola a vivere a spese dei suoi parenti. Donna Teresa risiedeva ormai stabilmente a Palazzo Schiavone a Foria, di proprietà della principessa di Ripa. Per rimediare al male inflitto alla figlia, si era separata dal marito. Una separazione indolore, soprattutto generosa, perché l'anziano Eduardo Lamberti non aveva fatto nulla per trattenerla. Acciaccato e mezzo cieco, mal sopportava la vitalità delle giovani figlie della moglie.

La notizia dell'arrivo di Pio IX a Napoli non emozionò le Caracciolo. Ricorrere di nuovo alla misericordia del pontefice sarebbe stato inutile, dunque si tennero alla larga dai luoghi dove il Santo Padre si recava circondato dalla plebe in delirio. La cronaca della visita solenne a San Gregorio Armeno venne raccontata da tutte le gazzette della città, ma i dettagli più gustosi Enrichetta li lesse sul giornale dei vescovi. Pio IX era arrivato in processione scortato da Riario Sforza, dall'arcivescovo di Palermo, dal camerlengo e dai nunzi di Napoli e della Svizzera. Le sembrò di vederle, le sue consorelle, seguire la messa solenne dal coro, Paolina sgomitante per prendere il posto al centro della grata, e Teresa Brancaccio circondata dalle vecchie monache, assisa nel presbiterio con gli occhi chiusi, immersa in preghiera. Il giornale raccontava che finita la cerimonia erano tutte accorse nel chiostro a prostrarsi per baciare il piede del Santo Padre e riceverne la benedizione, comprese due religiose semicieche sorrette dalle compagne. Si trattava certamente della decrepita suor Alfonsina e di suor Natalia. Era seguita la concessione delle indulgenze, la visita alla farmacia, i colloqui con i parenti delle monache, il conforto alle inferme, la vista alle reliquie. Enrichetta immaginava il papa muoversi nei luoghi che conosceva a memoria, attraversare il lungo corridoio che conduceva alla stanza delle reliquie, sostare davanti a quella di santa Patrizia, alla statua oro e argento di san Benedetto, benedire il frammento d'osso e le ampolle con il sangue dei santi Giovanni Battista, Gregorio e Francesco d'Assisi. Ricordava l'odore di polvere e di umido di quei luoghi: sarebbe morta piuttosto che tornarci.

Una sera, all'imbrunire, mentre rientrava al conservatorio, la polizia vietò alla carrozza su cui si trovava di attraversare Largo delle Pigne; il papa era in visita al museo Borbone in compagnia del figlio del re, Francesco; la folla esultante si era riversata per le strade impedendo il passaggio. Un uomo mise un piede sul predellino per superare la selva di teste, indossava pantaloni grigio perla, redingote blu scura con ampi risvolti e il cilindro; vedendo una monaca dietro il vetro ebbe un sussulto e balzò a terra. Queste erano le reazioni che il suo abito suscitava. Per la calca non riuscivano a proseguire. Il vetturino cambiò strada, scese per la Vicaria e risalì per San Pietro a Majella.

Il ritardo involontario imbestialì la portinaia: «*Mo' trasite pe' l'ultima volta, pecché ie nun ve facc' cchiù asci'*» ringhiò guardandola con odio.

Quando Pio IX ripartì per Roma, Enrichetta ricevette la visita di un canonico, veniva per conto di un porporato di cui non volle fare il nome, ma era chiaro chi fosse. Lo ricevette nel chiostro dell'istituto tra alberi spogli da cui spuntavano le prime gemme.

«Sono don Emiliano, mi ha mandato il vicario Gennaro de Rosa.»

«Sediamoci qui» propose Enrichetta fermandosi davanti a una panchina di pietra. Si mise istintivamente sulla difensiva. Dalla Curia, dal vescovado e dalla Congregazione non arrivavano mai buone notizie.

«Volentieri» disse il prete accomodandosi.

«Vi ascolto, padre, anche se ho paura che non mi piacerà quello che direte.»

«Dipende dai punti di vista.»

«Padre, più tergiversate e più mi spavento.»

«Voi siete una donna molto colta e la Chiesa ha bisogno di persone come voi.» L'uomo fece una pausa, ma Enrichetta non replicò aspettando che proseguisse. «Avete visto l'accoglienza che Napoli ha riservato al papa. Io ero a Largo di Palazzo quando il Santo Padre ha benedetto l'esercito borbonico, che è letteralmente impazzito per il pontefice.»

«L'ho letto, Pio IX ha chiesto di essere difeso dai pericolosi mazziniani della Repubblica Romana e loro hanno esultato... Ma non capisco perché lo state dicendo a me.»

«La Chiesa ha bisogno di tutti, anche delle monache.»

«Dunque?»

«Dunque è semplice: visti il vostro sapere e la vostra cultura, nonostante non abbiate nemmeno trent'anni, l'arcivescovo ha pensato a voi per un badessato.»

«Come pensavo... c'è lo zampino del cardinale Riario Sforza.»

«La Sacra Congregazione deve riferire tutto al cardinale» rispose il canonico impassibile.

«E viceversa. Ma, se ho capito bene, voi siete qui per conto del cardinale che vorrebbe promuovermi badessa.»

«Esatto.»

«Per le mie doti...»

«Direi di sì, avete la tempra della lottatrice, siete la figura adatta a dirigere un monastero.»

«Il cardinale arcivescovo ha già un'idea di quale monastero dovrebbe essere?»

«Sì, San Gregorio Armeno.»

«La pecorella tornerebbe così all'ovile» commentò lei senza riuscire a evitare un accento beffardo.

«Se volete metterla così.»

«In clausura...»

«Ovviamente.»

Enrichetta poggiò le mani sul sedile di pietra, drizzò la schiena. «Padre, ditemi la verità: è una proposta o un ordine del cardinale?»

«Una proposta, ci mancherebbe!» rispose scandalizzato il canonico.

Lei si alzò, si lisciò l'abito e guardò il messaggero dritto negli occhi. «Caro don Emiliano, fatemi la cortesia di dire al cardinale che preferisco vivere libera in una capanna e non vi rinuncio per un badessato.»

Anche il prete si alzò, l'espressione del volto si era fatta dura. «Sua Eminenza lo prevedeva e mi ha pregato di dirvi che nel caso non accettaste dovrete rinunciare alla vostra dote monastica di sei scudi. Temo che nella vostra capanna dovrete vivere d'aria.»

«Mi ha già tolto l'assegno mensile... Cercherò di sopravvivere.»

«Non sarà semplice, pensateci bene.»

«Non ho bisogno di pensarci, la mia risposta è "no". Per fortuna ho una famiglia che mi sostiene, dite pure al cardinale che la sua è una vera persecuzione e ne risponderà davanti a Dio.»

«Questo, se permettete, non glielo riferirò.»

«Fate come vi pare, addio.»

La settimana seguente Enrichetta non rientrò al conservatorio, mandò un messo a informare l'orrida portiera di chiudere il portone perché non si sarebbe ritirata. La badessa prontamente lo riferì al pietrificato cardinale.

Il primo accesso di collera Riario Sforza lo riversò sul suo vicario per non aver saputo capire le reali intenzioni della ribelle quando era andato a sondarla.

«È tutta colpa vostra! Siete un incapace!» Era seduto alla scrivania e per i nervi aveva cominciato a strapazzare i fogli che aveva davanti.

«Vostra Eminenza conosce il carattere della Caracciolo...»

«E infatti non dovevo mandare voi.»

«La signora mi è sembrata subito sulla difensiva, non mi ha quasi ascoltato.»

«Le avete detto che venivate per mio conto?»

«Non c'è stato bisogno, lo ha capito all'istante.»

Il cardinale si alzò dalla poltrona e cominciò a camminare in lungo e in largo, inconsolabile. Se la prendeva con don Emiliano, ma la colpa era tutta sua, aveva scelto la persona sbagliata, troppo ruvida, incompatibile con la ribelle.

«Dovevate blandirla...»

«E come? Ha assunto subito un atteggiamento sarcastico.»

«Che cosa le avete detto?»

«Quello che mi avevate incaricato di riferirle. Ma ha risposto che la sua libertà vale molto di più di un badessato...» Fece una pausa e proseguì: «Voi però avevate previsto che avrebbe rifiutato, tant'è che avevate già pensato a come punirla».

«Glielo avete detto?»

«Certo!»

«E lei come ha reagito alla sospensione della rendita?»

Don Emiliano si guardò la punta delle scarpe e non rispose.

«Insomma, parlate! Che cosa ha detto?»

Il prete fece un profondo respiro. «Che la vostra è un'autentica persecuzione e ne risponderete davanti a Dio!»

«E voi...?»

«Cosa potevo rispondere... me ne sono andato. Ma se volete faccio un altro tentativo.»

«No, per carità!»

«Vostra Eminenza, perdonatemi, ma perché tenete tanto alla Caracciolo?»

«Che domanda? Perché il mio ministero è occuparmi delle pecorelle smarrite.»

«Io non la conosco, ma da quel po' che ho visto quella monaca mi pare tutt'altro che smarrita.»

Riario Sforza lo incenerì con lo sguardo.

Disubbidendo al suo cardinale, don Emiliano scrisse un biglietto alla monaca supplicandola di tornare sui suoi passi.

Enrichetta gli rispose con due righe che lui si guardò bene dall'inoltrare al suo superiore.

*Gentile don Emiliano,*
*non datevi pena per me e per l'aria di cui dovrò cibarmi, qualcosa con cui sfamarmi lo troverò. Vi prego di riferire al vostro superiore che da questo momento non mi farò più dirigere da lui e mi rivolgerò a chi di dovere per ottenere la pensione che mi è stata sospesa in modo arbitrario.*

Visto il fallimento del canonico, Riario Sforza spedì a casa Caracciolo diversi preti, perfino un vescovo, ma nessuno riuscì a persuadere l'indisciplinata monaca a rientrare al conservatorio.

Per una settimana tutto tacque e i Caracciolo si illusero di avercela fatta. Fu una settimana di beatitudine. Abitavano a Palazzo Schiavone. Enrichetta usciva in compagnia della madre e delle sorelle e si ritirava quando al tramonto i lampioni a gas si accendevano insieme alle insegne dei negozi. La sfogliatella alla pasticceria di piazza Carità era una meta fissa imposta da Amalia. Sedevano su una panchina davanti a Palazzo Mastelloni, dove per un breve periodo aveva vissuto Luisa Sanfelice, e guardavano in direzione dei balconi aperti, dove le tende ricamate si gonfiavano alla brezza. Oppure sedevano al tavolino e osservavano le altre donne passeggiare allegre, senza pensieri. A madre e figlia bastava uno sguardo per condividere i pensieri. Enrichetta avrebbe potuto essere una di loro e andare a passeggio in via Toledo, magari in compagnia di un marito e con indosso uno di quei corsetti stretti in vita che esaltavano le forme. Entravano in negozi con vetrine lustre come specchi e ne uscivano sorridenti, con in mano pacchetti infiocchettati. Le invidiava, sapeva che liberarsi del monastero e del conservatorio non le sarebbe bastato. Sognava di strapparsi il velo dal capo e bruciarlo assieme all'abito. Un gran falò del passato sulle cui ceneri tornare a vivere. Ma non ebbe il tempo di appiccare l'incendio perché il settimo giorno le arrivò un biglietto del vicario: le chiedeva di ricevere un canonico designato dal cardinale.

L'uomo si presentò l'indomani e alzò la posta: se fosse tornata a San Gregorio, accettando il badessato, avrebbe riavuto la sua rendita, arretrati compresi.

«Mi basta che mi venga restituito quello che è mio, il resto non mi interessa» aveva risposto. Un ennesimo muro contro muro.

Il trasferimento di Enrichetta a Palazzo Schiavone creò una crisi ai suoi inquilini, che organizzarono una riunione segreta invitando dottori e casuisti per risolvere un caso di coscienza: ad abitare nello stesso palazzo della monaca giacobina si rischiava la scomunica? L'autorevole consesso aveva concluso che si poteva vivere sotto lo stesso tetto, a patto di evitare rapporti con la rea: al suo passaggio, bisognava voltare la testa e non salutarla. A compromettere la reputazione di Enrichetta ci pensò il generale Caracciolo di Torchiarolo, anche lui inquilino di Palazzo Schiavone, che si precipitò a casa di donna Teresa una sera per avvertirla che Riario Sforza aveva ottenuto dal re l'ordine di arrestare la figlia per cospirazione antiborbonica, notizia che aveva messo in subbuglio tutti gli inquilini perché temevano che l'arresto avvenisse nel loro palazzo. Per la prima volta da quando aveva deciso di ribellarsi, Enrichetta sentì crollare la sua determinazione, tutte le leggi erano contro di lei. Si chiuse in camera e prese carta e penna. Avrebbe scritto a Riario Sforza.

*Eminenza, tutti nel mondo siamo soggetti a deviare dalla retta via, soltanto Nostro Signore Gesù Cristo nacque impeccabile. Sono stata sedotta dalla tentazione...*

Il pennino si impuntò, la mano le cadde sul foglio. «Sono pazza! Che cosa sto facendo?» disse ad alta voce. Stracciò il foglio e saltò in piedi rovesciando la sedia. «Non mi bastano le catene che mi trascino ai piedi, voglio porgere il collo al capestro?» Parlava da sola camminando avanti e indietro per la stanza, gesticolando per accompagnare il pensiero. «Che faccio, mi arrendo?» Raggiunse la madre in camera da letto e trascorsero buona parte della serata a fare e disfare piani di fuga per sottrarsi agli artigli di Riario Sforza. Bisognava trovare un vescovo generoso che la ospitasse. All'alba la decisione era stata presa: avrebbe chiesto la protezione del cardinale di Capua, Francesco Serra di Cassano, uomo di rara bontà già intervenuto per l'ammissione alle canonichesse di Baviera. Gli mandarono immediatamente una lettera e la risposta arrivò nella stessa giornata. Il cardinale le aspettava a braccia aperte. Sarebbero partite il giorno dopo, c'era da superare ancora una notte. Gli sbirri sarebbero arrivati con le tenebre a prelevarla? Rimase sveglia davanti alla finestra per controllare l'arrivo della polizia. Un paio di volte sentì suonare il batacchio di casa ma erano solo i fantasmi delle sue paure. Soffiava un vento forte, per la strada vorticavano nuvole di polvere che a ogni sbuffo minacciavano di spegnere la lampada davanti alla Madonna della cantonata. Tutti i quartieri erano addormentati, deserti i vicoli, in lontananza si udiva il passo militare di una pattuglia. Donna Teresa riposava vestita sul canapè. Alle cinque del mattino Enrichetta si addormentò con il capo appoggiato al vetro, sognò che tre brutti ceffi la afferravano e la trascinavano per le scale di marmo del palazzo, assestandole dei colpi violenti sulla schiena. Si svegliò di soprassalto, scossa da brividi, con il cuore in tumulto, la gola occlusa, segnali di una crisi nervosa, che dopo poco si manifestò con lunghe e violente convulsioni. Cadde a terra e il tonfo svegliò la madre.

Partirono per Capua a mezzogiorno, Enrichetta era pesta, abbattuta, fiaccata nello spirito e nelle membra. In carrozza parlò poco.

«Figlia, non ti affliggere, stiamo andando da chi ti saprà proteggere.»

«Per quanto tempo?»

«Finché sarà necessario.»

«Mamma, sai benissimo che la persecuzione non finirà, dovrei scappare lontano.»

«Non ricominciare con questa sciocchezza, non potresti vivere da fuggiasca.»

«Perché non sono un uomo... Se lo fossi, sarebbe tutto più facile.»

«Cosa faresti?»

«Non lo so, ma sarei meno riprovevole agli occhi del mondo.»

## 20

## L'ANNUNZIATA DI CAPUA

*Giugno 1850*

Francesco Serra di Cassano conosceva bene la donne della famiglia Caracciolo e immaginandole esauste le fece accompagnare direttamente a casa della sorella vedova della sua perpetua. Le avrebbe ricevute il giorno dopo. La casa era in cima a una collina dove finiva la strada. Di affrontare quello scarpinetto se la sentivano in pochi, per andare a cogliere le nocciole nel bosco che vi si apriva davanti. Il luogo ideale per sottrarsi alla curiosità dei capuani. In serata il cardinale spedì lassù don Mario per avere loro notizie. Il vicario, alto e segaligno, con i capelli brizzolati e il tricorno, si presentò a Enrichetta con il breviario in mano chiedendole con garbo se desiderava confessarsi.

«Sì, con piacere.»

Si chiusero nella stanza da letto, il sacerdote si sedette sull'unica sedia, indossò la stola, Enrichetta posò il cuscino sotto le ginocchia e aprì le cataratte. Rimase oltre un'ora a piangere e a raccontare le sue disavventure, sembrava non volersi più fermare. Alla fine, il prete le mise una mano sul capo per placarla e le disse che l'indomani l'attendeva in chiesa per comunicarla, poi uscì dalla stanza lasciandola in preghiera. Dietro la porta trovò donna Teresa.

«Finalmente, padre! La Chiesa ha fatto tanto male a mia figlia e temevo che vi si fosse allontanata per sempre.»

«No, vostra figlia ha una fede profonda, ma non la natura per vivere reclusa.»

«Dalla clausura non si esce, ne morirà!» Si era portata le mani al volto per non mostrare la disperazione. «È tutta colpa mia! Lei non voleva e l'ho costretta, una crudeltà imperdonabile.»

«Signora, recriminare non serve, ormai non c'è rimedio.»

«Sì che c'è!» insorse la donna. «Non avrò pace finché mia figlia non otterrà la libertà.»

«Ma come? Andando contro le leggi della Chiesa?»

«Ci sarà pure un'altra strada.»

«Mi sembra che l'abbiate già percorsa. La Chiesa non sarebbe millenaria se fosse aperta ai cambiamenti, non permetterà a una monaca di uscire dal chiostro e vivere una vita da secolare, credetemi, non accadrà mai!»

«Allora al diavolo la Chiesa e Riario Sforza!»

«Fingo di non aver sentito.»

Donna Teresa si pentì all'istante. «Sì, vi prego, non riferite questo mio sfogo al cardinale!»

Il canonico sorrise. «State tranquilla, comprendo la vostra esasperazione, ma siate onesta con me e rispondetemi: perché vi incaponite sull'abbandono dell'abito di vostra figlia? Non vi basterebbe l'uscita dal chiostro? Per caso avete intenzione di trovarle marito?»

Donna Teresa lo guardò sospettosa. Non si fidava più di nessuno, tantomeno di uno sconosciuto. «No» mentì. «Come vi viene in mente?»

«È ancora giovane e mi è sembrato di capire che sia in cerca di riscatto. Dove potrebbe trovarlo se non mettendo su famiglia?»

«Mia figlia è malata di nervi, non credo che sarebbe una brava madre.»

«Non è necessario avere figli, non ha notato in lei pulsioni di quel genere?»

«Padre, che domande mi fate? No...» mentì di nuovo.

«Parlerò con il cardinale Serra, gli spiegherò la vicenda. Speriamo che trovi una soluzione. Venite domani a mezzogiorno in diocesi.»

Quando il prete andò via, donna Teresa entrò nella stanza e trovò Enrichetta stesa sul letto con un braccio piegato sugli occhi per ripararsi dalla luce.

«Figlia d'oro, che fai? Piangi?» chiese sedendosi accanto.

Lei non rispose.

Rimasero qualche minuto in silenzio, poi Enrichetta si drizzò sul letto, aveva gli occhi arrossati.

«Be', come è andata? Mi sembra una brava persona...»

«Parlargli mi ha fatto bene, ma anche molto male.»

«Lo capisco.»

Tirò fuori dalla manica un fazzoletto e si soffiò il naso. Un modo per prendere tempo.

«Enrichetta?»

«Sì?»

«Che cosa gli hai raccontato?»

«Tutto, perché me lo chiedi?»

La madre le lanciò uno sguardo obliquo. «Mi ha chiesto se intendi sposarti.»

«Che domanda strana!»

«Appunto, tu non gli hai detto niente che possa averlo insospettito?»

«Insospettito? Non ho niente da nascondere.»

«Da nascondere no, anche se mi chiedo se stai covando qualche speranza. Non ci avevo pensato prima che don Mario me ne parlasse, in fondo delle passioncelle le hai avute... il chierico, il dottor Lucarelli...»

«Mamma, il chierico è stato un abbaglio, quanto al dottore... credo di essermene innamorata. Ma ora è sposato, quindi mi sono messa l'anima in pace.»

«Figlia mia, la moglie del dottore è certamente il problema minore rispetto al tuo abito, io spero che te ne libererai, ma il voto di castità rimane.»

Tra loro cadde un nuovo pesantissimo silenzio. Donna Teresa non osava guardare la figlia e l'altra aveva gli occhi fissi sulle travi del soffitto. Enrichetta era rimasta casta tra le mura del convento? Dove andava quando usciva in carrozza con Corinna Cortese? Spariva per interi pomeriggi e quando tornava aveva sempre un'espressione eccitata. Frequentava circoli sovversivi? Perché arrossiva quando incontravano per le scale il vicino di casa, Giovanni Greuther? Covava una nuova passioncella?

Il cardinale Serra di Cassano accolse le due donne con la mente sgombra da pregiudizi. Conosceva donna Teresa da quando viveva a Napoli nel palazzo di famiglia a Pizzofalcone. All'epoca si occupava dell'istruzione dei minorenni poveri nella cappella che aveva fondato in via Egiziaca.

«Eccellenza...» esordì donna Teresa.

«Benvenute, venite a sedervi», e indicò un divanetto con

accanto due sedie tappezzate di un tessuto damascato rosso e oro. Si aggiustò lo zucchetto e si accomodò di fronte. Sorrise. «So già tutto, don Mario mi ha riferito, e comunque sento parlare di Enrichetta da almeno cinque anni.»

«Non vi ho mai ringraziato abbastanza per quello che avete fatto per il diploma di canonichessa.»

«Ho scritto una lettera al nunzio apostolico, non mi è costata una gran fatica.» Sorrise di nuovo. «Come vi siete sistemate, state bene?»

«Sì, meglio non potremmo.»

L'uomo guardò curioso la monaca. «Voi siete il tormento del cardinale Riario Sforza... non riesce ad afferrarvi, e dire che di mezzi ne ha. A proposito, sa che siete qui?»

«Non ancora, siamo scappate perché mi ha denunciata al ministro di Polizia.»

«A quel brutto ceffo di Saverio del Carretto» intervenne donna Teresa. «Se Enrichetta non accetta di sottomettersi la sbatteranno in prigione, la accusano di essere una sovversiva.»

«Non è facile aggirare leggi secolari. Appartenere all'ordine di Sant'Anna di Baviera non aiuta?»

«No, purtroppo resto benedettina» rispose Enrichetta.

La madre le lanciò uno sguardo severo.

Il cardinale sorrise. «Anche io sono benedettino, comunque scriverò al Santo Padre per perorare la vostra causa, ma dovete promettermi che non farete altri colpi di testa.»

«Garantisco io» disse donna Teresa portandosi la mano sul cuore.

«Avete con voi il Breve del papa?»

Le due donne si guardarono costernate, nella fretta avevano dimenticato le carte a Napoli.

«Mi è necessario per scrivere a Pio IX.» Guardò donna Teresa. «Signora, dovete tornare a Napoli a prenderlo, a meno che non abbiate qualcuno che lo faccia al posto vostro.»

«No, devo andare io, ma Enrichetta non può rimanere da sola.»

«Si ricovererà provvisoriamente nel Ritiro dell'Annunziata. Non daremo al cardinale occasione di rimproverarla.»

«Il Ritiro è una prigione?» chiese spaventata l'interessata.

«No, oltre alle reiette, ci vivono anche delle religiose, voi sarete libera di uscire il giorno, ma dovrete pernottare lì.»

«Eccellenza, grazie infinite.»

«Vedrete che le bellezze di Capua vi apriranno il cuore. Sarete affidata a don Mario. Immagino che vostra madre non si possa trattenere a lungo, ha due bambine a cui badare, perciò avevo già provveduto a trovare una stanza libera all'Annunziata. Il mobilio ve lo presterò io e quello che manca lo noleggerete.»

«Posso portare con me la mia conversa?»

«Non ho niente da obiettare.»

L'Annunziata di Capua era un vasto fabbricato con annessa una bellissima chiesa barocca che in passato aveva funto da ospedale. Le poche religiose erano oblate e disponevano di camere singole; le reiette, circa trecento, vivevano stipate in stanze oscure e lunghi corridoi maleodoranti. La nuova arrivata venne trattata con reverenza. Ogni giorno il cameriere del cardinale andava a trovarla per sapere se avesse qualche richiesta o necessità. Era tanto vezzeggiata che cominciarono a chiamarla "Eccellenza".

Lì dentro viveva un'umanità variegata: giovani in fiore, vecchie sdentate, grasse, magre e prostitute che si offrivano ai soldati della guarnigione per poche piastre. Molte vivevano nel ritiro in quanto troppo povere per mantenersi fuori o perché in cerca di marito. La badessa era anche la superiora delle laiche, ma aveva gettato la spugna e quasi perso il senno nel tentativo di far rispettare le regole della decenza. In quel luogo era impossibile mantenere il decoro, se mai qualcuna l'avesse voluto: vivevano in promiscuità, indifferenti alle malattie e ai contagi.

Durante i pochi mesi trascorsi all'Annunziata avvennero sette suicidi, cinque parti, nessun infante sopravvissuto. Enrichetta assistette anche a un attentato alla superiora. Il partito che la detestava fece cadere un pesantissimo vaso di fiori dal piano di sopra al suo passaggio, ma sbagliò i tempi e il vaso nemmeno la sfiorò. Quando le fu riconfermato il badessato le sue nemiche salirono di soppiatto in cima al campanile per suonare le campane a morto. Un'altra volta, per protestare contro il divieto di assistere ai fuochi d'artificio dal belvedere, incendiarono dei pagliericci ammonticchiati davanti all'uscio della sua stanza, poi lacere, scalze, scarmigliate, più spaventose delle streghe di Macbeth si misero a urlare e a ballare.

Enrichetta un giorno fermò una delle capopopolo, sempre eccitata e sopra le righe. «Come ti chiami?» le chiese.

«Assunta, ma tutti mi chiamano Tina.»

«Tina, mi spieghi perché urli sempre e canti a squarciagola da bucare i timpani?»

«*Eminenza bella, faccio burdello apposta pe' piglia' marito. Ccà chi nun 'o fa resta zita. All'Annunziata 'e Napule 'e guagliune jettano o maccaturo 'a femenna che vonne spusa'. Ccà a Capua invece è 'a signora badessa ca ce chiamma rìnto 'o parlatorio, e l'uommene cess' o bellille, viecchie o gióvene, sceglien' 'a mercan-*

*zia. E chella granda mappina d' 'a superiora chiamma pe' primma chi le fa jetta' o sang': accussì se leva 'a miezo chelle ca tène n'copp' 'o stommeco.»* *

Carmela era l'opposto di Tina, una ragazza contegnosa, pallida e sempre triste per un motivo che non voleva confessare. Trascorreva le giornate a pestare acqua in un mortaio e quando incontrava Enrichetta la salutava deferente, eppure sembrava che nulla le importasse di quello che aveva intorno.

«Carmelina, che cosa stai facendo?» le chiese un giorno.

«Niente.»

«Non mi sembra niente, di' piuttosto una cosa senza senso. Quella è acqua, vero?»

«Sì.»

«E perché?»

La giovane scrollò le spalle e cercò di andare via, ma Enrichetta la fermò. «Invece di fare questa cosa inutile, potresti andare in chiesa, magari hai una grazia da chiedere.»

Carmela avvampò, scosse la testa e provò nuovamente ad andarsene. L'altra le afferrò un braccio.

«Fermati! Dimmi che cosa ti angoscia, parlare ti farà sentire meglio.»

La giovane si mise le mani davanti al volto e scoppiò a piangere. «*Agg' 'o diavolo intò cuórpo*» disse singhiozzando.

«Ma che dici!»

* Eminenza bella, io faccio bordello apposta per prendere marito. Qui chi non fa la pazza resta zitella. All'Annunziata di Napoli, i ragazzi gettano il fazzoletto alla donna che vogliono sposare. Qua a Capua, invece, è la signora badessa che ci chiama in parlatorio e gli uomini, brutti, belli, vecchi, giovani, scelgono la merce. E quella grande prostituta della superiora chiama per prima chi la fa disperare, così si leva da mezzo quelle che le stanno sullo stomaco.

*«Sì, agg' magnato de' paste e 'o maligno m' è trasuto arinto.»*

«Ti prego, calmati.» Le prese le mani e le liberò il volto. Era del colore della cenere. «Per favore, raccontami e liberati.»

«*Macari me putesse cunfessa'.*»

«Comincia a parlare con me, poi penseremo al resto.»

L'altra tirò fuori un fazzoletto e ci affondò il naso. Enrichetta le strinse i polsi. «Parla... ti ascolto.»

Carmela era fidanzata con Gaetano, un cocchiere di un signore che abitava a Capua. Si erano promessi amore e fedeltà, poi lui era partito con il suo padrone e Carmelina l'aveva aspettato per sei mesi. Una maledetta sera, mentre era affacciata al belvedere a godersi l'aria estiva, complice la luna piena, un sergente della guarnigione le aveva messo una mano sotto la gonna e... lei gli aveva ceduto. Una follia finita subito.

«*'O farfariéllo vuliva sulo se spassa'.*»

«E tu che hai fatto? L'hai confessato a Gaetano?»

«*Gnorsì, gli agg' scritto 'na lettera pe' addimanna' perdono.*»

«E...?»

«*E isso m'a perdunata.*»

Enrichetta sospirò sollevata.

«*Eh no, Eminenza, invece m'a 'mbrugliata.*»

Dopo due settimane si era presentato a Capua, l'aveva invitata a pranzo portandole delle paste da Napoli in segno di distensione. Il giorno dopo era andato all'Annunziata, l'aveva baciata e chiesto se le erano piaciute. Saputo che le aveva divorate aveva cambiato espressione e l'aveva guardata con odio, odio puro. «*Mo' me songo vindicato, brutta bagàscia! 'O diavolo t'è trasuto arint'.*»

«Cosa?» chiese allibita Enrichetta.

«*'Na fattucchiera 'a mise rint' 'e paste 'o Male e io l'agg 'nguiato.*»

«Carmela, non puoi crederci, è assurdo.»

«*No, no! Ce vo' 'nu prevete pe' m'esorcizza'.*»

«D'accordo, troveremo un esorcista, ma di tutte le storie assurde che ho ascoltato questa mi sembra la più assurda. Il maligno sarebbe entrato dentro di te attraverso la gola?»

«*Pe' me danna'.*»

«È una sciocchezza, è pura superstizione. Adesso tu mi fai il piacere di venire con me in chiesa.»

«No! No! In chiesa no!»

Enrichetta le afferrò un polso. «Sì, fidati di me.»

Scesero le scale e varcarono il portone della magnifica chiesa dell'Annunziata. Enrichetta teneva Carmela per mano, voleva attraversare con lei l'unica navata e inginocchiarsi ai piedi dell'*Annunciazione*, davanti all'altare. Ma appena entrata, intinto le dita nell'acquasantiera, sentì uno strattone, poi un ululato, sembrava quello di una bestia caduta in trappola. La ragazza si divincolò e uscì urlando.

# 21

# A NAPOLI

*1850-1851*

Andò tutto bene finché il suo persecutore non scoprì il suo rifugio e scrisse al cardinale Serra di Cassano.

*Napoli 12 agosto 1850*

*Eminentissimo Reverendissimo Signor mio Osservantissimo,*
*la monaca Enrichetta Caracciolo, professa benedettina nel monastero di San Gregorio Armeno di Napoli, a causa di indisposizione fisica e morale, attestata dai medici, due anni fa fu abilitata da Sua Santità a lasciare la clausura dove aveva fatto i suoi voti per vivere, finché il bisogno lo richiedesse, in un conservatorio della mia diocesi, di aria più omogenea per lei. Conservatorio di cui se ne lasciava la scelta alla stessa religiosa sotto la dipendenza dell'Ordinario, e poiché si diceva che l'uso dei bagni era indispensabile per calmare il male di nervi, la Sacra Congregazione dei Vescovi e Regolari dette a me le opportune*

*facoltà per farla uscire dal conservatorio per il solo uso dei bagni, ma di continuare a tutelare la reputazione e la santità della religiosa.*

*Per quanto ho potuto, ho assecondato i desideri dell'interessata, ma ho voluto comunque fissare dei limiti all'orario di uscita, come richiesto dalle leggi della Chiesa, che però alla religiosa piuttosto disviata risultano di gran peso, in questo, purtroppo, coadiuvata da sua madre e dai parenti.*

*Un giorno, uscita dal conservatorio di Costantinopoli, non si è più ritirata, rimanendo libera in casa, fuori da ogni chiusura o ritiro. Non mancai, attraverso ecclesiastici distinti del mio clero, di invitarla a ripensarci, ma le mie querele furono inutili e inesaudite, per cui credetti indispensabile pregare la maestà del re di unire la sua voce a quella dei superiori ecclesiastici per persuadere l'insubordinata a tornare al suo posto. La maestà del re accolse la mia domanda, sennonché la madre della monaca, forse per sfuggire al regolare procedimento qui a Napoli, in una supplica al re stesso, asserisce che sua figlia si trova ora al sicuro, rinchiusa in un monastero della diocesi soggetta a Vostra Eminenza.*

*L'Eminenza Vostra permetterà che ossequiosamente la preghi di volermi dare notizie della pecorella smarrita e sarei tranquillissimo se fossi certo che si trova sotto la vigilanza Vostra.*

*Trattandosi però di religiosa professa, non posso dare il mio consenso per alcun cambiamento di posizione senza l'autorizzazione della Santa Sede, tanto più in un affare nel quale il Santo Padre ha già posto la mano.*

*Per queste ragioni ho disposto di inviare all'Eminenza Vostra il sacerdote don Filippo Chiliberti, di questa mia Curia. Egli potrà darle tutti i chiarimenti che le occorreranno, avendo con sé anche copia dei prescritti pontifici emanati.*

*Don Filippo è incaricato di sentire da Vostra Eminenza il vero stato delle cose, se si debba o no prestare fede alla madre, secondo cui la religiosa si trova già rinchiusa in un monastero della diocesi di Capua; se così fosse, pregherei Vostra Eminenza di farla sorvegliare scrupolosamente perché rimanga del tutto custodita finché io, senza ritardo, avrò esposto tutto al Santo Padre, e non abbia ricevuto le risoluzioni e i comandi che provvedano all'urgenza e alla gravità delle circostanze.*
*Ben certo che l'Eminenza Vostra, nel gradire il mio operato, voglia essere compiacente nel soddisfare le mie brame, nel baciarle umilissimamente le mani mi dico vostro.*

Serra di Cassano, letta la lettera, senza aspettare l'arrivo del messo dalla Curia rispose, e prima di apporre il sigillo mandò a chiamare "l'insubordinata". «Mi ha scritto l'arcivescovo, sa che siete a Capua e che vi siete messa sotto la mia protezione, mi chiede di vegliare su di voi. Cosa che faccio volentieri. Gli ho risposto... leggete» disse porgendole il foglio.

Enrichetta arrossì per le lodi che il cardinale le dispensava. Ammirò l'ossequiosa formalità e il coraggio di esprimere il suo pieno dissenso alle restrizioni impostele dal cardinale. La lettera si concludeva così:

*Non avendo la signora Caracciolo alcuna disposizione e vocazione di monaca, considero che sia già un miracolo che non abbia infranto le regole principali dello stato monastico, spinta all'estremo della disperazione.*
*Veduta l'impossibilità di persuaderla a passare nel chiostro il resto della vita, riterrei cosa debita e giusta che lasciasse l'abito benedettino, vestisse puramente di nero e abitasse, celibe, nel-*

*la casa materna con il titolo di canonichessa. Scriverò io stesso al Santo Padre per ripetergli quanto, con enorme rispetto, sto esprimendo a Vostra Eccellenza.*

Enrichetta gli restituì la lettera con le lacrime agli occhi,

«Ora scrivo anche al Santo Padre e cercherò di ottenere il rescritto, così potrete tornare in libertà.»

Lei si gettò ai suoi piedi per baciargli la mano.

«È presto per cantare vittoria, alzatevi! La strada per una dispensa definitiva sarà molto lunga, ma la percorreremo insieme. Adesso andate e cercate di stare serena.»

Quella sera Enrichetta tornò all'Annunziata con il cuore leggero e festeggiò fino a tarda notte con Maria Giuseppa. La lettera al Santo Padre rimase sulla scrivania del cardinale. Sarebbe dovuta partire l'indomani, ma Serra di Cassano la mattina seguente non si alzò dal letto. Cinque giorni dopo era morto. Forse avvelenato da uno dei tanti nemici che aveva nel clero. La sua non era la prima né sarebbe stata l'ultima morte sospetta.

A sostituire il buon cardinale arrivò Giuseppe Cosenza, che nelle prime due settimane non ebbe il tempo di riceverla. Per Enrichetta fu un comprensibile segno di disinteresse. Perché il nuovo cardinale avrebbe dovuto inimicarsi Sisto Riario Sforza? Lei era una gatta da pelare, una patata bollente. Era di nuovo sola, senza più protettore, nuovamente in balia del suo nemico, che presto avrebbe riannodato il filo della persecuzione.

Tornata a Napoli si recò subito al convento di San Nicola da Tolentino per incontrare Vincenzo Spaccapietra. Confidava nella mediazione dello stimatissimo missionario. Se nelle prime settimane avesse abitato nella Missione, avrebbe forse evitato l'ira funesta del suo nemico.

Il brav'uomo ascoltò la sua storia dolorosa, che in parte già conosceva (del resto tutto il clero era al corrente delle vicissitudini della monaca benedettina) e alla fine disse: «Credo che il mandato di arresto sia dipeso da un equivoco, il generale Caracciolo di Torchiarolo non deve aver capito bene».

«Sosteneva che sarebbero venuti ad arrestarmi nel giro di ore, forse era soltanto un suo desiderio.»

«Non avrebbero potuto farlo, sono misure estreme che si adottano soltanto quando la religiosa ha dato fondato motivo di scandalo pubblico abitando con l'amante o portandone in seno il frutto del peccato, non per quelle come voi che vivono onestamente in famiglia.»

«Vorrei poter essere accolta almeno per i primi giorni.»

«Cara, non è possibile, questo è un convento di uomini e non sempre l'abito è una protezione. Qui non potete stare. Bisogna informare Sua Eminenza, me ne occupo io, ma dovete dirmi dove abitate.»

«Sono tornata da mia madre a Palazzo Schiavone, ma lì non ci posso stare perché alcuni inquilini mi guardano sospettosi...»

«Verrò io da voi per informarvi dell'esito del mio intervento. Confido nella Sacra Congregazione dei Vescovi e Regolari che vi difenderà da quella che, ormai è chiaro a molti, è una persecuzione.»

Rincuorata, Enrichetta tornò a casa. Dopo poco più di una settimana il bravo missionario si presentò a Palazzo Schiavone.

«Padre, contavamo i giorni» lo accolse donna Teresa. «Accomodatevi», e lo precedette in salotto.

Il missionario si guardò attorno. Il parato a righe dorate era scrostato in qualche angolo, dalle fessure degli scuri semichiusi i raggi del sole illuminavano un pulviscolo in continuo movimento. In quella stanza non c'era gioia.

La padrona di casa dovette leggergli nel pensiero e si sentì in dovere di giustificarsi. «Tutti in famiglia siamo concentrati sulla nostra monachella, comprese le mie due figlie, e non avremo pace finché Enrichetta non sarà libera.»

Come se le avesse evocate arrivarono insieme Giulia e Amalia, splendenti nella loro adolescenza. I capelli lucenti scendevano a boccoli sulle loro spalle, forse un dono di famiglia ereditato anche dalla sorella maggiore mortificata dal velo. Le due giovani fecero un inchino e andarono a sedersi in un angolo della stanza. Enrichetta invece si accomodò accanto a lui e trattenne il respiro.

«Porto buone notizie» esordì Spaccapietra.

Nessuna reagì. Nel silenzio si percepivano i loro respiri.

L'uomo si rivolse all'interessata: «Ho avuto un lungo e fruttuoso colloquio con il cardinale. Ha confermato quanto vi ho detto la settimana scorsa. Aveva chiesto aiuto al re per convincervi a rientrare in conservatorio, ma non ha mai pensato di farvi arrestare. Ha un unico cruccio: che lontano dal convento voi possiate perdervi».

Enrichetta gli afferrò una mano e la strinse con vigore.

«No, non mi perderò.»

«Su questo mi sento di garantire io che sono la madre» intervenne donna Teresa.

«Dovrete rassicurare Riario Sforza, non me, e temo che ci vorrà del tempo perché si fidi di voi. Da anni siete il suo cilicio. Sospetto che si sia affezionato alla sofferenza che gli procurate.»

«Vorrei che mi dimenticasse.»

«Questo è impossibile.»

«Scusate, padre, quale sarebbero le buone notizie?»

«Ha accettato di allentare i lacci, ve l'ho detto, bisogna dargli tempo.»

«Allentare fino a che punto?»

«Vi concede di non tornare più al conservatorio.»

Amalia fece un urlo di gioia e subito si portò una mano alla bocca, mortificata.

Il prete le sorrise. «Sì, Enrichetta potrà vivere con voi, conservando l'abito e mantenendo tutte le cautele del caso, penso che questa concessione sia costata molto al cardinale.»

«L'ho sfiancato.»

«Il vostro caso è sulla bocca di tutti a Roma e in tutte le diocesi del paese. La Chiesa non ci fa una bella figura a volervi trattenere contro la vostra volontà e, forse, come dite voi, il cardinale si è stancato di fare il mastino da guardia.»

«Dite pure il carceriere.»

«È un ottimo prelato, so che in questa casa non gode di alcuna stima, ma la sua dottrina è nota e apprezzata ovunque, come è apprezzato il suo impegno pastorale.»

Tacquero.

«C'è anche un'altra buona notizia.»

Donna Teresa si sporse verso l'uomo per accoglierla.

«Riario Sforza vi ha dissequestrato la pensione e riceverete pure le cinque mensilità arretrate.»

Seguirono mesi di tregua. Enrichetta infranse subito i patti. Si liberò dell'abito e lasciò ricrescere i capelli, che adesso le scendevano a boccoli fino al collo, costringendola a nasconderli sotto il velo. Vestiva di nero come le canonichesse di Sant'Anna pur non avendo ottenuto dal papa l'*exequatur*. Faceva a suo dire una vita ritirata. Di tanto in tanto Corinna Cortese la trascinava in casa del cugino. Con il passare del tempo, in quel covo di cospiratori nessuno si sentì più minacciato dalla muta presenza in nero. Per educarsi all'amore della nazione e nutrire il fervore patriottico leggeva Machiavelli, Guicciardini, oltre agli storici della guerra di Indipendenza americana. La vita sembrava cambiata. Donna Teresa non organizzò più feste e balli, rinunciò anche all'amatissimo Carnevale. Grazie a Corinna conobbe dei giovani intellettuali e le loro mogli. In casa si parlava di politica, ma anche di balli a corte e di moda. La sartoria Caggiula, in piazza San Ferdinando, aveva appena lanciato le gonne con crinolina ornate di balze e merletti.

Ai primi di giugno Rosalia scrisse a donna Teresa: il marito Giorgio era gravemente malato. La marescialla partì per Gaeta per dare conforto alla figlia e al genero. Negli stessi giorni padre Spaccapietra fu mandato in missione in Giappone. Enrichetta si trasferì con Maria Giuseppa dalla sorella Giulia, che si era appena sposata con Francesco Cigala dei principi di Tiriolo. Vivevano al 57 di vico Canale, a metà strada tra corso Maria Teresa e via Toledo, in una casa modesta al sesto piano, perché Francesco Cigala era stato sospeso dall'avvocatura per avere partecipato ai moti del '48 ed era vigilato. Donna Teresa si era opposta al matrimonio, ma Giulia aveva sedici anni, era innamoratissima e per quell'uomo avrebbe fatto follie, anche disubbidirle, perciò alla fine aveva dato il consenso. Come la sorella maggiore, Giulia era un'indomabile, e influenzata dal marito partecipava alle riunioni della Grande Società dell'Unità d'Italia, un manipolo di patrioti sfuggiti agli arresti, ai processi e all'espatrio.

Un'attività segreta che riusciva a nascondere all'occhiuta polizia borbonica ma non alla sorella. Non potendo permettersi il costo di una carrozza, le due donne attraversavano mezza città a piedi sperando di passare inosservate in una Napoli infestata di spie. I delatori erano ovunque, perfino dentro le chiese. Pensando che una donna in gramaglie destasse minori sospetti, a Enrichetta venne dato l'incarico di fare da corriere. Portava la corrispondenza ai pochi liberali ancora in circolazione, nascondendola sotto il vestito nero. Chi avrebbe fermato e perquisito una povera vedova? Nessuno. In compenso, per la strada veniva importunata con promesse oscene («*T' 'o mettessi*», «*T' 'o facessi sentì...*», «*T' 'o sunass'*») e gesti altrettanto osceni, come portarsi la mano alla patta o mimare l'atto sessuale saettando la lingua, mosse che lei a malapena era in grado di interpretare. Presto si abituò a quelle trivialità.

Il 14 giugno, alle due del pomeriggio, mentre pranzava con la sua famiglia, si presentò la vecchia fantesca per annunciare un prete e un signore in borghese che chiedevano di lei. Enrichetta corse a mettere il velo e i tre li raggiunsero in salotto. Vi trovarono un uomo di dimensioni colossali, con una testa enorme e una faccia da luna piena, in finanziera, comodamente adagiato sul divano, e un giovane sacerdote con il tricorno, seduto al suo fianco. Quando i padroni di casa entrarono l'uomo in finanziera nemmeno si tolse il cappello. «Siete voi la religiosa Enrichetta Caracciolo?» le chiese.

«Sì, con chi ho l'onore di parlare?» rispose Enrichetta, ben consapevole che non si trattava di una visita di cortesia.

«Sono il commissario Luigi Morbilli.»

Il marito di Giulia rabbrividì. Era lo spietato commissario di Montecalvario, nei Quartieri Spagnoli, amico personale del re, famoso per i modi violenti con cui reprimeva la criminalità. Era il satellite del ministro di Polizia Francesco Saverio del Carretto, aveva fatto carriera non per le sue virtù ma per il terrore che seminava, era più temuto del colera e del vaiolo. Tutta Napoli lo conosceva per la sua guerra alla camorra. In casa Cigala non c'erano camorristi né delinquenti, soltanto una monaca indisciplinata, perché scomodare proprio lui?

«Il signore che mi accompagna» continuò l'uomo, «è un prete della Curia che si occupa degli affari legali.»

«Gennaro Trama» si presentò l'altro, un uomo livido, smilzo, di sinistro aspetto.

«E a che cosa debbo la vostra visita?» chiese pur sapendo d'essersi macchiata di una serie di reati, e probabilmente la consideravano una carbonara.

«Siete in arresto.»

Una corrente di paura raggelò la stanza. Giulia si coprì il volto con le mani, il marito trattenne il respiro; una parola sbagliata e Morbilli li avrebbe sbattuti tutti in galera.

Enrichetta provò a reagire. «In arresto? Possibile?» Sentiva le gambe cederle.

«Sì, e dovete seguirci.»

«Dove?» chiese con un filo di voce.

«In convento.»

«A San Gregorio?» Enrichetta si appoggiò allo schienale di una sedia per non cadere.

«No, andrete nel Ritiro di Mondragone.»

«Posso sapere per sentenza di quale tribunale, o almeno per conto di chi?» chiese, suo malgrado sollevata di non tornare a San Gregorio, l'incubo peggiore.

«Questo non vi riguarda.»

«Mi riguarda più di quanto non riguardi voi» rispose, reagendo all'intollerabile prepotenza. Voleva sapere se era in arresto per la sua attività clandestina o per avere disubbidito alle leggi della Chiesa.

Morbilli esitò, poi sfilò dal paltò un foglio e glielo porse. Enrichetta riconobbe subito la calligrafia.

*12 giugno 1851*

*Il porgitore della presente è il sacerdote Gennaro Trama, da me incaricato con ogni riserva per prestare la sua opera nell'accompagno della nota signora Enrichetta Caracciolo nel Ritiro di Mondragone, dove sarà rinchiusa.*
*Sarei d'avviso di far compiere l'affare il prossimo sabato 14 del corrente mese, e porto opinione che l'ora più conveniente sia quella delle quattro pomeridiane. Poco tempo prima, un ufficiale del ministero potrebbe andare a darne prevenzione alla signora, e appena prevenutala, il presente sacerdote, con una carrozza chiusa, la condurrà al Ritiro, dove verrà accolta senza indugi.*
*Questo mio progetto sarà da Vostra Signoria modificato, se crederà, e però rinnovando le mie preghiere perché venga serbata tutta la dignità e convenienza.*

«Almeno adesso so per conto di chi agite» disse restituendogli la lettera. «Però non è venuto nessuno dal ministero a prevenirmi.»

«L'ho ritenuto non necessario. Andate a prepararvi... e rimettete i vostri abiti.»

Enrichetta si avviò, il poliziotto la seguì.

«Dove pensate di andare?» gli chiese stupita.

«Devo vedere se la vostra stanza ha altre uscite.»

«Pensate che possa scappare?»

L'uomo fece spallucce, non valeva la pena rispondere a una monaca. Verificata l'assenza di vie di fuga la lasciò con Giulia e Maria Giuseppa.

Enrichetta scoppiò a piangere. «In prigione! Mi mandano in prigione, altro che libertà!» disse prostrata.

«Bisogna capire che cosa hanno in mano, come diceva il buon Spaccapietra: se non commetti reati contro la Chiesa non possono arrestarti...» disse Giulia, abbracciandola per calmarla.

Conosceva anche lei la fama del duca Morbilli: quale napoletano non avrebbe preferito avere in casa il vaiolo, o un altro micidiale malanno, anziché il feroce commissario?

«Per quello che ho fatto con te... invece sì.»

Giulia si staccò da lei e la guardò preoccupata. «Sì» disse con voce grave.

«E cosa facciamo?»

«Troveremo un avvocato. Francesco ci dirà come muoverci. Tu fatti forza e rivestiti subito da monaca.» Afferrò dalla toeletta un fazzoletto di batista. «Prendi questo» disse, «asciugati le lacrime, non vorrai dargliela vinta a quell'orrendo poliziotto.»

Appena Giulia uscì dalla stanza, Maria Giuseppa si buttò ai piedi della padrona e cominciò a gemere, il capo sul grembo, le stringeva i polpacci. «Voglio venire con voi... Portatemi con voi...»

«Temo che non ce lo permetteranno, per favore, smettila di piangere.»

«E voi non vi ribellate?»

Enrichetta si accasciò sul letto. «Non ho altra scelta! Scappare è impossibile.»

«Ne approfittano perché non c'è vostra madre.»

«Non penso che mia madre potrebbe fare molto, ne approfittano perché sono una donna e una monaca.»

«Ma ci sarà un modo di uscirne...»

«Ci devo pensare, ho bisogno di tempo, adesso sono troppo scossa.»

«Dove è finita la vostra *cazzimma*?» Arrossì, le era proprio scappato il napoletano.

Enrichetta le diede una carezza sulla guancia. «In questo momento mi sento svuotata, ma ti prometto che me la farò tornare, tu però non piangere, non dare a quella gente la soddisfazione di vederti disperata.» Le porse il suo fazzoletto. «Asciugati il viso e preparami una sacca con della biancheria e un ricambio.»

«Comunque io verrò con voi.»

Mezz'ora dopo uscì dalla stanza seguita da Maria Giuseppa.

«Potete avviarvi» disse il commissario al prete, «la signora non ha fatto resistenza.»

L'uomo ubbidì in silenzio.

«Io seguo la mia signora» annunciò Maria Giuseppa.

«E tu chi saresti?» le chiese sprezzante Morbilli.

«Sono la sua conversa.»

Lui scosse il capo. «No, non puoi, tu resti qui.»

«Perché?»

«Perché la signora andrà al Ritiro e tu invece andrai al commissariato, sarai interrogata e poi rispedita al tuo paese.»

«Al mio paese?»

«Sappiamo tutto di te: sei di Angri e ad Angri tornerai. Ringrazia il cielo che non arrestiamo pure te che hai tenuto bordone alla tua padrona.»

Il volto di Maria Giuseppa si trasformò in una maschera tragica. Enrichetta le afferrò le mani. «Giuseppa mia, cara, carissima compagna... Temo che sia davvero finita.» Sentì la voce spezzarsi e riempì i polmoni con un sospiro profondo, non doveva permettere ai nervi di cedere. «Ti prego, abbi cura di te.» La pena le serrò la bocca, anche volendo non sarebbe riuscita ad aggiungere altro.

Maria Giuseppa, abbarbicata alla sua gonna, la stringeva. «Adorata signora, *dite a 'sto sbirro ca nun ve pozz' lassa'.*»

Stufo del melodramma, il commissario chiamò il piantone davanti all'ingresso e gli consegnò la conversa. «Portala al commissariato» ordinò.

Un ultimo abbraccio straziante.

Enrichetta si guardò attorno smarrita. Giulia e Francesco, annichiliti, avevano smesso di respirare. La fantesca lanciava lame di fuoco al poliziotto.

«Muoviamoci» disse Morbilli e chiamò un ispettore che sostava sull'uscio perché prendesse il bagaglio della monaca.

Cigala chiese alla domestica di portare i cappotti. «Spero che non impedirete a me e a mia moglie di accompagnarla» disse al poliziotto.

«Chiameremo una carrozza» rispose conciliante il commissario. «Vi lascerò fare il tragitto insieme, io vi seguirò con la mia.»

Scesero per le scale tra due ali di poliziotti. Nemmeno per un capo della camorra ci sarebbe stato uno spiegamento tale di forze dell'ordine. Un centinaio di persone sostava davanti al portone per godersi lo spettacolo.

# 22

# IL RITIRO DI MONDRAGONE

Il Ritiro di Mondragone era stato fondato due secoli prima da Elena Aldobrandini, duchessa di Mondragone, per accogliere vedove e nobildonne in difficoltà disposte a vestire l'abito "da monache gesuite" e a vivere una vita monastica tranquilla. Era uno dei venti conservatori e ritiri napoletani retti a clausura. Ospitava una ventina di anime, tra oblate, educande e converse sotto la guida della superiora suor Maria Luisa del Giudice. Il Ritiro accoglieva donne di buona famiglia orientate alla vita religiosa che versavano una retta a titolo di dote, vestivano l'abito di oblate e, se desideravano abbracciare la vita monastica, compivano un anno di noviziato. L'edificio era immerso nel verde del poggio delle Mortelle, a mezza collina, con vista sul mare e si sviluppava intorno a un cortile porticato e a un giardino sopraelevato.

Enrichetta vi arrivò alle cinque del pomeriggio accompagnata dal cognato e dalla sorella. Salì la scalinata che dalla prima porta conduceva all'ingresso e davanti alla seconda trovò due preti, insieme alla superiora. Gennaro Trama, il canonico che aveva accompagnato Morbilli, e don Gaetano Royer, il superiore ecclesiastico del Ritiro, che si inchinò davanti al commissario. Si davano del tu, dovevano essere amici, cani attaccati allo stesso guinzaglio. Royer, uomo di lettere stimato a corte, era il revisore delle opere teatrali e inviso a liberali e intellettuali per come esercitava il suo ufficio. Soffriva di una rara forma di alopecia, il cranio era completamente calvo e non aveva né ciglia né sopracciglia.

«Che modi sono questi, una signora trascinata in ceppi davanti a tutta Napoli!» protestò il cognato Francesco Cigala.

«Tacete immediatamente» ringhiò il superiore ecclesiastico, «altrimenti vi caccerò in gola le vostre parole con due schiaffi.»

Il cardinale si era raccomandato di eseguire l'arresto con "dignità e convenienza", poiché non voleva incorrere nelle doglianze della famiglia. Il superiore se ne ricordò e si calmò.

«Se non ve ne andate subito vi arresto» aggiunse Morbilli. «Sono stato fin troppo accondiscendente a permettervi di accompagnarla. Ma se questa è la vostra reazione, sparite, prima che cambi idea.»

Enrichetta afferrò il braccio del cognato. «Francesco, ti prego, non ti scaldare, la vittima sono io e come vedi taccio perché so che non c'è niente da fare. Va' e porta via anche Giulia.»

Tutti tacquero. Il commissario, ottenuta da Royer la ricevuta della consegna, si congedò. Giulia abbracciò la sorella, che le sussurrò: «Trascina via tuo marito altrimenti si compromette, scrivi subito alla mamma e ti supplico, prendi con te Maria Giuseppa!».

Enrichetta non versò una lacrima. Si fece condurre da Trama e da suor Maria al terzo piano, entrarono in una stanza tetra; la luce proveniva da due piccoli pertugi in alto, protetti da inferriate, le pareti erano scrostate e sporche, il pavimento in mattoni scheggiato; due sedie e nient'altro.

«Vado a vedere dov'è il bagaglio» disse suor Maria, neanche si trovasse in una locanda di lusso.

Enrichetta scosse la testa, l'avrebbe sbattuta contro il muro se fosse stata sola, ma il prete la guardava con uno sguardo equivoco.

«Smettete di fissarmi, non sono un fenomeno da baraccone.»

«E voi smettete di dare ordini. Si vede che siete viziata, imparate a rivolgervi con cortesia a chi sta facendo il proprio dovere.»

«Veramente state facendo il dovere di quel maledetto!»

«Con chi ce l'avete?»

«Con chi posso avercela? Con l'arcivescovo di Napoli, di cui voi siete lo scagnozzo.»

«Vedo che continuate a offendere Sua Eccellenza. Il cardinale, che voi maledite, ha invece avuto molti riguardi per voi.»

«Riguardi?»

«Sì, ha tenuto alla vostra dignità.»

«Ascoltatemi, non sono a casa mia, ma questa sembra che sarà la cella dove dovrò passare molto tempo, allora vi prego di liberarmi della vostra presenza e di non tornare.»

«Come volete.» Il prete alzò la mano con indice e medio per benedirla.

«Sparite!» ruggì lei, e appena l'uomo uscì chiuse la porta a chiave. «Almeno questo mi è concesso.»

Un'ora dopo udì bussare alla porta, non rispose e al terzo tocco sentì la voce della decana suor Maria che la pregava di aprire.

«Non sono padrona neppure di questo tugurio?» rispose alterata.

«Sì, ma dovete aprire.»

«Abbattete pure la porta, perché io non apro.»

«Vi conviene farlo se non volete dormire sul pavimento.»

Enrichetta spalancò con malagrazia l'uscio e due converse portarono dentro un letto, un tavolino e una lampada.

«Abbiate la bontà di procurarmi carta e inchiostro» disse più conciliante.

La donna fece una smorfia imbarazzata come chi deve fare un annuncio spiacevole. «Purtroppo leggere e scrivere vi è proibito dai superiori fino a nuovo ordine.»

«Non potrò scrivere neppure ai miei parenti?»

«Sì, purché lasciate le lettere aperte e io possa leggerle prima, così come aprirò quelle in arrivo.»

«È proibito anche leggere?» chiese titubante. Le sembrava di essere precipitata in un pozzo nero, ma non poteva permettersi una crisi.

«No, qui abbiamo parecchi libri di devozione, potrete leggerne quanti vorrete.»

«Posso sapere quali sono gli ordini precisi sul mio conto?»

«Vi è proibito vedere e parlare con chicchessia, non potete ricevere parenti, né amici, tantomeno conoscenti. Non potete affacciarvi alle finestre, salire in terrazza, passare per il parlatorio e...»

«E...?»

«Non vi sarà permesso di avere nessuno al vostro servizio.»

«Questo non è il Ritiro di Mondragone, ma il carcere del Sant'Uffizio! Dovrò restarvi a lungo?»

«Non ne ho idea. Due, tre, cinque o dieci anni, secondo la volontà dei superiori. Prima smetterete di sperare di uscirne e prima vi abituerete alla pazienza.»

«Ditemi la verità: sono condannata a vita?»

«Raccomandatevi a Dio e pregate per l'anima vostra.»

«Non è possibile, qui sarò reclusa anche più che a San Gregorio!» La testa le girò impazzita e cadde priva di sensi sul mattonato. Quando riaprì gli occhi si ritrovò sdraiata sul letto e nuovamente sola. Notò con raccapriccio un disordine delle idee, un intorpidimento della ragione. Lo smarrimento forse dipendeva dal colpo alla testa preso nella caduta sul pavimento. Il capo le doleva. Quanto più si sforzava di afferrare il timone della ragione tanto più lo sentiva sfuggire, si accorgeva di non essere più padrona delle sue facoltà. Nel centro di quel caos campeggiava un'idea fissa, un'immagine ossessiva martellava tormentosa: Domenico, l'uomo che aveva amato con tanta passione da giovane, vestito da prete le leggeva una sentenza di morte.

All'imbrunire entrò la superiora insieme alla priora, portava dei sali. «Su, mettetevi seduta e inspirate... questi vi aiuteranno» le disse porgendole i sali.

Enrichetta scosse il capo. «Lasciatemi in pace, voglio morire, così eviterete di assistere al mio supplizio.»

La superiora provò a sdrammatizzare sorridendole. «Non fatene una tragedia, vedrete che tutto si accomoderà.»

«Ma come? Non so nemmeno di quale delitto mi sono macchiata.»

«Enrichetta, questo non potete dirlo. Avete abbandonato l'abito, lasciato il conservatorio nonostante il rescritto del Santo Padre, si dice che abbiate cominciato a fare da corriere tra i circoli liberali, non potete dirvi innocente. Se si infrange la legge si deve essere disposti ad affrontarne le conseguenze.»

«Vi ringrazio di avermi chiarito le idee, nessuno mi ha letto i capi d'accusa prima di arrestarmi. Quel... quell'odioso poliziotto...»

«Il commissario Morbilli ha eseguito gli ordini.» Posò i sali sul comodino sghembo e le prese la mano. «Capisco la vostra sofferenza, negli ultimi mesi vi eravate abituata alla libertà e adesso vi trovate...»

Enrichetta la interruppe: «Mi trovo in prigione senza potere né scrivere né vedere i miei parenti».

«Vi assicuro che non mi piace fare la carceriera, vedrete che con il tempo le restrizioni diminuiranno.»

«Ma per quanto dovrò rimanere qui dentro? A vita?»

Maria Luisa del Giudice non rispose, si avviò all'uscio e disse: «Vi faccio portare una minestra, dovete tenervi in forze».

«È inutile, tanto non mangerò, non berrò e mi lascerò morire, almeno questo dipende da me.»

La suora scosse il capo scontenta. «Non posso permettervelo.»

Dopo nemmeno un'ora arrivò una conversa con una scodella di brodo e un petto di pollo che Enrichetta rifiutò. Il mattino seguente le portarono del pane e del latte che non toccò. Digiunò anche a pranzo. Due ore dopo, la priora le consegnò una lettera della sorella, era aperta. Giulia le raccontava che Maria Giuseppa, dopo l'interrogatorio in questura, era stata consegnata a suo zio e insieme erano tornati al paese, non era riuscita a trattenerla. Aggiungeva di aver scritto alla madre per informarla dell'arresto e si aspettava il suo ritorno da un giorno all'altro.

Enrichetta fece molta fatica a scrivere poche righe di risposta, le girava la testa ma le premeva informare Giulia che le lettere venivano aperte, quindi che badasse a cosa scriveva. Dopo quattro giorni di digiuno non sentiva più nessuno stimolo della fame, anzi, una leggera euforia, una sorta di onnipotenza della mente le faceva credere di poter governare il corpo. Continuava a vedere Domenico vestito con tonaca e collarino bianco che la spediva al patibolo. Delirava, ma era un conforto intorpidire la ragione, smarrirla e confondere la memoria.

Maria Luisa del Giudice si riunì in conciliabolo con il superiore ecclesiastico Gaetano Royer e il medico Fedele Fiori: conclusero che Enrichetta rischiava la vita. «Non saprei cosa augurarle, visto che non vuole vivere in queste condizioni» disse la superiora.

«Per la nostra fede è inaccettabile, bisogna aiutarla» reagì il direttore.

«Sì, ma come?» chiese la donna rivolta al dottore.

«La malattia di nervi è difficile da curare, non abbiamo i mezzi né le conoscenze.»

«Ci sarà pure qualcuno in grado di aiutarla, forse siamo stati tutti troppo severi con lei.»

«Posso provare io, sono un medico e quella donna è profondamente malata. Lasciate fare a me, domattina vado da lei e provo a capire quanto grave è il suo stato.»

Quando Fedele Fiori entrò nella cella di Enrichetta gli parve di avere davanti una moribonda. L'incarnato era color bronzo, gli occhi cerchiati da occhiaie scure e profonde, batteva i denti, delirava. Le sedette accanto e provò a farle aprire gli occhi. Emetteva uno strano bisbiglio. Fiori si chinò per capire se avesse senso compiuto quanto diceva e lei, come se avesse fiutato l'odore della preda, gli azzannò l'orecchio. L'altro si tirò indietro inorridito, tamponandosi il sangue si scapicollò nella stanza della superiora. «Quella donna è posseduta dal demonio!» urlò fuori di sé.

La direttrice era in compagnia del ragioniere, alzò gli occhi dai conti e lo guardò interdetta.

«La Caracciolo... mi ha morso un orecchio! Guardate cosa mi ha fatto!» gridava mostrando il lobo arrossato.

«Calmatevi, siete un medico» disse la suora dirigendosi verso un armadio. «Ecco, disinfettatevi da solo.» Gli porse una boccetta e delle garze. «Non mi sembra una ferita grave.»

«Prenderò la rabbia! Quella donna è peggio di un cane idrofobo. Secondo voi non è grave che una paziente, una monaca che non mangia da giorni, mi azzanni l'orecchio? Cos'è se non un demonio? Esigo che vengano avvisati oggi stesso la Curia e il cardinale. Bisogna trovare un esorcista, questo luogo è macchiato dal segno di Satana!»

«State tranquillo, nostro Signore è più potente di Belzebù, qualcosa farà!»

«Non capisco il vostro tono, vi prendete gioco di me?»

«Per carità, dottore, ma penso che prima di disturbare l'arcivescovo cardinale e tutta la Curia si possa provare un'altra strada. Tornate a casa, prendete un cordiale e tiratevi su, vi farò sapere come intendo procedere.»

Quando l'uomo lasciò la stanza, la donna appoggiò i gomiti sulla scrivania e scuotendo il capo disse: «La riunione è finita, aggiorniamoci domani».

«Siete sicura di volere rimanere sola?» chiese titubante

il ragioniere. Non voleva ammetterlo ma quella scenata lo aveva impressionato.

«Sì, state tranquillo.»

L'uomo si alzò, indeciso sul da farsi.

«Ragionier Ciniglio, ovviamente desidererei che questa storia non uscisse da questa stanza.»

L'altro annuì.

«Massima discrezione, d'accordo?»

«Sì, reverenda madre», ma non sembrava convinto.

Rimasta sola, Maria Luisa del Giudice afferrò il calamaio e vergò una lunga lettera. La sigillò e con la campanella chiamò l'usciere.

«Ai vostri ordini, signora!»

«Michele, consegnate questa lettera al dottor Pietro Sabini, ditegli che è urgente, aspettate che la legga e tornate con la sua risposta.»

L'uomo guardò l'indirizzo: Largo Ferrandina 13. Era a due passi. «E se non trovo il dottore, che faccio?»

«Rimarrete lì, dovete consegnargliela personalmente e aspettare che la legga.»

«Corro.»

«Bravo!»

Pietro Sabini, d'accordo con la superiora, decise che per quella creatura sofferente la migliore terapia non era costringerla a mangiare ma rassicurarla; forse così avrebbero aperto uno spiraglio. Il giovane dottore aveva una dolorosa esperienza alle spalle: la sorella maggiore era nata con un grave difetto cerebrale e con il tempo lui aveva imparato a comprendere i suoi gesti, tanto da essere l'unico capace di comunicare con lei. Per questo, mosso da una profonda pietà, aveva scelto la specializzazione agli Incurabili. Sabini amava soprattutto i bambini e le donne, ma non si tirava indietro nemmeno davanti ai violenti. Era riuscito a disarmare un vecchio demente che, approfittando della distrazione di un infermiere, si era impossessato di un coltello e voleva tagliarsi la gola. L'aveva convinto a deporre l'arma e a consegnargliela; l'uomo si era gettato in lacrime tra le sue braccia. Maria Luisa del Giudice era sua cugina, si conoscevano fin da bambini, e sapeva che Enrichetta Caracciolo non aveva bisogno di un esorcista ma di un bravo medico che sapesse ascoltarla e convincerla a vivere.

Dopo il secondo colloquio, Sabini entrò nella stanza della cugina. La trovò in compagnia del notaio, che venne subito congedato gentilmente. «Allora, Pietro, cosa mi dici?»

«Impossibile persuaderla a mangiare, l'unica è aspettare che la febbre scenda e sperare che cambi idea. In certi momenti è lucida. Quando mi sono seduto per scrivere una ricetta mi ha detto: "Non perdete tempo, non intendo prendere nessuna medicina. Se venite a portarmi un po' d'umanità siete il benvenuto, ma non provate a soccorrermi perché non voglio".»

«E tu?»

«Innanzitutto ho pregato una conversa di togliere tutti gli oggetti con cui potrebbe farsi del male, compreso il crocifisso appeso alla parete. Quando le passerà la febbre, capiremo se ci sono danni cerebrali.»

«È una storia davvero triste, mi fa una terribile pena.»

«Pure a me, ma dietro quella disperazione si nasconde una personalità fortissima, è un essere testardo.»

«Pensi che potrebbe arrivare a un gesto estremo?»

«Non so risponderti, sarà sempre a rischio, ma se torna

lucida probabilmente no, proprio perché ha una volontà di ferro. Ha i nervi a pezzi, gli attacchi sono una normale risposta dell'organismo al dramma che vive. Anche le febbri sono nervose, tutto nasce da lì.»

«E allora come si fa?»

«Non deve perdere le speranze.»

«La sua liberazione non dipende da me, e comunque difficilmente la otterrà. Ha sfidato troppo la Curia e l'arcivescovo, non la perdoneranno.»

Pietro Sabini si lisciò la barba per concentrarsi. «Fammi pensare, qualcosa escogiteremo.»

«Grazie. Anche da parte della famiglia. Mi ha scritto la madre, donna Teresa Caracciolo, è molto preoccupata. Dice di essere disposta a fare qualsiasi cosa per tirare fuori la figlia da qui dentro, ha denaro e pagherà le cure necessarie. Io non ho l'indole della guardiana, spero che la poveretta possa uscire presto.»

«Questo non dipende da noi, quello che possiamo fare è restituirle la salute mentale e fisica.»

«Sì, hai ragione.»

«Anche ricorrendo a rimedi estremi...»

«Cosa intendi?»

«Darle una speranza che non c'è.»

«Mentirle?»

«Sì, se fosse necessario...»

«Che cosa hai in mente?»

«Per il momento ho solo una vaga idea, ti farò sapere.»

Intanto le condizioni di Enrichetta non miglioravano, aveva provato a nutrirsi ma il suo stomaco rifiutava il cibo. L'undicesimo giorno non era più in grado di alzare un braccio, né il capo dal cuscino. Il dottor Sabini allora, d'accordo con la cugina, decise che le avrebbe fatto credere di avere parlato con il governatore del Ritiro, il principe di Cellamare, e che l'uomo si era impegnato a spendere una buona parola con le autorità ecclesiastiche perché le concedessero la grazia.

L'effetto fu immediato. Enrichetta ricominciò a mangiare, l'incarnato riprese colore e il corpo peso. Le permisero anche di uscire dalla cella e chiese carta e penna per rispondere alla madre. Da una settimana le lettere di donna Teresa si accumulavano sul tavolino senza che avesse voglia di leggerle; ora doveva rimettersi in gioco.

La madre le consigliò di attenuare l'ira del cardinale, di sorprenderlo e finalmente sottomettersi. Finché Riario Sforza si opponeva non sarebbe arrivata nessuna grazia. Enrichetta accolse il consiglio. Era disposta a tutto pur di uscire da lì, anche prostrarsi davanti al suo nemico.

*4 ottobre 1851*

*Eminenza, la mal consigliata azione di avere deposto l'abito senza la dovuta decenza mi ha reso dinanzi a Dio rea di grave fallo. Ora che il medesimo clementissimo Signore mi ha fatto la grazia di farmi comprendere l'errore e dato la forza di emendarmi indossandolo nuovamente, chiedo perdono prima a Dio e poi a Vostra Eminenza di questa mancanza e di tutte le altre mie.*

Avrebbe abboccato?

# 23

## CORRISPONDENZA SEGRETA

Passarono i giorni, le settimane, un mese, Enrichetta si era ristabilita e Sabini cominciò a evitarla per non dover rispondere alle domande sulla promessa del principe di Cellamare. Infine, non si fece più vedere. Chiedeva alla cugina notizie ma si teneva alla larga. Non fu necessario uno scontro diretto, Enrichetta capì da sola che era stata una pietosa bugia. Adesso le toccava vivere. Non aveva più l'energia per riprendere il digiuno.

La madre era tornata in fretta da Gaeta, e aveva chiesto un incontro con i sovrani. Si era fatta accompagnare a Palazzo Reale dall'amico Filippo Saluzzo, ma il colloquio, nonostante l'appoggio del fedele servitore di Ferdinando, era andato male.

Così lo riferì alla figlia.

*Ho parlato con il re e con la regina ma entrambi mi hanno risposto che essendo una faccenda che riguarda la Chiesa non intendono intromettersi. Insomma, la tua secolarizzazione è di natura strettamente ecclesiastica. Quanto al resto, spero di potertelo rife-*

*rire a voce quando il regime carcerario si allenterà, perché, stanne certa, continuerò a lottare. Se occorrerà andrò a piedi a Roma per presentare un'ennesima supplica al papa.*

"Quanto al resto..." A cosa si riferiva la madre? Cosa voleva dirle a voce? Doveva trovare un modo per comunicare con la famiglia aggirando l'occhiuta suor Maria. Una possibilità forse esisteva.

Uscì dalla stanza e si diresse al giardino pensile, dove le suore si ritrovavano quando la temperatura non era troppo rigida. «Madre, ho un fagotto di biancheria da lavare, posso chiedere alla vostra conversa di occuparsene?»

«No, Enrichetta, mi spiace, Assunta è sommersa di lavoro. Mi sembra che ne consumiate troppa di biancheria. Che ragione avete di cambiarvi tutte le settimane?»

«Per igiene personale?»

«Io lo faccio una volta al mese, non siamo mica a Palazzo Reale.»

«Se Assunta non può, potrei mandare i panni a casa di mia madre e chiedere alla fantesca di occuparsene.»

La donna ci pensò qualche secondo. «D'accordo» disse infine.

Enrichetta tornò volando nella cella, fece un fagotto della biancheria e vi infilò dentro un biglietto.

*Mamma, ho escogitato questo espediente per evitare che leggano le nostre lettere. Usalo anche tu. Che cosa non hai potuto scrivermi nell'ultima lettera?*

La risposta arrivò tre giorni dopo, insieme alla biancheria pulita.

*Il re mi ha detto che lui e tutta la corte preferiscono che tu rimanga in clausura, visto che appena ne sei uscita ti sei lasciata coinvolgere in cospirazioni politiche con Giulia. Purtroppo la polizia borbonica tiene sotto controllo la nostra famiglia. Francesco ha dovuto prendere delle precauzioni per non essere arrestato e si è fatto sostituire da Giulia, che mi ha confessato di avere coinvolto anche te, usandoti come corriere di missive compromettenti. Siete due pazze! Ti sei data allo spionaggio? Pensavi che l'essere donna fosse un lasciapassare? Forse non ti è chiaro, ma qui non c'è giorno che la polizia non irrompa nelle case per perquisirle in cerca di scritti sovversivi, di materiali compromettenti per sbattere gli oppositori in carcere. A questo punto anche io mi chiedo se non sia meglio per te rimanere protetta a vita, visto che sei incapace di proteggerti da sola. Su di te gravano sospetti pesanti e nemmeno il caro Filippo, che, come sai, ha una vera amicizia con Ferdinando, è riuscito a stemperare la sua collera. Ma come ti è venuto in mente? Sei una velleitaria! Almeno tua sorella, nella sua follia, fa sul serio, è pronta ad assumersi le sue responsabilità e ad andare in prigione, mentre tu, da oltre un decennio, cerchi solo la libertà.*
*Figlia mia, sono avvilita, sei la peggior nemica di te stessa. Adesso hai due poteri alle calcagna: la polizia borbonica e l'arcivescovado. Rinchiudendoti ti tengono alla larga dai guai. E io penso che tu debba rassegnarti.*
*Per quel po' che posso ancora fare, cercherò di convincere il cardinale ad allentare le restrizioni e a permetterti di corrispondere privatamente, almeno con noi. Perdona la franchezza, ma sono demoralizzata. Per te ho fatto di tutto. Mi sono separata da mio marito, trasferita a Napoli, ho scritto petizioni, affrontato il papa, e tu con il tuo comportamento hai vanificato tutto.*

Enrichetta ripiegò il foglio e sentì le ginocchia cederle. Si ritrovò per terra. La testa le pulsava. Sudava, sentiva la lingua gonfiarsi, il respiro farsi corto. Doveva nascondere la lettera della madre prima di svenire e perdere la ragione. Riuscì ad alzare lo scapolare, poi fu buio.

Si risvegliò nel suo letto. Si frugò addosso, la lettera era sparita. Qualcuno l'aveva letta, probabilmente si trovava già sulla scrivania del commissario Morbilli. Non soltanto lei, ma tutta la sua famiglia era perduta. Richiuse gli occhi e attese che le ritornassero le facoltà mentali. Se l'avevano scoperta aveva un'unica scelta: farla finita. Non con una lenta agonia, doveva trovare un mezzo rapido per uccidersi. Aveva bisogno di un coltello. Ma nel Ritiro non consentivano alle recluse di usare lame e oggetti affilati, la carne veniva servita nel piatto già tagliata, e non aveva accesso alla cucina. Trascorse la notte a lambiccarsi il cervello, all'alba si addormentò. Aveva finalmente un piano.

Aprì gli occhi quando il sole era già alto. Notò la colazione appoggiata sul tavolino, la solita conversa doveva essere entrata silenziosa come faceva tutti i giorni. Il latte era freddo, poco male, non aveva fame. Si vestì e andò in giardino. Una mezza dozzina di suore si beava dell'aria del primo mattino, presto un caldo arrogante le avrebbe costrette a ritirarsi. Enrichetta cercava il giardiniere Giuseppe Fedele. Lo trovò ginocchioni davanti a un'aiuola. Con le mani enormi e le dita tozze liberava delicatamente le fragili foglie di una piantina dal terriccio. Gli si accovacciò accanto.

«Cosa sono?» chiese interessata.

L'uomo le lanciò un'occhiata sorpresa, aveva incrociato quella strana monaca solo un paio di volte e mai gli aveva dato confidenza. «Balsamina» rispose, poi non seppe cos'altro aggiungere.

«Non la conosco.»

«L'avrete vista mille volte nei giardini.»

«Mille volte mi pare difficile, vivendo in clausura.»

L'uomo si confuse e bofonchiò qualcosa tra i baffi.

«Di che colore sono?» chiese lei per toglierlo dall'impaccio.

«Queste saranno lilla, ma hanno diversi colori. Nella serra ne ho alcune già fiorite.»

«Posso vederle? Magari le riconosco.»

Giuseppe Fedele le sorrise. Quella monaca somigliava a una sua nipote. Si alzò e si scrollò i pantaloni. Era un uomo di media statura sulla sessantina, con la pelle bruciata dal sole e la schiena curva. «Venite, ve le mostro.»

Entrarono nella serra. Il caldo umido imperlò la fronte della monaca. L'uomo zoppicando si avvicinò a un bancone pieno di piante, alcune fiorite, altre secche, altre ancora in attesa di essere messe a dimora. Giuseppe Fedele, con una forte cadenza pugliese, le spiegò tutte le varietà della balsamina, poi passò ai gerani, quindi agli ibiscus, felice di avere una nuova interlocutrice. Enrichetta lo riempiva di domande, entusiasta. Si chinava sui fiori, li annusava, cercando di coglierne i profumi per portarseli dietro, nel luogo oscuro dove aveva deciso di andare.

Quando uscirono dalla serra il sole picchiava a mezzogiorno, Enrichetta si congedò frettolosa. «Grazie, Giuseppe, adesso devo salutarvi.»

Scese le scale, percorse il porticato e si infilò nella sua stanza. Dalla manica estrasse un coltellaccio con la lama sporca di terriccio, lo pulì, prima di nasconderlo sotto il materasso. Poi raggiunse il refettorio e si mostrò tranquilla. La superiora le rivolse qualche domanda sulla salute a cui lei rispose pacata. Quando la salutò per ritirarsi nella sua stanza le sorrise persino. In camera prese carta e penna e senza ripensamenti né cancellature scrisse:

*Cara mamma,*
*so che ti darò un grande dolore ma la vita per me è un supplizio. Vivere senza libertà è morire lentamente e non posso più accettarlo. Preferisco un atto violento, un atto contro la Chiesa. Non voglio essere troppo dura con te: sì, mi hai monacata con la forza, ma poi hai ammesso l'errore e lottiamo insieme da sei anni come leoni. Ma anche i leoni soccombono, e di fronte all'irremovibilità dei miei avversari mi arrendo. Di me non si potrà dire che non ci ho provato.*
*Ero talmente affamata di vita che non ho saputo fermarmi. Ho esagerato. Ho anche scritto al cardinale per dirgli che mi ero pentita: non mi ha degnata di una risposta. Non mi ha creduta e non posso dargli torto.*
*Questa vita non mi piace. Me ne vado, piena d'amore per te e per le sorelle. Non posso pensare a voi, ora, altrimenti mi mancherà la forza.*
*Per favore, sii la prima a perdonarmi, difendi la mia memoria quando l'unica traccia che lascerò al mondo di me sarà la tua commiserazione.*

Abbandonò la lettera aperta sul tavolino, sfilò dal materasso il coltellaccio e lo appoggiò sul fianco. Non sapeva dove colpirsi, né da quanto lontano dovesse sferrare il colpo. Chiuse gli occhi e... fallì. Il polso tremante diede poca forza al braccio, la lama venne fermata da una stecca di balena del corpetto e la sfiorò appena. Avrebbe potuto tentare di nuovo ma l'idea la sgomentò. Svanito il delirio, uccidersi le sembrò una follia. Accese una candela e bruciò il suo scritto. Ora doveva riportare il coltello nella serra senza insospettire il giardiniere, e scoprire che fine aveva fatto la lettera della madre.

# 24

## SPERANZE E DELUSIONI

*1852-1853*

Il tempo non passava mai. Leggeva, pregava e fissava le travi sul soffitto della cella. Aveva rifiutato il confessore offerto dalla Curia e scelto un anziano canonico, Luigi Monforte dei conti di Nola, che abitava non lontano dal Ritiro, dove diceva messa. Con lui parlava volentieri. Il re, su richiesta del cardinale, le aveva sospeso la pensione di sessanta ducati. La monaca frondista deperiva. Ad abbatterla contribuì la notizia che persino il devotissimo Filippo, indignato per il suo comportamento cospiratorio, le aveva tolto la sua protezione. Un uomo fedele alla corona non poteva sostenere una persona invisa alla famiglia reale. Enrichetta era sempre più sola. Troppo scontenta, troppo silenziosa, mai interessata a chi aveva accanto. Scriveva un diario, sognava di uscire e pubblicare le sue memorie: un attacco feroce al fanatismo del clero e a tutta la Chiesa. Si immaginava scrittrice, giornalista, moglie, madre. D'inverno rimaneva chiusa nella sua stanza progettando fughe irrealizzabili, d'estate osservava per ore le formiche, le studiava e vagheggiava di diventare una mirmecologa. C'era anche un'altra persona con cui parlava volentieri: il giardiniere Giuseppe. L'uomo le porgeva le primizie appena maturavano, le riempiva il cesto di melograni, prugne, noci. Si era accorto del furto nella serra? Forse no, o forse sì, visto che non lasciava più gli attrezzi incustoditi e li conservava in un armadietto chiuso a chiave. Aveva avuto sette figli, sei femmine e al settimo, il maschio, si era fermato; era nonno di ventuno nipoti.

Con la superiora, Enrichetta aveva un rapporto di civile convivenza. Maria Luisa del Giudice conosceva il male della monaca, e sapeva che non c'era rimedio, almeno finché fosse rimasta rinchiusa. L'ultimo incontro risaliva a mesi prima, quando era stata convocata nel suo ufficio e le aveva mostrato la lettera sparita durante il suo malore. L'aveva avvicinata a una candela e bruciata davanti ai suoi occhi. «Come vedete, non c'è più traccia di confessione, state tranquilla, fingerò di non accorgermi dei maneggi che fate per scrivere privatamente. Lo sopporterò fino a quando non otterrò che vi sia tolta la punizione.» Da allora le crisi si erano diradate e Maria Luisa del Giudice si era tenuta alla larga da lei per evitare di scatenarle un attacco di mal caduco rifiutandosi di assecondare qualche sua richiesta che quasi sempre confliggeva con le regole del ritiro e con quelle imposte dal cardinale.

Don Luigi veniva a confessarla tre volte alla settimana, e per la reclusa le ore passate con lui erano le migliori. Si fidava del prete, con il tempo aveva imparato ad aprirsi, gli confidava i suoi peccati, solo fantasie, puerili fantasie sull'amore e sul matrimonio, ormai fuori tempo per una monaca trentenne. A Palazzo Schiavone aveva conosciuto il principe Giovanni Greuther, discendente di una famiglia tedesca trapiantata da due secoli a Napoli. Un tenente che, durante i moti del '48, era stato offeso a una gamba dalla lama di una guardia svizzera e zoppicava lievemente. Un patriota, non alto, biondo, robusto, con i capelli tagliati corti e baffetti spuntati ad arte sul volto perfettamente rasato; l'andatura incerta e la divisa portata con grande eleganza avevano colpito l'infelice monaca. Si incontravano in strada, nell'androne del palazzo, e lui portava la mano all'elsa e chinava il capo, come se volesse dirle: "La mia spada è qui per servirvi". Lei allora aveva l'impulso di stracciarsi l'odioso abito, scoprire il capo e mostrargli la sua femminilità.

«Padre, lo sogno a occhi aperti, immagino i nostri corpi allacciati e mi struggo dal desiderio.»

«Figlia mia, tu vuoi soffrire.»

«Perché desidero la vita a cui tutte le donne auspicano?»

«Perché desideri quello che non puoi avere. La tua ostinazione è disperante. La rassegnazione e la pazienza sono virtù cristiane e io di pazienza ne ho tanta con te, ti voglio bene, ma mi sono venuto a noia a forza di dirti sempre le stesse cose: hai fatto un giuramento davanti a Dio. La consacrazione non è a tempo, non è un rito che dismetti quando ti pare, non c'è modo di ritirarsi.»

«Questo non lo dice Dio, ma la Chiesa. Nostro Signore, al contrario, dice: "Tutto quello che chiederete in preghiera vi sarà dato".»

Confrontarsi con Enrichetta era un corpo a corpo, e nel corso degli anni un dubbio si era insinuato nella testa dell'anziano confessore: se la esortava a vivere, poteva pretendere che si rassegnasse?

La corrispondenza con la madre continuava attraverso il fagotto della biancheria, il divieto di scendere in parlatorio non era stato ritirato, le lettere erano l'unico filo che la teneva in contatto con il mondo esterno, e la superiora fingeva di non saperlo. La tenace attività di donna Teresa e di Costanza di Corigliano, che al contrario del fratello Filippo non aveva abbandonato Enrichetta, smosse le acque. La principessa andò a Roma, ebbe un abboccamento con il nunzio apostolico Innocenzo Ferrieri e lo mise al corrente dell'intera storia della nipote. L'uomo le promise di recarsi a Napoli per parlare di persona con la benedettina e mantenne la parola. Si presentò al Ritiro tre settimane dopo, senza preavviso. L'arrivo inaspettato di un eminente funzionario della Santa Sede mise in subbuglio l'istituto. Suor Maria lo ricevette scodinzolante. «Eccellenza, quale onore avervi qui! Non vi aspettavamo, altrimenti avremmo organizzato un'accoglienza degna. Sono a vostra disposizione per mostrarvi l'edificio.» Abbassò lo sguardo per nascondere il volto imporporato dall'emozione. «Venite, vi accompagno dalla superiora.»

«Grazie, sorella, ma non merito un'accoglienza particolare, né sono venuto per visitare il Ritiro, di cui ho sentito soltanto lodi.»

«E per che cosa allora?»

«Per parlare con una vostra reclusa.»

«Già, immagino di chi si tratta...»

«La monaca Enrichetta Caracciolo.»

«Ci avrei giurato!» In realtà la povera donna non riusciva a capire come quella pestifera donna fosse riuscita, nonostante i divieti, ad arrivare al nunzio apostolico. «Eccellenza, voi saprete certamente che per volontà dell'arcivescovado la Caracciolo non può ricevere nessuno.»

«Io non sono nessuno.»

La suora avvampò. «Ovviamente...»

«Dunque, volete usarmi la cortesia di chiamarla?»

«Lo faccio subito.» Suonò una campanella e alla conversa accorsa prontamente ordinò di comunicare alla Caracciolo che era attesa in parlatorio.

L'espressione raggiante di Enrichetta quando entrò nella stanza indispettì suor Maria.

«Immagino che le vostre faccende vi richiamino altrove, lasciateci soli per piacere» la congedò Ferrieri, e per poco alla poveretta non venne un attacco di fegato. Uscì a testa bassa.

Il nunzio era un uomo nel fiore degli anni, aveva sul mento una mosca leggermente brizzolata e uno strano tic che gli faceva sbattere le palpebre continuamente. Ascoltò attento l'odissea della monaca. Quando il racconto finì, Ferrieri rimase in silenzio, e con espressione per nulla rassicurante disse: «Cara Enrichetta, purtroppo io posso fare ben poco, le decisioni del cardinale vanno rispettate. Già ho costretto la vostra superiora a infrangere il divieto di incontrarti in parlatorio, e come potete immaginare andrà certamente a riferirlo al superiore ecclesiastico, che a sua volta lo riferirà all'interessato e questo non vi gioverà. Se posso essere sincero, mi stupirebbe sapere che siete riuscita a lasciare il Ritiro. Quello che si potrebbe fare, e io userò tutto il potere di cui dispongo, è allentare il rigore che vi è stato imposto».

Enrichetta sorrise mesta. «Monsignore, vi ringrazio per quello che farete per me, ma il mio destino è ottenere qualcosa e subito dopo vedermelo portare via. Questa sarebbe la terza volta... quando si dice che la storia si ripete.»

«Mi auguro che non vogliate ripetere i vostri errori. Dovete ammettere che il cardinale ha fatto diversi sforzi per venirvi incontro, e voi come lo avete ripagato?»

Lei abbassò il capo e non rispose.

«Da quanto tempo siete in clausura?»

«Tredici anni.»

«E da quanto tempo cercate di uscirne?»

«Praticamente da subito, ancora prima di consacrarmi.»

«Non siete stanca di ribellarvi alla vostra condizione?»

«Per me il vero fallimento sarebbe rassegnarmi.»

L'uomo si alzò per congedarsi. «Ammiro la vostra tenacia. Forse avete ragione voi a non dare limiti ai vostri sogni.» Le sorrise. «Temo di dovervi lasciare e andare a porgere i miei saluti a Maria Luisa del Giudice, prima sono stato sgarbato con la priora, ma mi è sembrata davvero un cane da guardia.»

«Vi ringrazio. A parte il mio confessore, non parlo con nessuno qui dentro e oggi la vostra presenza mi ha confortata... al di là di quanto riuscirete a ottenere dal cardinale.»

«Vi auguro buona fortuna!»

Enrichetta uscì per prima e di fronte al parlatorio trovò la priora in conciliabolo con altre suore, che tacquero appena la videro. Probabilmente stavano parlando di lei, la spina nel fianco di tutto il Ritiro. «Non vi date pena, signora priora, mandate pure a dire al cardinale che il confinamento l'ho spezzato io» disse passandole davanti.

La donna non reagì, doveva dedicarsi all'ospite. Un'ora dopo si presentò nella sua stanza accompagnata dal direttore ecclesiastico con stampata sul volto una smorfia scontenta.

«Chi vi ha dato il permesso di scendere in parlatorio disubbidendo agli ordini? Sapete bene che una monaca consacrata deve prestare cieca ubbidienza ai superiori che Dio le ha dato.»

«Quale evangelista ha scritto che nostro Signore mi ha dato voi come superiore?»

«Io sono vostro superiore nel nome della Chiesa cattolica.»

«Che cosa intendete per "Chiesa cattolica"?»

«Intendo, signora mia, la padrona del re, la rappresentazione di Dio sulla terra, dico la Santa Sede e l'intero cattolicesimo che le ubbidisce.»

«Non credo nella Santa Sede. Quella in mano al papa, ai cardinali, ai vescovi e ai preti è un'industria!»

«Dunque, non siete cattolica?»

«Non sono cattolica, no.»

«Che cosa sareste, allora?»

«Cristiana.»

«Che orrore!» gridò. «Sareste protestante?»

«Scismatica?» chiese la priora.

«Né l'una né l'altra, sono cristiana di quel rito che favorisce la civiltà, il benessere, la libertà. In questo io credo.»

«Siete una religiosa empia e sacrilega!» Si rivolse alla priora: «Signora, vi raccomando di guardare bene che il contagio di queste opinioni sataniche non infetti le giovani innocenti del Ritiro».

«Non temete, ancora qualche anno e avranno scoperto le imposture della Caracciolo e la detesteranno.»

«Non c'è bisogno che passino gli anni, qui dentro ci sono giovani donne allevate nel bigottismo, digiune di una buona istruzione» la provocò Enrichetta. «Alcune sanno a malapena scrivere, come a San Gregorio, e in tutti i monasteri del mondo. Mura chiuse per menti ristrette.»

Don Gaetano Royer sbuffò. «Che noia! Dite sempre le stesse cose!»

«E voi non siete stanco di calunniarmi? Lo sapete che quando queste menti illuminate passano davanti alla mia porta si segnano e dicono: "*Maronna* delle Grazie, salva l'anima sua! Dio mio, convertila!".»

Tre giorni dopo, Maria Luisa del Giudice si presentò da Enrichetta. Lo faceva raramente, e soltanto per portarle una buona notizia; Sua Eminenza Riario Sforza le accordava il permesso di scendere in parlatorio e di consegnare sigillate le lettere al servitore della madre. Il nunzio apostolico aveva mantenuto la sua parola. Adesso toccava a lei fare la mossa seguente per mandare alla Curia napoletana e al Vaticano un segnale che non si sarebbe arresa.

# 25

# ISTANZE E PROPOSITI DI FUGA

*1854*

Le lettere adesso partivano sigillate ed Enrichetta decise di scrivere personalmente un'istanza al papa. Per mantenere il punto gli avrebbe chiesto la secolarizzazione, e poiché sapeva che Pio IX gliel'avrebbe negata, in subordine, il permesso di andare lei personalmente a Roma per esporre le sue ragioni. La risposta del papa si fece attendere diversi mesi e quando giunse la lasciò annichilita. Pio IX le negava tutto: sia l'indulto sia l'autorizzazione ad andare a Roma per perorare la sua causa. Come unica concessione la dispensò dalla clausura. Irriducibile, si rivolse al cardinale chiedendogli di tornare alla libertà che godeva al conservatorio di Costantinopoli. La risposta fu un secco "no". Riario Sforza nemmeno si scomodava più a dirglielo personalmente o per iscritto. Mandava l'odiosa priora a comunicarle le notizie sgradevoli. Essere dimenticata dal suo avversario era la peggiore delle punizioni. Anche lui, come l'amico fedele Filippo Saluzzo, e perfino la madre, aveva perso interesse. E forse era davvero finita. Da quattordici anni si dibatteva come una falena impazzita dentro una campana di vetro, retrocedeva invece di andare avanti: un passo verso la libertà, dieci passi all'indietro; doveva smettere di scrivere, tanto nessuno la ascoltava, con le sue lamentele aveva sfinito anche il confessore. Mai si era sentita tanto sola, eppure la voglia di vivere la teneva attaccata alla vita, non voleva morire, non sarebbe più riuscita a inferirsi una coltellata e nemmeno a smettere di mangiare. Di tutte le soluzioni immaginate in quegli anni, la fuga le era sembrata sempre la più velleitaria. Da dove cominciare? Aveva letto della rocambolesca fuga di Giacomo Casanova dal tetto del carcere dei Piombi di Venezia. Impensabile, sarebbe dovuta uscire dal portone eludendo l'occhiuta portiera, non prima di avere capito dove andare. Casanova era scappato in Francia. E lei? Doveva trovare un luogo lontano da Napoli e da Roma: in Bretagna, oppure in una colonia d'oltreoceano come Manon Lescaut. Non voleva allontanarsi dal mare, quello di Napoli lo scorgeva in lontananza dal belvedere, soprattutto quando il sole calante lo ricopriva di scaglie dorate. Amava il mare. La casa di Reggio si affacciava sul mare, tanto vicina da poterlo toccare. L'idea della fuga le invase i pensieri e la tenne in vita. Aveva bisogno di un complice fuori dal Ritiro. Si ricordò di un'amica della sorella Rosalia che aveva un fratello fuggito in Inghilterra, perché disertore. Si era imbarcato su un mercantile per evitare la corte marziale. Aveva conosciuto Carlotta Amitrano quando vivendo al conservatorio usciva liberamente e Rosalia non si era ancora trasferita a Gaeta e riceveva il mercoledì. Era una donna con i capelli rossi, il viso esageratamente incipriato, simpatica e buona di cuore. Così la ricordava. Non fu facile ottenere il suo indirizzo, e per non insospettire la sorella Enrichetta dovette inventare mille scuse, mettendo in mezzo la superiora e il confessore don Luigi. Con la sua corrispondente invece fu onesta, conosceva le vicissitudini del fratello, lei stessa gliele aveva raccontate e non le fu difficile portarla dalla sua parte. Sarebbe stato il loro segreto. Nessuno avrebbe mai saputo della complicità della donna nella fuga della monaca benedettina. Carlotta Amitrano aveva aiutato il fratello Giovanni a espatriare e a stabilirsi in Scozia, adesso lui viveva a Edimburgo, faceva il tipografo, era sposato con una siciliana e aveva un figlio piccolo; i soldi bastavano a malapena, ma si era detto disposto ad accogliere una donna in fuga. Il piano prevedeva che sarebbe uscita dal portone principale; suor Marietta, al mattino presto, scendeva le scale e lo apriva, ma prima di farlo si assicurava che la porta d'ingresso dell'istituto fosse chiusa e nessuno potesse scappare. A metà della scala c'erano i parlatori: se Enrichetta fosse scesa a passi felpati dietro la portinaia e si fosse nascosta in un parlatorio mentre quella apriva, avrebbe avuto poi il tempo di sgattaiolare fuori. Nella Ruota degli esposti Carlotta le avrebbe fatto trovare un cappello con un velo pesante e uno scialle. Avrebbe aspettato che la portinaia rientrasse nell'edificio, si sarebbe spogliata della tonaca restando con l'abito secolare indossato sotto. Carlotta l'avrebbe attesa in carrozza in fondo alle Rampe Brancaccio per condurla al molo, dove si sarebbe imbarcata. Avrebbe pagato il biglietto vendendo tutti i suoi beni. Preparò la lettera che Carlotta avrebbe poi spedito a donna Teresa. Il piano le sembrava perfetto. Si sentiva spaventata, eccitata, sull'orlo di una crisi, e per essere fermata confessò tutto a don Luigi.

«Figlia mia, ma come ti viene in mente? Sei una donna giovane, cosa pensi di poter fare in un paese straniero senza una guida e senza protezione? Vuoi vivere di accattonaggio? Nella migliore delle ipotesi finiresti in un asilo per poveri. Non parli nemmeno la lingua! Sei fuori di cervello? Immagina cosa direbbero i tuoi nemici, il tuo gesto assurdo darebbe ragione al cardinale, alle monache di San Gregorio, a quelle del conservatorio e a quanti da anni sostengono che sei un cavallo pazzo, impossibile da imbrigliare, governata dai più bassi istinti. Non fare questa follia, ascolta un vecchio che ti vuole bene. Troveremo altre soluzioni ma una fuga assolutamente no!»

«Mi dite tutti così, ma c'è una soluzione che non ho già tentato?»

«Il Santo Padre non ti ha permesso di andare a Roma, allora manda un parente a occuparsi delle pratiche di secolarizzazione al posto tuo.»

«Non servirà a nulla.»

«Tu fallo, se andrà male allora deciderai di fuggire.»

«Sarà solo un modo per rimandare, perché non otterrò mai la secolarizzazione, lo sapete bene anche voi... E poi a chi potrei chiederlo... E quanto costerebbe?»

«Qualcuno troverai. Sei così ingegnosa, tua madre i quattrini li ha. Non rovinarti la vita con una fuga che potrebbe soltanto finire male.»

«In effetti ci sarebbe una zia di mia madre, Maddalena Castrovillari, che vive a Bologna, ma non so se valga la pena scomodarla. C'è già stato il precedente di un'altra zia che con il suo intervento è riuscita a smuovere il nunzio apostolico, ma non il papa.»

«È interesse del papa che il tuo nome venga dimenticato, questa volta ce la farete. Manda a tua zia tutti i rescritti e l'ultimo referto del dottor Sabini.»

Quando Enrichetta tornò nella sua stanza aprì il plico dei documenti sistemati in ordine cronologico, l'ultimo era proprio il referto di Pietro Sabini.

*Napoli 23 gennaio 1853*

*In giugno del 1851, dal Real Ritiro di Mondragone ricevemmo noi sottoscritti l'invito di visitare la nobile claustrale signora donna Enrichetta Caracciolo di Forino, perché afflitta da patimenti nervosi. Osservatala dunque attentamente con ogni possibile diligenza, raccogliemmo tutte le necessarie informazioni sul come e quando iniziarono e seguirono i sintomi convulsivi.*
*Continuando in seguito a visitare la suddetta religiosa, osservammo che i turbamenti nervosi hanno per centro la regione cerebrale. Infatti all'inizio si manifestano con un forte mal di testa, quindi seguono brividi che invadono tutto l'organismo e provocano un tremore generale; poi si manifestano penosi spasmi non solo degli arti superiori, soprattutto della testa, ma anche degli arti inferiori, e spesso di tutto il corpo, che allora si contorce in mille modi e per essere contenuto nelle sue scosse ha bisogno del vigore di diverse persone robuste.*
*Un mattino, mentre la visitavamo, l'inferma venne assalita all'improvviso da una delle sue croniche convulsioni che furono talmente forti e prolungate che tememmo per la sua sopravvivenza. I polsi si erano oscurati, annientati i battiti del cuore, pallore di morte, un raffreddamento generale, un sudore oleoso su tutto il corpo, la deglutizione impedita, perché la bocca era chiusa ermeticamente da una contrattura prolungata della mascella.*
*A questi terribili spettacoli hanno assistito spesso la signora priora e altre religiose. Le convulsioni in genere durano dalle*

*tre alle quattro ore, poi si dileguano lentamente per dare luogo a un delirio vago, a uno straordinario movimento del corpo, come se la sofferente sia colpita da alienazione mentale, quindi da una specie di estasi e qualche volta fenomeni di catalessia. In seguito a uno di questi eccessi, la paziente un giorno si inferse una pugnalata a un fianco con un coltello che per fortuna non fece gravi danni. Queste crisi funeste si ripetono spesso e sempre con gli stessi sintomi. Ci sembra dunque lecito supporre che, oltre alle cause fisiche, a mantenere questo stato morboso contribuiscono anche potenti ragioni morali. Alla domanda fatta alla paziente su quali fossero i motivi che creavano tale sofferenza, ci confessò che considerava un'estrema violenza costringerla a rimanere chiusa in un chiostro che aborriva.*

*Per questa malattia è stato usato, non soltanto da noi ma anche da altri valenti professori, tutto quanto l'arte medica poteva e sapeva suggerire, ma sempre senza successo, anzi con qualche peggioramento della paziente. Ora, per prevenire che la suddetta religiosa peggiori, piombando in uno stato di demenza continua, ci auguriamo, insieme con altri nostri colleghi qui riuniti in consiglio, che la signora possa abbandonare il regime claustrale che molto influisce ad alimentare la morbosità nella malattia.*

*Questa nostra dichiarazione, giurata in coscienza, risultante dall'osservazione di circa venti mesi, non peccherebbe che di troppa concisione, non portando descritte minutamente tutte quante le sofferenze dell'inferma.*

Con la partenza per Roma della prozia Maddalena Castrovillari, Enrichetta ritrovò un po' di ottimismo. La brava donna le scriveva lettere confortanti, anche se dopo due mesi era ancora in attesa di essere ricevuta da Pio IX. In realtà la Santa Sede, come sempre faceva, aveva rimandato la decisione all'arcivescovo di Napoli. Nella Curia romana nessuno aveva voglia di farsi recapitare quella pericolosissima mina con la miccia corta e la richiesta della benedettina infine venne rifiutata.

In marzo donna Teresa si ammalò di una bronchite perniciosa. Enrichetta, considerandosi esonerata dalla clausura, chiese al cardinale il permesso di andare a farle visita. Non l'ottenne. La cognata dell'inferma, Costanza di Corigliano, andò personalmente da Riario Sforza implorando un atto di umanità che perfino il muftī di Costantinopoli avrebbe accordato. Gli assicurò che avrebbe prelevato personalmente la nipote al Ritiro con la sua carrozza chiusa e l'avrebbe ricondotta in giornata a Mondragone. Pregò, insisté, supplicò, commovendo gli astanti ma non il suo inquisitore.

Intanto Napoli era flagellata dal colera. In molti quartieri privi di fogne gli escrementi venivano lasciati in strada a cielo aperto e inquinavano le falde acquifere. Dalle navi al porto sbarcavano marinai e viaggiatori appestati. Impossibile istituire un cordone sanitario, la popolazione si guardava con sospetto. In una situazione così precaria vivere ritirati in clausura divenne una necessità. Riario Sforza si recava a casa dei colerosi e tra la plebe cominciò a correre voce che gli bastasse imporre le mani sugli appestati per guarirli. Era circondato da un'aura di santità e divenne difficile trovare qualcuno che ne parlasse male a Napoli e in Vaticano.

Donna Teresa se ne andò la mattina del 20 marzo. A Enrichetta fu impedito di partecipare al funerale. Lo schiaffo del suo persecutore la caricò di rabbia. Decise che gli avrebbe restituito il ceffone con tutte le cinque dita, ma come? L'unica possibilità era cambiare diocesi, sottrarsi a lui. Doveva riuscire a lasciare Napoli. A Roma non la volevano? Si sarebbe spostata in una cittadina vicina. Chiese al suo confessore di scegliere per lei un grande luminare che certificasse per l'ennesima volta l'impossibilità di tenerla rinchiusa, nessun medico di fronte alle sue condizioni avrebbe dato parere negativo a quanto l'arcivescovo si ostinava a negarle. Don Luigi scelse il professor Mario Giardini, direttore dell'ospedale Loreto, uomo anziano e dal cuore grande. Dopo averla ascoltata e visitata, il medico la fece accomodare davanti a lui e abbassò sulla punta del naso gli occhialetti rotondi per guardarla dritto in faccia.

«Il vostro corpo ha fame d'aria, ma più di lui ne ha bisogno la vostra mente. Lo scriverò al cardinale.» Sorrise. «Non c'è dubbio che dobbiate lasciare Napoli. Dove vorreste andare?»

Enrichetta aveva la risposta pronta: «Mi piacerebbe trasferirmi a Castellammare di Stabia, dove, mi dicono, le acque fanno miracoli e l'aria è buona».

«E Castellammare sia!»

Due settimane dopo, mentre Enrichetta era china su un lavoro all'uncinetto per le orfanelle dell'Annunziata, una suora entrò senza bussare nella sua stanza.

«È venuto il cardinale e domanda di voi: *facite ampresso!*»

La prima reazione fu di negarsi. Gli aveva scritto diverse lettere, sottomettendosi per ottenere il permesso di andare a Castellammare, e lui non si era degnato di risponderle. Da anni non si curava di lei e adesso si presentava per dirle cosa? Che rifiutava di farle lasciare Napoli? Per guardarla in faccia e godere della sua delusione di fronte all'ennesimo diniego? Scosse il capo. "Non farti governare dalle emozioni, con gli ipocriti ci vuole politica" si disse. Appoggiò il ricamo e seguì la suora.

Lo trovò in parlatorio. Non lo vedeva da cinque anni e le parve invecchiato di dieci. Le convulsioni che agitavano la Chiesa e il Regno avevano solcato di geroglifici la sua fronte, anticipandone la vecchiaia. Riario Sforza era l'ombra di se stesso. Lei si avvicinò senza inginocchiarsi e sedette senza chiedere permesso.

«Mi sembra di capire dal vostro atteggiamento che siete molto arrabbiata con me» disse lui con un finto sorriso.

«Diciamo che me ne avete dato motivo.»

«Sì, con voi non ho agito sempre nel migliore dei modi.» Allargò le braccia. «*Homo sum...* l'uomo può sbagliare.»

«Perché siete qui? Dopo anni di silenzio vi scomodate per venire a parlarmi, perché?»

«Per sentire dalla vostra viva voce, guardandovi in faccia, che volete uscire da qui dove vi tratterrebbero i vostri voti solenni.»

«Vi ho scritto diverse lettere chiedendovi di accordarmi il permesso, finora avete taciuto.»

«Vi sbagliate, mi sono mosso con Francesco Saverio Petagna, il vescovo di Castellammare, perché trovi un ritiro consono a voi.»

«Ho conosciuto una laica che vive qui al Ritiro da vent'anni, nipote della vedova di un giudice; lei sarebbe disposta a trasferirsi insieme con la zia. Potrei andare a vivere con loro.»

«No, se proprio siete convinta di trasferirvi dovrete andare dalle suore, non in casa di una secolare.»

«Ma ve l'ho scritto, la signorina mi controllerà, chiedete

pure alla superiora, o a suor Maria: di Gloria Tramontana vi diranno un gran bene.»

Lui scrollò il capo. Non riusciva a liberarsi del cipiglio che gli fioriva sul volto appena si trovava di fronte l'indomabile benedettina. «Perché le vostre lettere mi sembrano sempre false?» chiese scontento.

Enrichetta lo guardò stupita per il repentino cambio di argomento. «Non lo so.»

«Io invece lo so. Siete rispettosa, sottomessa a distanza, poi quando mi vedete non riuscite a nascondere il vostro disprezzo.»

Lei scosse il capo. Non aveva voglia di mentirgli, ebbe il presentimento di avercela fatta e forse quello sarebbe stato il loro ultimo incontro.

Lui proseguì: «Per ottenere quello che volete, per sottrarvi alla mia giurisdizione, siete disposta a tutto, pure a prosternarvi, ma poi in presenza non ce la fate. Ditemi, non vi siete rassegnata? Prima Capua, ora Castellammare...».

«Ubbidisco alla voce di Dio che mi richiama alla vita, una voce che come voi ben sapete non mi ha mai lasciata.»

«Sappiate che, quando avete chiesto al Santo Padre di andare a Roma, io ho perorato la vostra causa, sarei stato felice se aveste trovato lì un chiostro dove ritrovare la serenità. Se il papa ha rifiutato, non è colpa mia, ero convinto che cambiare aria vi avrebbe giovato.»

«Allora non negatemi il trasferimento.»

«Non ve lo nego, se lo desiderate, cambierete diocesi, quello che non posso permettervi è di circolare libera, senza l'abito monastico.»

«Non lo farò.»

«Come se non lo aveste già fatto...»

«Ho sbagliato e non ripeterò l'errore.»

Lui si avvicinò per afferrarle le mani, Enrichetta si ritrasse.

«Siete dunque decisa a ripudiare la casa che vi ha visto nascere, il padre che vi ha allevato e che continua a sostenervi?»

«Mio padre non mi avrebbe mai fatto il male che mi avete fatto voi.»

«Monacarvi è stata una vostra scelta. All'epoca non vi conoscevo nemmeno, ho fatto il mio dovere: vi ho protetta da voi stessa. Questo fa un padre, e voi siete mia figlia. È vero, vi ho anche maltrattata, ma state certa che se deciderete di rimanere a Napoli sarò per voi un padre affettuoso.»

Parole bugiarde. Dopo anni di assenza si scomodava fino al Ritiro per convincerla a rimanere a Napoli, e perché? Perché non tollerava l'affronto di vederla andare via davanti alla Curia e al Vaticano.

«È dunque per amore che, pur avendo promesso a padre Spaccapietra di non farmi arrestare, avete cambiato idea?»

«Quando l'ho promesso, voi, mia cara, non avevate ancora fatto quello che faceste in seguito. Chi poteva immaginare che avreste aspirato alla secolarizzazione, che vi sareste mostrata al pubblico passeggio in compagnia di noti liberali iscritti nel libro nero? Giocavate a fare la monaca patriota...»

«Siete stato più duro del carceriere di Napoleone a Sant'Elena, Hudson Lowe.»

«Sì, mi è stato riferito che mi avete affibbiato questo nomignolo, ma voi non mi avete dato altra scelta, però adesso sono disposto a sostenervi... se è proprio questo che volete.»

«Lo voglio, sì, e voi evidentemente siete costretto ad accontentarmi perché, come disse il lupo all'agnello, ho smosso l'acqua dove i vostri superiori usano abbeverarsi. Ma quando, calpestando tutti i miei diritti, mi avete impedito di andare al capezzale di mia madre, non pensavate che un giorno avreste dovuto renderne conto?»

«Non parliamo del passato, posso avere sbagliato perché mal consigliato, o per debolezza, ma anche voi avete le vostre responsabilità: sotto il velo di monaca avete nascosto le trame di demagoghi e repubblicani.» Si terse la fronte con un fazzoletto ricamato e proseguì: «Deponiamo i nostri rancori... pensate di poterlo fare?».

«Eminenza, vi conosco ormai da molto tempo, mi avete sottoposta a un'esperienza durissima... Se lo desidererete, in futuro vi bacerò la mano, ma non mi farò rimettere il morso.»

«Allora scriverò oggi stesso alla Sacra Congregazione e darò il mio assenso al vostro trasferimento.»

Lei chinò rispettosamente il capo. «Vi ringrazio... forse non ci vedremo più» disse e si alzò regale come la regina Vittoria davanti all'arcivescovo di Canterbury.

«Un'ultima parola!» disse il cardinale in cerca di un gesto di sottomissione. «Mi auguro che a Castellammare terrete il volto coperto con un velo nero...»

«Lo porterò.»

Si alzò anche lui e uscì dal parlatorio. Al suo passaggio le monache si prosternarono, qualcuna per devozione gli palpò la falda della porpora, un'altra con la punta delle dita gli toccò la mano e se le portò alle labbra. Giunto all'ultimo scalino Riario Sforza si volse indietro e rivolto a Enrichetta in prima fila disse: «Recitate un'*Ave Maria* per me», e la benedisse.

L'uscita dal Ritiro coincideva con un momento di emergenza sociale a causa del colera che flagellava la città da un anno. I vescovi erano tutti impegnati a prendersi cura dei molti orfani che il morbo si lasciava dietro. Anche sulla costa stabiese la situazione era critica. Monsignor Francesco Saverio Petagna non riuscì a sistemare la transfuga in un monastero, le religiose locali rifiutavano di accogliere una suora dalla pessima reputazione. La sola alternativa era farla vivere in una casa privata con la signora Parise e sua nipote Gloria Tramontana, come l'interessata chiedeva. Permetterle di convivere con una timorata cinquantenne e un'anziana di settant'anni non gli sembrò pericoloso, sarebbe stata ben sorvegliata come Riario Sforza e la Congregazione chiedevano.

Il 4 novembre 1854, dopo tre anni e quattro mesi di prigione, Enrichetta ritornò alla vita.

# 26

# CASTELLAMMARE

*1855-1858*

Il vescovo Petagna chiese a Enrichetta di muoversi i primi tempi con discrezione e così lei, ogni mattina, scortata da Gloria Tramontana, lasciava Castellammare e si arrampicava tra i boschi. Bagni non ne fece mai, le bastava passeggiare sulla spiaggia e respirare iodio. I capelli cominciarono a ricrescere. Dopo quattro anni di tosatura vedere le trecce allungarsi le sembrò un enorme passo avanti nel cammino verso l'indipendenza, le teneva raccolte in una retina e coperte dal velo nero. Come unico simbolo della sua servitù rimaneva l'abito monastico. Aveva smesso di portarlo in casa ma doveva trovare il coraggio di disfarsene per sempre. La tonaca non soltanto la umiliava, ma le pesava, la impacciava nei movimenti e non le permetteva di sfuggire agli sguardi dei passanti per strada, che si fermavano a osservarla chi per curiosità chi per fanatismo, mentre lei desiderava essere dimenticata. Se sua madre fosse stata ancora viva glielo avrebbe sconsigliato, ne era certa; sentiva la sua voce che le diceva: “Ti sei già messa nei guai una volta, perché vuoi rischiare ancora?”. Per troppi anni aveva indossato un’armatura che invece di proteggerla la frantumava, voleva tornare intera, a quella che era stata, con un corpo, una mente e un’anima. Mortificando il primo e intorpidendo la seconda per quattordici anni aveva commesso un delitto contro la sua persona. Doveva recuperare tutte le parti di sé e provare a ricomporle.

Per prima cosa si liberò delle odiose scarpe. Chiese a Gloria di andare a comprarle un paio di stivaletti scuri con un po’ di tacco, misura trentanove. Avrebbe dovuto provarli lei, ma non voleva dare scandalo. E poi avevano più o meno lo stesso piede, bastava optare per una scarpa un po’ più larga, perché alla calzatura stretta non c’era rimedio. Gloria si spinse fino a Sorrento e tornò con un paio di magnifici stivaletti in pelle marroni, allacciati dalla tomaia fino al bordo superiore con dei nastri dello stesso colore. Tacco sei. Enrichetta li indossò con il cuore in gola e quando si alzò si sentì sui trampoli. Erano bastati pochi centimetri e una scarpa con una punta femminile per trasformarla. Si guardava allo specchio sorpresa dall’immagine che vedeva riflessa.

«Sono perfetti! Non devo nemmeno aggiungere del cotone in punta! Gloria, sei un genio!» disse all’amica battendo le mani entusiasta come una bambina.

Li depose come una reliquia nell’armadio e partì per la sua nuova missione. Doveva informare il vescovo di quanto si apprestava a fare. Dal giorno dopo non avrebbe più messo l’orrenda tunica. Contava di trovare Petagna sfiancato dal caldo afoso di agosto e più remissivo. Lo affrontò senza preamboli. «Monsignore, questo abito mi dà moltissima noia, non lo sopporto più. Se non mi date il permesso di lasciarlo sarò costretta a emigrare in un altro paese.»

«Volete gettarlo alle ortiche?» chiese preoccupato.

«Non penso di smonacarmi, perché non posso farlo, ma voglio sentirmi una donna libera anche se non una secolare.»

«Mi sembrate piuttosto confusa.»

«Vi assicuro, monsignore, che non lo sono affatto. Non sono mai stata tanto lucida.»

«Infatti ho l'impressione che siate venuta qui per darmi una comunicazione, più che per chiedere consiglio, ma io un consiglio voglio darvelo comunque: non lo fate, incorrereste nelle ire dell'arcivescovo di Napoli che non aspetta che un pretesto per rispedirvi al Ritiro di Mondragone. D'altronde, mia cara, mi pare che la vostra vita negli ultimi anni sia stata un continuo andare avanti e tornare indietro, e sempre per qualcosa che voi avete fatto e non avreste dovuto fare.» Sorrise. «Ma siccome la vostra fama vi ha preceduto e dopo nove mesi comincio a conoscervi, so che farete di testa vostra, e allora se siete risoluta a disfarvene che bisogno avete di chiedermi il permesso?»

Qualche giorno dopo, Enrichetta infilò nel baule le tonache e indossò il vestito secolare di seta nero che giaceva nell'armadio da quattro anni, i meravigliosi stivaletti marroni e mise sul capo un velo nero sottile come una garza, per simboleggiare la sua vita da celibe. Quando Petagna la vide arrivare sui trampoli, incerta nel suo incedere, represse un sorriso e non fece commenti.

Anche da Castellammare Enrichetta sognava un rivolgimento politico che unisse l'Italia. Leggeva i pochi giornali liberi. Grazie al genio politico di Camillo Benso conte di Cavour la guerra di Crimea aveva dato potere ai Savoia, i campioni della nazionalità e della forza militare d'Italia. A Napoli i Borbone non si erano mai ripresi dai moti del '48, l'eruzione del Vesuvio aveva fatto il resto. Dopo avere taciuto per cinque anni, alle quattro del mattino del 1° maggio aveva eruttato lava, lapilli e sassi e per ventotto giorni aveva martoriato le sue pendici e i paesi limitrofi lasciandosi dietro terre devastate. Lo scontento era montato come un'onda enorme, potente quanto la violenza esplosa dalle viscere della terra. Enrichetta corrispondeva quotidianamente con le sorelle Chiara e Giulia, con i loro mariti, con Corinna e Carlotta Amitrano, con le zie principesse e tutti, chi direttamente chi meno, le chiedevano di tornare a Napoli. Per fare l'Italia c'era bisogno anche di lei.

Durante i mesi trascorsi a Castellammare non aveva avuto crisi, nessuna perdita di coscienza, era rimasta vigile, serena ma con un senso di finitezza perenne, consapevole di non poter disporre pienamente di sé. La sorella Chiara si offrì di trovare per lei e per le sue ospiti un alloggio a Napoli, defilato, per non dare nell'occhio, poiché Riario Sforza, una volta informato del suo ritorno, l'avrebbe fatta cercare. Predisposto tutto e preparati i bagagli si presentò dal vescovo, le gote accese dall'emozione. «Monsignore, ditemi la verità: vi piacerebbe essere cacciato dalla vostra sede e mandato in esilio?»

«A nessuno piacerebbe» rispose lui sorridendo, aveva capito dove la sua protetta avrebbe condotto il discorso.

«Dispiace pure a me, per questo non posso rimanere qui, lontana dai miei parenti. Vorrei tornare a Napoli.»

«L'aria di Castellammare vi ha fatto un gran bene, siete un'altra persona, forse anche grazie al vostro nuovo abbigliamento, ammetto che vi dona. Ma perché volete lasciarci?»

«Per tornare ai miei affetti. A Napoli ho tutta la famiglia, comincio a sentire il tempo scivolarmi dalle mani, anche se io rimango sempre la stessa.»

«Non mi pare affatto.»

«Allora diciamo che avendo vissuto a lungo in prigione, ho bisogno di muovermi, non so stare a lungo ferma in un posto.»

«Dunque, dopo quasi un anno vi siete stancata di noi? Siete sicura di dirmi la verità?»

«La verità è che non so bene io stessa cosa fare, sento però il bisogno di fare qualcosa.»

«E Riario Sforza? Il governo? A Napoli, lo sapete, non potrete andare in giro senza l'abito, la città è piena di spie, ce ne sono persino nelle chiese.»

«Dagli amici mi guardi Iddio che...»

Lui insisté: «Forse non mi sono spiegato: dovrete stare molto attenta. In questo anno vi ho osservato, siete una sovversiva e adesso, oltre alla Chiesa, vorreste ribellarvi anche al governo... Rischiate di mettervi in guai seri».

Enrichetta si strinse nelle spalle indifferente, in realtà non lo era.

«Sapete» proseguì il vescovo, «che il prefetto di polizia ordina ai suoi scagnozzi visite domiciliari notturne? Con il pretesto di cercare armi rovistano nelle case, sequestrano mobili, carte. Arrestano centinaia, che dico, migliaia di cittadini senza mandato, senza mostrare un ordine scritto, senza comunicare la natura del reato presupposto, è sufficiente la parola di un poliziotto. Si viene arrestati perché non graditi al regime, tanto un capo d'accusa alla fine lo si trova sempre.»

«Come hanno fatto con il povero Carlo Poerio?»

«Con lui e con tutti i patrioti della setta I Figliuoli della Giovine Italia.»

Enrichetta evitò di dirgli che qualche anno prima aveva sfiorato la setta. «Voi, dunque, siete un vescovo liberale?»

«Proprio no.»

«Allora perché li chiamate "patrioti"?»

«Perché sono monarchici, non sono come quei miscredenti dei mazziniani!»

«A una monaca che cosa possono fare?»

«Non siete più una monaca, non indossate nemmeno l'abito.»

«In questo momento ho più paura di essere scoperta dal cardinale che dalla polizia.»

«E fate bene! Non immaginate quante persone sono state arrestate dopo avere lasciato il confessionale! Non fidatevi nemmeno dei preti!» Le strinse le mani e le sorrise affettuoso. «Lasciate che vi dia un ultimo consiglio: cercate un alloggio in periferia, non fatevi notare, tenetevi alla larga dalla curiosità della gente.»

«Eccellenza, l'ho già fatto!»

«E mantenete una stanza qui a Castellammare, nel caso doveste lasciare frettolosamente Napoli.»

«Lo farò. Datemi la vostra benedizione.»

Le tre donne si trasferirono in un palazzetto nuovo di fronte alla Croce del Vasto, un indirizzo remoto rispetto al centro. Come le aveva suggerito il vescovo, affittò una stanza a Castellammare nel casale semidiroccato di una contadina e lo fece usando il nome della vedova Parise. A Napoli usciva sempre coperta e in carrozza, accompagnata da Gloria, zitella di specchiata bruttezza, tale da tenere a distanza gli importuni. Era riuscita a far perdere le sue tracce al cardinale e a tutta la Curia, fino a quando un caso imprevisto non la tradì. Al piano superiore del palazzo abitava un prete che incontravano per le scale, un essere laido con un pessimo rapporto con il sapone. Una sera, intorno alle nove, due persone scesero a precipizio dal piano di sopra, si sentirono delle urla, qualcuno gridò: «Infame!», seguì un tonfo e una voce flebile che diceva: «Muoio!». Poi i passi di una persona che risaliva frettolosamente le scale, seguiti da uno scoppio di grida e pianti proprio sopra la stanza di Enrichetta. Qualcuno spalancò una finestra e un rumore cupo risuonò in strada, come se un corpo pesante si fosse schiantato a terra. Le tre donne erano balzate giù dal letto terrorizzate. Tutto il palazzo era in allarme. Enrichetta prese coraggio, infilò il paltò e aprì l'uscio. Si ritrasse inorridita. Steso a pochi passi dalla loro porta d'ingresso giaceva un giovane biondo con il ventre squarciato. Il sangue si allargava veloce sulla camicia candida. Respirava ancora, con gli occhi sbarrati ansimava e si comprimeva la ferita per tamponare il sanguinamento. Morì pochi istanti dopo. Intorno al cadavere si formò un capannello; la vittima non abitava nel palazzo, nessuno l'aveva mai vista prima; l'assassino era scappato fuggendo dalla finestra? Come aveva fatto a non rompersi l'osso del collo? La polizia risolse il caso in poche ore. L'omicida era l'inquilino del piano superiore, il prete, e la povera vittima suo cognato; il movente, un vecchio debito. Gli agenti avevano annotato i nomi di tutti gli abitanti del palazzo e adesso il cardinale si sarebbe messo sulle tracce della transfuga. Impaurita, l'anziana vedova Parise decise di ritirarsi in convento. Enrichetta doveva cambiare subito alloggio. Corse dalla sorella per chiederle aiuto, ma non fu una buona idea. Giulia e il marito erano controllati. Arrivata in carrozza sotto casa loro, notò un signore con i baffetti e una paglietta davanti al portone. Aveva in mano una copia del *Giornale del Regno delle Due Sicilie* e fingeva di leggerlo. Una spia. Ordinò al cocchiere di proseguire, ma quell'esperienza la rese ancora più guardinga.

Si trasferì con Gloria in un palazzo fatiscente a Porta Nolana. Il vescovo Petagna l'aveva messa in guardia dai preti e dai monaci e ora aveva imparato a riconoscerli, sempre ossequiosi, untuosi, pronti a denunciare al primo passo falso. E di passi falsi Enrichetta rischiava di compierne parecchi. Di notte scriveva le sue confessioni e sognava di vederle stampate. La cronaca della sua reclusione avrebbe fatto più danni alla Chiesa di una bomba nella cappella Sistina. Se non era riuscita a ottenere per se stessa la libertà, adesso lottava per darla al suo paese. Introdotta dal cognato e dalla sorella aveva cominciato a frequentare dei pericolosi liberali sorvegliati dalla polizia. Quando sembrò pronta, Giulia la trascinò in un fondaco. Attraversarono mezza città in carrozza, proseguirono a piedi sotto un sole che cremava le anime in strade aggrappate alla collina, per vicoli maleodoranti con fogne a cielo aperto, si infangarono gli stivaletti e il bordo della gonna, camminarono rasente i muri decrepiti in punta di piedi, infine entrarono in un antro fumoso. Su una pedana scricchiolante un uomo muoveva le braccia per perorare con i gesti le sue frasi.

«Nella Costituzione del '48, l'articolo 1 afferma che il Regno delle Due Sicilie è retto da una monarchia ereditaria e costituzionale, invece siamo governati da una monarchia assolutista! L'articolo 4 asserisce che il potere legislativo è del re e di un parlamento composto da due Camere: dei pari e dei deputati. Peccato che non c'è nessuna Camera, né di pari né di deputati! L'articolo 14 dichiara che nessuna imposizione può essere stabilita senza una legge, comprese le imposte comunali. Invece tutte le tasse sono imposte o rimosse dal re.»

«Chi è che parla?» chiese Enrichetta.

«Shhh» le sussurrò la sorella.

L'uomo andava avanti e indietro sul palco, sventolando dei fogli che ogni tanto consultava. «Per non parlare dell'articolo 24, che recita così: "La libertà individuale è garantita. Nessuno può essere arrestato se non in forza di un atto emanato in conformità delle leggi e delle autorità competenti, eccetto in caso di flagranza".» L'oratore sorrise beffardo. «Come ben sapete, sono state arrestate centinaia di persone senza alcun mandato legale e senza il più piccolo pretesto di flagranza, e detenute nel più rigoroso confino, private di ogni relazione con le corti e non informate dei capi di accusa. Lo stato contraddice continuamente se stesso.» Si tolse il pince-nez. «Grazie» disse scendendo dal palco tra gli applausi.

«La verità è che la Costituzione non è mai stata applicata!» urlò un uomo con una tuba altissima e il sigaro tra le dita.

«Insomma, Giulia, mi vuoi dire chi è l'uomo che ha appena parlato?» insisté Enrichetta.

«Si chiama Costanzo Valerio, è lui che si occupa della nostra sicurezza, vieni, te lo presento.»

Era un cinquantenne con la faccia rubizza e i baffi spioventi. "Più che un patriota sembra un oste" pensò Enrichetta, cercando di arrivare a Costanzo Valerio superando un muro di schiene. Un giovane salito sulla pedana urlava per sovrastare il brusio dei presenti: «Nel Regno di Napoli tanto la stampa quanto l'istruzione sono controllate dal governo! Eccetto alcune questioni che confliggerebbero con la Chiesa, nulla si stampa e niente si insegna se sgradito al governo».

Mentre fendevano la folla, a Enrichetta parve di vedere un volto conosciuto: Giovanni Greuther. Avvampò e sentì il cuore in tumulto.

«Professor Valerio, vorrei presentarvi mia sorella... ricordate? Vi ho parlato di lei» disse Giulia raggiunto l'uomo.

«Come no! L'ex monaca benedettina» rispose Valerio sorridendo.

«Magari "ex"» rispose Enrichetta.

«Quando cacceremo i Borbone, lo stato si prenderà i beni della Chiesa e apriremo i monasteri. Il problema sarà dove sistemare le migliaia di religiosi.»

«Non tutti saranno pronti a uscire dai chiostri.»

«Lo so. Vedremo...» Si accese la pipa. «Vostra sorella mi ha detto che siete tormentata dall'arcivescovo. Riario Sforza non si rassegna a lasciarvi andare.»

«Cercherà in tutti i modi di riprendermi.»

«Vi farò mettere sotto sorveglianza da uno dei miei, le spie non ce l'hanno soltanto loro. Voi però dovrete cambiare spesso alloggio, impedire che vi possano rintracciare.»

«Spesso?»

«Almeno ogni tre mesi.»

Enrichetta non riuscì a reprimere un singulto.

«Credetemi, ne varrà la pena, vi sentirete al sicuro.»

«Se lo dite voi...»

Uscendo dal covo cercò attraverso la nube di fumo di intercettare la testa bionda che aveva tormentato le sue notti, ma non la vide. L'ultima cosa che udì in strada fu l'applauso degli astanti all'oratore di turno. Ripercorsero il tragitto a ritroso all'imbrunire. Per miracolo Enrichetta non venne investita da un carro tirato da due cavalli. «*E che Maronna! Facite attenzione!*» le urlò il cocchiere con la frusta sguainata. Infine salì esausta su una carrozza di posta e si accasciò sul sedile ansimante. Aveva le caviglie infangate e le tremava leggermente la gamba destra.

«Stai bene?» chiese Giulia.

«Sì, credo sia stato tutto quel fumo... Ma adesso va meglio.»

Il tremore era finito. Enrichetta chiuse gli occhi. Lo scalpiccio degli zoccoli sul pavé rimbombava nel silenzio.

«Forse oggi ho esagerato, non avrei dovuto portarti con me» disse Giulia.

«Invece hai fatto benissimo.»

«Ho paura per i tuoi nervi.»

«E non hai torto, perché stasera ho capito che voglio appartenere a quel mondo e non mi farò fermare più da nessuno.»

Seguirono anni di sfiducia e di paure. La polizia compilò una lista di "attendibili": persone sorvegliate per sospetta ostilità al regime, discriminate in base a indizi discutibili e irragionevoli. Il dispotismo dei Borbone aveva creato una frattura diplomatica con la Francia e l'Inghilterra. Gli ambasciatori stranieri denunciarono la disumanità del governo per il rigore poliziesco e la giustizia politica. Ancora si parlava del processo alla setta della Grande Società dell'Unità d'Italia che nel febbraio del 1851 aveva portato alla sbarra quarantadue imputati, tra i quali Luigi Settembrini; alcuni erano stati condannati a morte, pena che il re aveva poi commutato con l'ergastolo o a trent'anni. Nelle prigioni borboniche i rei politici e quelli comuni condividevano celle e servizi, un inferno in terra.

Il 1° marzo 1857 per le strade della capitale venne affisso un proclama del re, datato 28 febbraio, nel quale Ferdinando affidava il vicariato del Regno al principe ereditario Francesco II e concedeva piena amnistia per tutti i reati politici giudicati o da giudicare, richiamando in vigore la Costituzione del '48, da lui solennemente riconosciuta come irrevocabile. Ovviamente era un falso, la politica dei Borbone aveva isolato il Regno da tutte le potenze europee. A parte l'ostilità di Francia e Inghilterra, la famiglia reale aveva un pessimo rapporto con Torino, da quando la stampa sabauda aveva pubblicato un proclama dei fautori dell'ex re di Napoli, Gioacchino Murat, esule a Parigi, che invitava l'esercito alla rivolta. Il serpente morente Borbone si difendeva con moti inconsulti, sempre più violenti. In quel clima incandescente, Enrichetta, seguendo il consiglio di Costanzo Valerio, fu costretta a cambiare spesso casa e cameriera. Dopo pochi mesi diventava oggetto della curiosità dei vicini: si chiedevano se fosse vedova e chi frequentasse la sua casa. I pettegolezzi dalla fantesca passavano al droghiere, da questo all'oste, poi al farmacista e al medico del vicinato. Non esisteva vita privata, tutti si facevano i fatti degli altri, chi non praticava lo spionaggio era mosso da curiosità.

Giulia la prendeva affettuosamente in giro. «Pensi che tutta la polizia sia impegnata a starti dietro? Credimi, ha altro da fare.»

«Tu e tuo marito siete due incoscienti, rischiate la galera e non ve ne importa un fico secco. E avete pure una figlia, non posso nemmeno pensarci. I nostri nomi sono sulla lista degli "attendibili".»

«Se hai paura smetti di fare la carbonara.»

«Tu sei sempre stata una donna libera, non hai idea di che

cosa significhi vivere reclusi. Io non lo dimentico, ho il terrore di tornare in prigione. Ho smesso anche di confessarmi, non mi fido di nessuno.»

«Esiste il segreto del confessionale.»

«Dopo tanti anni accanto ai preti non ci credo più. Dal parroco al vescovo, da questo al commissariato e, *ipso facto*, al gabinetto del re, è una strada che porta dritta dritta all'inferno.»

«Se ti va male ti riporteranno a San Gregorio Armeno, non in galera.»

«Impossibile, mi butterei nella tromba delle scale, non mi farò arrestare né rinchiudere in un carcere.»

«Allora, se non hai dubbi, trova un po' di leggerezza in quello che fai, sei pesante, sorella mia, lasciatelo dire.»

Enrichetta si offese e sparì per due settimane.

Al ventesimo giorno non annunciata si presentò in casa sua Giulia. «Sono venuta per fare la pace, sono stata antipatica e non mi piace litigare con te.»

Enrichetta l'abbracciò. «Anche io non lo sopporto, sarei venuta a cercarti oggi.»

Giulia si guardò attorno. «Ho bisogno di parlarti, pensi che la tua cameriera ci possa sentire?»

«Aspetta...» Enrichetta si alzò e andò in cucina. Tornò dopo qualche minuto e sedette accanto alla sorella. «Le ho detto di andare a fare la spesa, ti trattieni a pranzo, vero?»

«No, non posso, ho una riunione al circolo.»

«Vengo con te.»

«Non è prudente, mi saresti solo d'impiccio.»

«Peccato» replicò lei delusa. «Comunque, aspettiamo che vada via la cameriera e poi parliamo.»

«Intanto dimmi come stai.»

«Bene, non ho più avuto crisi da quando ho lasciato il Ritiro. Ricordo ancora la prima, sedici anni fa. Mi sono ritrovata per terra a San Gregorio ricoperta di vomito, le mie compagne non avevano avuto neanche il riguardo di coprirmi e mettermi un cuscino sotto la testa. Dopo ogni crisi rimanevo incosciente a lungo.»

«Io, per fortuna, non ho mai assistito, mi sarei spaventata a morte.»

«Le crisi me le facevano venire loro, ma non accadrà più, non voglio più avere contatti con suore, preti, vescovi e cardinali. Adesso mi sembra di meritare un po' di serenità.»

«Non ce l'hai?»

«No, sono sempre una monaca, non porto l'abito ma la mia anima continua a indossarlo.»

Finalmente sentirono la porta di casa chiudersi.

«Ecco, siamo sole, parla pure.»

«E Gloria?»

«È andata a trovare la zia, non tornerà prima del tramonto.»

«Bene! Ho da affidarti una lettera.» Si lisciò con le mani l'ampia gonna e sorrise. «Te lo ricordi Giovanni Greuther?»

Enrichetta arrossì. «Certo che me lo ricordo.»

«Non avevo dubbi. Ti eri presa una bella cotta per lui quando abitavamo alla Ferrovia...» Sorrise.

«Che esagerata! Mi piaceva, mi inteneriva la sua leggera zoppia, niente di più.»

«Non capisco perché devi mentirmi. Ricordo perfettamente che avevi perso la testa per lui, parlavi di matrimonio... Una vera follia, una delle tue tante. Non si è mai vista una monaca con l'abito da sposa, e non so nemmeno se fosse una tua fantasia o se lui avesse incoraggiato i tuoi sogni.»

Enrichetta cambiò discorso. «Cosa c'entra Giovanni Greuther?»

«Appartiene a una setta massone che appoggia Carlo Alberto. Francesco passerà alla storia per la sua inettitudine e i napoletani sono stanchi, anche i più prudenti hanno cominciato ad alzare la testa.»

«Cosa dovrei fare?»

«Consegnargli una lettera.» Tirò fuori dalla borsetta una busta sigillata. «Non devi fare altro... Non sarebbe la prima volta... La consegni e te ne vai. In fondo siete buoni conoscenti, non ci sarà niente di male se lo incontri per strada casualmente e ci scambi due parole. Cerca soltanto di essere discretissima quando gli passi la lettera.»

«E cosa dico a Gloria?»

«Inventati qualcosa.»

Enrichetta esitò, aveva una domanda sulla punta della lingua. La sorella se ne accorse e con uno sguardo le chiese ragione della sua perplessità.

«Posso chiederti perché non lo fai tu?»

«Perché tu sei controllata da Riario Sforza, io lo sono dalla polizia. Se non si fosse messa in mezzo zia Costanza, forse mi avrebbero già arrestata.»

«Credi che Filippo si sia ammorbidito con me?»

«Più che altro si è indurito con i Borbone, li ha serviti per tutta la vita ma non ci si riconosce più, certamente non nel futuro re, Franceschiello.»

Enrichetta guardò la sorella e le tese la mano per prendere la lettera. Se la girò tra le dita.

«Allora, non mi ringrazi? Ti do l'opportunità di rivedere il tuo innamorato...»

Chiusa in carrozza davanti a Palazzo Schiavone dal primo pomeriggio, Enrichetta aspettava aprendo e chiudendo nervosamente la borsa per controllare che la lettera fosse sempre lì. Finalmente all'imbrunire, in fondo alla strada, riconobbe il passo del principe di Santa Severina. Ebbe un tuffo al cuore. Chiese al cocchiere di intercettarlo e pregarlo di salire in carrozza. Lo vide avvicinarsi e sentì la testa girarle.

«Enrichetta, ne è passato di tempo...» disse Greuther entrando nella vettura.

Si ritrovarono accanto in uno spazio stretto, solo Pietro Lucarelli le era stato più vicino, sentì la gola ardere. Lui sorrideva, aveva denti bianchissimi, labbra sottili, occhi azzurri come vetro soffiato e la guardava incuriosito dall'abito secolare.

«Parecchio, in effetti, anche se mi sembra di avervi intravisto...»

«Ero io» tagliò corto lui, «ma non ne parliamo, ci sono orecchie ovunque. Vi siete smonacata?»

«Sì, anche se la Chiesa ancora non lo sa, diciamo che è stata una decisione unilaterale.» Sorrise.

«Forse manca davvero poco a che tutto cambi.»

Lei annuì. «Mi hanno incaricato di consegnarvi questa.» Aprì la borsetta da cui spuntava una busta bianca e la lasciò aperta.

Greuther la fece sparire veloce nel paltò. «Grazie, ma non dovevate correre un rischio simile.»

«Penso che ne valga la pena.»

«Speriamo, io sono quasi certo di finire in prigione.»

«Non dite così, manca poco alla liberazione, no?»

Greuther le sorrise mesto ed Enrichetta ebbe l'impulso di prendergli la mano, ma non lo fece.

«Avete idea di che cosa siano le carceri napoletane?» chiese lui.

Lei scosse il capo.

«Io sì. Troppi amici ci sono finiti. Sono luoghi sudici, orrendi. Nemmeno i medici osano metterci piede per paura di prendere una malattia o essere morsi dai topi. Visitano i malati a distanza, nemmeno li fanno entrare in ambulatorio. Alla Vicaria si vive in piccolissime celle senz'aria con due catene alle caviglie, per non morire mangi anche un tozzo di pane nero e un'immonda broda con scarafaggi galleggianti.»

«La vita è più forte di tutto, io ne so qualcosa.»

Greuther le sorrise nuovamente, un sorriso buono e sereno. «Sono contento di avervi rivisto... Spero non sia l'ultima volta.»

«No, non lo sarà.»

# 27

# LIBERA

*1859-1860*

La morte di re Ferdinando, il 22 maggio 1859, e la successione del figlio Francesco II, fu per Napoli e per tutto il Regno un momento di sospensione. Il nuovo sovrano era un giovane gentiluomo inappuntabile, pieno di buone intenzioni, più aperto al cambiamento, forse il monarca giusto per uscire dall'isolamento internazionale. Il matrimonio con Maria Sofia di Baviera, sorella dell'imperatrice, venne interpretato come un tentativo di avvicinarsi all'Austria.

Il 16 giugno Francesco condonò la pena residua ai molti rei di stato e a chi ne avesse fatta richiesta e soppresse la lista degli "attendibili". L'amnistia spalancò le carceri sia agli esuli politici sia ai criminali. Ad accoglierli al porto c'era una folla immensa; cittadini che poche settimane prima erano nelle liste di proscrizione esprimevano liberamente le loro opinioni. Al porto andarono anche Enrichetta e Corinna ad accogliere Benedetto Musolino, che sbarcò insieme a Luigi

Settembrini; tra quegli uomini emaciati e con la barba incolta Enrichetta riconobbe Giuseppe Ricciardi.

Le illusioni di un corso inedito ebbero però vita breve e il nuovo re presto si rivelò inadeguato. Quando dovette prendere la decisione di allearsi con la Chiesa, il Piemonte e la Francia contro l'Austria espulsa dalla Lombardia, rimase neutrale. In seguito all'armistizio di Villafranca, l'11 luglio 1859, concluso da Napoleone III con Francesco Giuseppe d'Austria, Francesco confidò che nell'interesse delle potenze europee il Regno delle Due Sicilie rimanesse intatto e che l'imperatore francese si schierasse con lui per formare nel Mezzogiorno un contrappeso al Piemonte. Il governo napoletano intanto perdeva pezzi e si indeboliva; in estate si ribellarono i reggimenti svizzeri, da sempre a fianco del sovrano; il ministro di Polizia Luigi Ajossa, responsabile nel '57 del fallimento dello sbarco di Carlo Pisacane a Sapri, negli ultimi mesi del '59 rilanciò la politica repressiva, rafforzando ed estendendo la sorveglianza su persone, riunioni, luoghi pubblici e privati, moltiplicando gli arresti e le espulsioni degli oppositori e dei dissidenti. Con il ritorno di Cavour al governo e l'annessione delle Marche al Regno di Sardegna, il 17 dicembre 1860, gran parte dell'Unità d'Italia si era compiuta. Nel Regno era maturata una nuova crisi interna: il siciliano Francesco Crispi, del movimento democratico, auspicava una grande insurrezione dell'isola capitanata dal generale Giuseppe Garibaldi, il quale era partito da Quarto il 5 maggio 1860 per annettere la Sicilia al Regno di Sardegna. L'11 maggio sbarcò con i Mille a Marsala dando inizio a un'avanzata inarrestabile. L'esercito di "Franceschiello" inanellò una sconfitta dopo l'altra. Il 27 maggio Garibaldi entrò a Palermo e si proclamò "dittatore" in nome di Vittorio Emanuele II. L'inesperto Borbone, consigliato dalla Francia, rispolverò la Costituzione del '48, sospesa ma mai soppressa. Il 25 giugno, con un proprio atto sovrano, Francesco II dichiarò di voler adottare per il Regno un regime costituzionale che si sarebbe rifatto alle istituzioni rappresentative italiane e nazionali. Il testo sarebbe stato compilato in breve tempo; intanto adottò il tricolore, concesse piena amnistia per i reati politici, la libertà di stampa e le elezioni. Da un giorno all'altro il bianco divenne nero e viceversa. Il rivolgimento radicale confermò ai napoletani l'irreversibile debolezza del regime e della dinastia. Se era vero quanto affermava il governo, le posizioni politiche si ribaltavano: i borbonici diventavano il partito reazionario e gli antiborbonici il partito legittimo. In quella totale confusione gli incidenti di piazza divennero quotidiani: commissariati assaltati, archivi bruciati, saccheggiate le abitazioni private. L'amnistia aveva spalancato le carceri anche ai criminali. Più che un Borbone, a Napoli regnava la confusione politica. Il debolissimo governo costituzionale era attaccato dai molti giornali spuntati all'improvviso grazie alla libertà di stampa. I napoletani cominciarono a ritirare i loro depositi dal Banco e a sbarazzarsi dei titoli del debito pubblico, il valore dell'oro crebbe. Il ministro dell'Interno, Liborio Romano, riorganizzò la polizia coinvolgendo la camorra in cambio di una riabilitazione e soppresse la Guardia urbana. Nelle strade imperversavano i nuovi tutori dell'ordine con bastone e coccarda tricolore all'occhiello. Venne dismesso il personale amministrativo di fede borbonica: burocrati e magistrati compromessi con il precedente regime assolutistico furono messi a riposo e sostituiti con dei liberali, i vecchi poliziotti trasferiti nelle isole Tremiti per precauzione. Famiglie di nobiltà legittimista, vescovi, gesuiti, la stessa regina madre, abbandonarono la capitale. Franceschiello non era in grado di governare. Nelle navi piemontesi in rada i soldati attendevano l'ordine di sbarcare.

Ad agosto, Leopoldo di Borbone, zio di Francesco, si imbarcò su una nave messa a disposizione da Cavour per riparare a Torino. A fine mese i generali comunicarono al re che l'esercito delle camicie rosse non poteva essere più fermato. Se avessero opposto resistenza, Napoli, da sempre schierata con i Borbone, sarebbe diventata un campo di battaglia. Il rischio era un nuovo 1799. "Bisogna evitare la spaventosa catastrofe che si prepara" scrisse il foglio costituzionale l'*Omnibus*. La mattina del 6 settembre 1860, con Garibaldi a poche decine di chilometri dalla capitale, un proclama affisso per le strade in migliaia di copie informò i napoletani che il re si apprestava ad abbandonare la città.

> *La guerra è ormai alle porte e con dolore ineffabile mi allontano con una parte dell'esercito per salvare i suoi abitanti e le sacre proprietà, i sacri tempi, i monumenti, gli stabilimenti pubblici, le collezioni d'arte, per evitare i disordini interni e i disastri della guerra civile. I miei affetti sono qui, io sono napoletano, confido in un mio rapido ritorno, ma intanto chiedo a voi tutti napoletani di rispettare la legge, di rimanere uniti e pacifici. Che uno smodato zelo per la mia corona non diventi turbolenza.*

Prima di fuggire il re convocò cortigiani e diplomatici per una sobria cerimonia di addio a cui non parteciparono gli ambasciatori d'Inghilterra e di Francia. Ordinò che il *Messaggero*, una piccola nave a vapore della Marina militare sulla quale aveva fatto trasbordare casse di oggetti e di vestiario, si tenesse pronto nella darsena. Nel pomeriggio, dopo avere disposto che alcune migliaia di soldati restassero nei castelli e nell'arsenale, si imbarcò e fece rotta su Gaeta, dove contava di preparare il contrattacco. La flotta militare si rifiutò di seguirlo: sette delle otto navi in porto disubbidirono. Partì scortato da un paio di navi spagnole. I legni piemontesi e inglesi che da giorni stazionavano minacciosi davanti al porto non si mossero.

A Salerno Garibaldi ricevette un telegramma da Liborio Romano.

> *Con la maggiore impazienza, Napoli attende il suo arrivo per salutarla redentore d'Italia e deporre nelle sue mani il potere dello stato e i propri destini.*

Alle prime luci dell'alba del 7 settembre i napoletani scesero in strada per festeggiare il liberatore. Alle dieci del mattino le principali vie della città erano invase da centinaia di migliaia di persone: finestre, terrazze, tetti gremiti di spettatori. La frenetica agitazione della città si fondeva in un concerto di voci e canti patriottici. Verso mezzogiorno, dopo un viaggio in treno fra ali di folla sui binari, Garibaldi giunse a Napoli. Era accompagnato dai notabili della città precipitatisi in delegazione a Salerno. Ad accoglierlo a Porta Nolana c'erano il ministro dell'Interno Liborio Romano, il capo della camorra addetto all'ordine pubblico Salvatore De Crescenzo e i battaglioni della Guardia nazionale. I soldati gli presentarono le armi. Il generale salì su una carrozza e cominciò la lenta traversata della città, che lo avrebbe condotto, soltanto nel tardo pomeriggio, a Palazzo Doria d'Angri, dove dal balcone, davanti al popolo in tripudio, avrebbe annunciato l'annessione del Regno delle Due Sicilie. Le strade pullulavano di invasati, le donne mandavano baci, non c'era casa che non fosse imbandierata, fregiata da emblemi nazionali, parata di arazzi. Un frastuono delirante, un concerto di voci diventate rauche a furia di gridare: «Italia!», «Napoli!», «Viva Garibaldi!». Il corteo procedette con estrema lentezza tra la folla. In piedi sulla carrozza, il generale percorse via Marina, costeggiò il Carmine, e passò davanti al Maschio Angioino.

Enrichetta conosceva l'itinerario previsto e si era data appuntamento con Giovanni Greuther sotto Palazzo Schiavone, insieme si sarebbero appostati presso il portone della foresteria del Duomo; era previsto che il generale si fermasse nella cattedrale per ammirare il tesoro di San Gennaro e assistere al *Te Deum*, il ringraziamento a Dio per la fuga di Francesco II e la conquistata libertà. Andarono a piedi fino al Duomo, Greuther zoppicava ma temendo disordini aveva preteso di scortarla. Lei avrebbe voluto prenderlo sottobraccio ma temeva di mortificarlo. Da diversi mesi erano una coppia clandestina. Per Enrichetta la clandestinità era una condizione permanente, per cinque anni aveva vissuto come un'ombra, cambiato diciotto volte domicilio e trentadue donne di servizio. Al vicinato non aveva mai dato il suo vero nome e pretendeva che Greuther fosse suo fratello. La calca crebbe di minuto in minuto, arrivarono a fatica al Duomo, travolti dalle assordanti acclamazioni del popolo, sotto centinaia di tricolori sventolanti e una pioggia di fiori che diluviava dalle finestre.

«Hai notato?» gli urlò Enrichetta per sovrastare il frastuono. «In una notte sono spariti i gigli borbonici dai lampioni.»

Giovanni annuì e poste le mani a imbuto gridò: «E pensare che a Napoli erano borbonici perfino i gatti di casa!».

Lei non ebbe il tempo di rispondere, vennero sommersi da un'ondata improvvisa. Enrichetta cadde a terra spintonata e temette di morire soffocata perché la folla le si chiuse intorno. «Aiuto!» gridò. Non meritava di morire nel giorno più bello della sua vita. Un uomo la aiutò ad alzarsi, ma Giovanni non c'era più, trascinato chissà dove dalla folla. Un militare si propose di scortarla. Per la paura e l'emozione le girava la testa, rimase appoggiata al muro della foresteria assordata dalle acclamazioni del popolo. Ci mise due ore a fendere la muraglia umana e a entrare nell'immensa cattedrale disseminata di incensi. Alzò lo sguardo alle grandi finestre dell'abside, al Cristo di marmo risorto: anche lei quel giorno si sentiva rinascere e il pensiero a Dio si levò dal profondo del suo cuore. «Signore, ti ringrazio tre volte: per avermi salvata dalla mia stessa disperazione, per avermi sottratta al dispotismo dei preti e alla persecuzione delle spie, per avermi permesso di essere spettatrice di una delle più grandi e commoventi scene della palingenesi cristiana.» Pregava ad alta voce.

Vi fu un tumulto. La folla reagiva all'entrata dell'eroe dei due mondi, al dittatore venuto a prendere la città per consegnarla al re di Sardegna. Enrichetta riuscì a intravedere Garibaldi circondato dalle bandiere, notò che la commozione gli aveva scolorito l'incarnato e tirato i lineamenti, soltanto lo sguardo da dominatore conservava tutta la sua forza.

Il Duomo traboccava di gente. Enrichetta si rifugiò nella cappella Minutolo, fra il transetto destro e il presbiterio, e si appoggiò a una delle colonne a spirale accanto all'altare. Da lì non vedeva più nulla ma sentiva di avere un piede nella Storia. Tutto le sembrava meraviglioso, persino il cattivo odore. Gli occhi le si riempirono di lacrime. Dove si nascondeva il suo nemico? Scacciò indispettita il pensiero di Riario Sforza. L'anima le esplodeva di gioia. "È finita! Oggi nasce l'Italia e muore una parte di me, e rinascerò anche io. Non ho ancora quarant'anni e nessuno potrà dirmi come vivere il tempo che mi resta." Il dolore e il senso di estraneità che l'avevano tallonata per vent'anni svanirono in quell'istante. Dov'era Giovanni? Voleva correre da lui, abbracciarlo, baciarlo e dirgli che la vita le offriva una seconda occasione, e quella vita lei desiderava trascorrerla assieme a lui. Lo avrebbe amato, sposato nel pieno della sua maturità, e in nessun caso l'assenza di figli l'avrebbe fatta sentire una donna dimezzata.

Nel Duomo si levarono le note marziali del *Te Deum*. Intorno all'altare maggiore, in cerchio, i coristi intonarono il ringraziamento a Dio.

*Te Deum laudámus:*
*te Dóminum confitémur*
*te ætérnum Patrem,*
*omnis terra venerátur*
*Tibi omnes ángeli*
*tibi cæli et univérsæ potestátes:*
*tibi chérubim et séraphim*
*incessábili voce proclamant.*

Enrichetta cominciò sommessamente a cantare. Conosceva le parole. Le aveva ripetute in convento ogni 31 dicembre per ringraziare la fine dell'anno, per l'elezione di Pio IX e in diverse altre occasioni che non ricordava più. Sentì un calore salirle dal cuore e riempirle l'anima. La potenza della musica scatenò un'onda di energia in tutta la cattedrale.

*Fiat misericórdia tua, Dómine, super nos,*
*quemádmodum sperávimus in te;*
*In te, Dómine, sperávi,*
*non confúndar in ætérnum.*

Si tolse il velo e se lo strinse al seno. Quanto l'aveva odiato! Lo teneva con le due mani, stropicciandolo con le dita, stringendolo tanto da sentire le unghie conficcarsi nella pelle. Non l'avrebbe indossato mai più. Con quel gesto strappava l'ultimo filo che la legava alla vita monastica. Attese che la cattedrale si svuotasse rimanendo rincantucciata nella cappella. Piangeva, non riusciva a smettere. Garibaldi era uscito portandosi dietro il codazzo istituzionale e il popolo delirante, mentre le campane del Duomo e di tutte le chiese della città suonavano a distesa. Napoli si era consegnata al dittatore senza sparare un colpo. Una capitale di cinquecentomila anime conquistata da pochi uomini in camicia rossa, armati di sole spade, senza che una goccia di sangue venisse versata.

Quando la cattedrale fu sgombra lasciò la cappella e raggiunse lentamente l'altare, ripensando al giorno di tanti anni prima quando si era inginocchiata in un'altra chiesa per dare i voti solenni. Teneva il velo lungo il fianco con il braccio steso, lasciandolo strusciare sul pavimento come lo strascico di una sposa. Voleva restituirlo alla Chiesa che glielo aveva dato due decenni prima. Salì i primi sei gradini e fece un profondo respiro, poi gli ultimi quattro, lentamente, per imprimersi nella memoria quel gesto. Lo depose ai piedi dell'altare. Assieme al simbolo della sua schiavitù deponeva ogni risentimento. Adesso era tutto finito, dal Duomo sarebbe uscita da donna libera. Sentì una stretta al cuore, avrebbe voluto sua madre accanto, poi immaginò l'adorata sorella Giuseppina sorriderle. Era certa che tutte e due, ovunque fossero, stessero assistendo alla sua rinascita. Si voltò e si avviò verso l'immenso portale cercando di sondare il suo animo. Che cosa provava? Non sapeva rispondere. Possibile che la felicità non facesse rumore?

# EPILOGO

Due mesi dopo, Vittorio Emanuele II giunse in visita solenne a Napoli. Faceva freddo, pioveva a dirotto, ma la popolazione lo accolse con lo stesso calore tributato a Garibaldi il 7 settembre. La città che aveva appena risposto con una valanga di "sì" al plebiscito per l'unificazione si consegnò al nuovo sovrano.

Con l'Unità d'Italia vennero confiscati i beni ecclesiastici e soppressi molti monasteri. Chi voleva uscirne poteva. Riario Sforza, due settimane dopo l'arrivo di Garibaldi, si rifugiò prima a Genova, poi a Marsiglia.

Enrichetta sposò Giovanni Greuther con rito evangelico il 1° marzo 1861. Provò a ottenere il permesso dalla Chiesa ma le venne negato. Libera dall'abito religioso e dalle persecuzioni, dai cospiratori e dalle spie, l'ex benedettina si diede all'impegno politico. Garibaldi la nominò ispettrice dei Regi educandati femminili di Napoli, ma il decreto non venne perfezionato. Allora si rivolse al ministro della Pubblica istruzione Francesco Saverio De Sanctis, che rifiutò la richiesta, adducendo come motivo il fatto che prima di provvedere al personale l'istituto andava riformato; probabilmente un pretesto per non creare motivi di attrito con la Chiesa.

Il marito le consigliò di scrivere le sue memorie e lei accettò entusiasta. Non voleva dimenticare le violenze psicologiche, i soprusi, desiderava lasciare una testimonianza dell'ottusità della Chiesa, dei suoi rappresentanti e del feroce accanimento di un'istituzione forte sulla fragilità di una giovane donna.

*Misteri del chiostro napoletano* uscì nel 1864 per le edizioni Barbera di Firenze. Ebbe sette ristampe e vendette sedicimila copie. Fu tradotto in francese, spagnolo, inglese, tedesco, greco, russo e ungherese. Fu uno dei libri più letti del secondo Ottocento, un caso editoriale con un grande riscontro di critica. Ovviamente non mancarono le voci contrarie: *Il Conciliatore* lo definì "un libriciattolo osceno" che avrebbe dovuto intitolarsi "*Misteri di una monaca rinnegata per eccessivo sensualismo*".

Nato come diario privato, sul manoscritto misero le mani tre persone: Spiridione Zambelli ripulì il canovaccio embrionale e lo ricompose integrandolo con elementi di fantasia, Stanislao Bianciardi intervenne sullo stile, Adriano Lemmi lo colorò di accenti patriottici. (La parte più debole e posticcia dei *Misteri*.)

Spiridione Zambelli, greco di nascita, italiano di adozione, studioso di sistemi politici e autore di opere di storia e letteratura bizantina, aveva conosciuto Enrichetta e il marito nell'estate del 1862 a Sorrento, dove villeggiavano; a metterli in contatto era stata la nipote di Zambelli, Marta. Alla giovane amica Enrichetta aveva chiesto di trascrivere il suo diario, e Marta, entusiasta, si era rivolta allo zio ottenendo il permesso di rivedere il brogliaccio e presentarlo a un editore.

Ebbe così inizio una fortunata impresa editoriale segnata da polemiche, contenziosi finanziari e questioni di principio.

Zambelli, dopo la revisione, contattò l'editore fiorentino Gaspare Barbera presentandosi come plenipotenziario dell'autrice. Barbera, fiutando l'affare, chiese di leggere il manoscritto e lo giudicò interessante, nonostante il testo avesse alcuni limiti stilistici. Offrì mille lire per pubblicarlo, la metà di quanto chiedeva Zambelli. Raggiunto l'accordo di millequattrocento lire, l'editore chiese al professore Stanislao Bianciardi di fare qualche "carezza allo stile e alla lingua". L'autrice avrebbe dovuto partecipare alla revisione, ma non voleva allontanarsi dal marito; accettò però di indossare nuovamente gli abiti da monaca benedettina per farsi fotografare da Alinari. Un ruolo decisivo lo ebbe anche Adriano Lemmi, mazziniano della prima ora e finanziatore della spedizione di Carlo Pisacane, che introdusse nell'ultima parte del testo brani patriottici.

Enrichetta ignorava che Spiridione Zambelli avesse concordato con Barbera un compenso di millequattrocento lire, quando lo scoprì pretese di essere pagata anche lei. L'editore provò a trovare un accordo tra i due, ma ognuno rimase sulle proprie posizioni. Barbera decise allora di dimezzare la cifra e darne settecento al professore greco e settecento all'autrice.

Grazie al successo del libro, il ministro di Grazia e Giustizia Giuseppe Vacca, il 1° dicembre 1864, assegnò a Enrichetta un sussidio di quaranta lire al mese, preso dal fondo per l'assistenza ai preti liberali ed ex religiosi. Fondo che due anni dopo fu soppresso dal guardasigilli Pasquale Mancini.

L'ex monaca chiese alla badessa del monastero di San Gregorio Armeno la restituzione degli oggetti: argenteria, quadri di valore, porcellane, libri, che le erano stati trattenuti quando nel '49 era uscita dal monastero per trasferirsi al conservatorio di Costantinopoli, ma non l'ottenne. I suoi beni non le verranno mai restituiti.

Nonostante il successo editoriale, l'autrice non riuscì a godersi pienamente la fama dei *Misteri*, rovinati dalle tante mani intervenute sul manoscritto.

Nel 1864, assieme alla sorella Giulia, entrò nella loggia massonica Il Vessillo della Carità-Anita. Tre anni dopo, Giulia Caracciolo Cigala fu eletta venerabile della loggia.

Nel 1866, in occasione della Terza guerra di Indipendenza, pubblicò il *Proclama alle donne italiane*, un invito alle donne a partecipare alla vita politica e a sostenere la causa nazionale. Nel 1867 pubblicò un dramma in cinque atti su un delitto impunito avvenuto nel 1838, ma la pièce non fu rappresentata. L'anno seguente, assieme alla sorella Giulia, entrò a far parte del Comitato di Napoli per l'emancipazione delle donne italiane, a sostegno del disegno di legge di Salvatore Morelli.

Nel 1869, mentre si svolgeva il Concilio Vaticano I, partecipò all'Anticoncilio del libero pensiero, promosso a Napoli da Giuseppe Ricciardi.

Nel 1874 diede alle stampe *Miracoli*, una satira di leggende cattoliche alle quali il popolino credeva con fede cieca.

Nel 1881 tentò nuovamente la via del teatro con un altro dramma storico, *La forza dell'onore*, che venne tolto dalle scene dopo la prima rappresentazione.

A Giovanni Greuther, principe di Santa Severina, nominato tenente delle guardie doganali nel settembre del 1873, in seguito a un'artrite reumatoide che lo colpì poco tempo dopo il matrimonio vennero riconosciuti due anni di aspettativa; riprese il servizio a Capri con difficoltà per il precario stato di salute, ottenendo di conservare il posto fino al compimento del minimo richiesto per la pensione. Per ventitré anni Enrichetta assisté l'infermo marito con amore. Morì il 18 gennaio 1885 e fu sepolto nel cimitero evangelico di Napoli, a Poggioreale.

Il vescovo Tommaso Salzano, arcivescovo di Edessa, sapendo che Enrichetta era rimasta vedova e credendo di poterla persuadere a tornare all'ovile, chiese di incontrarla. Una clamorosa riconversione le avrebbe assicurato una nuova popolarità, oltre che vantaggi economici. Enrichetta rifiutò. Aveva lottato per conquistare e difendere la sua libertà, aborriva il cattolicesimo romano e non accettò nessun compromesso.

Morì dimenticata il 17 marzo 1901. Nessun giornale riportò il suo necrologio.

# È TUTTO VERO

«Non fare come Enrichetta!» mi rimproverava mia nonna quando, adolescente, non rispettavo le leggi di casa. Per la verità lo diceva anche a mia sorella se facevamo arrabbiare nostra madre. Io alzavo le spalle e le sorridevo. Ignoravo chi fosse questa Enrichetta, né mi interessava saperlo, era probabilmente una lontana parente, certamente una pecora nera che disubbidiva all'autorità nonnesca. Molti anni dopo, parlando con mia sorella ci venne in mente il monito della nonna Letizia. Nemmeno Patrizia aveva mai approfondito. "Enrichetta" non era un nome di famiglia. Ricordo che chiamammo insieme nostra madre.

«Era una monaca» rispose.

«Una parente?»

«No, Enrichetta Caracciolo era una nobile napoletana, monacata contro la sua volontà.»

«E cosa ha fatto di tanto terribile per diventare un modello negativo per la nonna?»

«Non me lo ricordo, ma quella frase apparteneva al lessico famigliare. Tua nonna la usava per rimproverare me o tua zia, delle volte aggiungeva anche: “In casa ci manca solo una garibaldina!”.»

«Una garibaldina?»

«Sì, una ribelle. Enrichetta lo è stata.»

La cosa si faceva interessante.

Digitai il suo nome su Google.

Enrichetta Caracciolo appariva in più di trentamila link. Ero allibita. L’unica immagine che restituiva il web era quella di una donna austera vestita da monaca con il velo bianco.

Così riporta Wikipedia:

> *Enrichetta Caracciolo di Forino (Napoli, 17 febbraio 1821 – Napoli, 17 marzo 1901) è stata una patriota e scrittrice italiana. Nobildonna colta, progressista e dalla spiccata personalità, Enrichetta è oggi considerata tra le più note protagoniste del Risorgimento italiano, nonché figura di riferimento del movimento femminista. Costretta come molte ragazze di “buona famiglia” del suo tempo alla monacazione contro la propria volontà, lottò a lungo con sofferenza e caparbietà per liberarsi dai voti, si fece ben presto fama di pericolosa rivoluzionaria e divenne un’attiva garibaldina.*
> *La maggior parte delle notizie che si posseggono sulla sua vita provengono dall’opera autobiografica* Misteri del chiostro napoletano, *apparsa per la prima volta a Firenze nel 1864.*

Tre giorni dopo mi arrivò con Amazon *Misteri del chiostro napoletano*. Lo divorai. Enrichetta era stata rinchiusa nel convento di clausura di San Gregorio Armeno per dieci anni e per altri dieci aveva provato a smonacarsi, andando contro le leggi della Chiesa, Pio IX, la Curia e tutto il clero. Era stata un'irriducibile ribelle.

La sua storia mi chiamava. Era ambientata a Napoli, la mia città, nei luoghi della mia formazione (l'università è lì vicino). Quante volte ero salita per vico San Gregorio Armeno – non soltanto in cerca di pastori per il presepe – senza accorgermi delle sovrastanti mura del convento, senza mai alzare lo sguardo sulla piccola finestra che si affaccia sull'arco del passaggio coperto dalla quale la mia protagonista osservava la vita scorrere e vagheggiava la libertà.

Dovevo scrivere di lei.

Sono tornata a Napoli, ho visitato tutti i luoghi in cui Enrichetta ha trascorso i vent'anni di "prigionia". Il convento, per fortuna, è rimasto intatto; il coro delle monache è un gioiello barocco. Non esistono più invece il conservatorio di Costantinopoli (adesso è una scuola) e il Ritiro di Mondragone, dove venne carcerata. Ho soggiornato nella casa del suo persecutore, il cardinale Sisto Riario Sforza, ora trasformata in un hotel de charme. Ho saccheggiato molte biblioteche per raccontare la sua vita, cercando di ricostruire anche quegli episodi che Enrichetta non narra nella sua autobiografia. Ho provato a dare forma attraverso i suoi occhi al ventennio che portò all'Unità d'Italia, raccontando la povertà di spirito delle monache, la spaventosa miseria di Napoli e la ferocia dei Borbone.

Se ci sono riuscita lo dirà il lettore, spero soltanto di avere restituito un po' di luce e notorietà a Enrichetta.

Questo libro lo dedico alla nonna Letizia.

# GLOSSARIO

*Cocolla* Abito monastico con il cappuccio

*Complimento* Mancia

*Conversa* Una laica che pur vestendo l'abito da monaca non ha formulato i voti religiosi ed è addetta ai lavori più umili. Un tempo condizione comune per le persone illetterate che volevano entrare in convento

*Mozzetta* Scialle del cardinale

*Oblata* Donne libere seguaci di Gesù

*Scapolare* Una striscia di stoffa che si infila dalla testa e copre il petto e il dorso

*Secolare* Appartenente allo stato laico o alla vita civile

*Soggolo* Copricollo di tela bianca o di velo che fascia il viso e si congiunge alla sommità del capo

# DIZIONARIO NAPOLETANO-ITALIANO

*All'intrasatta* Improvvisamente
*Arinte* Dentro
*Arraggimma* Stizza, ira
*Arricriare* Godere
*Cazzimma* Abilità, talvolta subdola
*Chiummo* Piombo
*Ciucciuvettola* Uccello del malaugurio
*Facite ampresso* Spicciatevi
*Faciteve 'e fatte vuoste* Fatevi i fatti vostri
*Farfariéllo* Diavolo
*Fernute* Finite
*Intisichire* Ammalarsi di tisi
*Jacuvèlla* Cosa non seria
*Jettare* Gettare
*Lassare* Lasciare
*Maccaturo* Fazzoletto
*Maniare* Palpeggiare
*Mappina* Puttana

*Riscenzielli* Convulsioni epilettiche
*Scarfare* Scaldare
*Spantecare* Attendere con ansia
*Sussegare* Stare tranquillo
*Tenere i lappese a quadrigliè* Essere nervoso, frastornato
*Trasire* Entrare
*Vuommeche* Lamentela eccessiva
*Zandraglia* Cafona, donna della plebe

# RINGRAZIAMENTI

Ci sono diverse persone che devo ringraziare. Suor Giovanna De Gregorio, superiora del monastero di San Gregorio Armeno, e la sua archivista Laura Ciotola, che hanno accompagnato me e il mio amico Carlo Mastelloni in una visita privilegiata. Grazie, Carlo, per averla organizzata. Grazie per come segui i miei romanzi.

Devo molto ad alcuni bibliotecari, anzitutto all'amica Paola Milone della biblioteca della Società Napoletana di Storia Patria. Grazie a Marco Roncalli di *Fede e Libertà*, che mi ha prontamente inviato il saggio fondamentale di Ugo Dovere, quando ancora non sapevo che fosse il maggiore studioso della monaca benedettina. Un ringraziamento a Teresa Leo, archivista della Fondazione Biblioteca Benedetto Croce, ad Annamaria Trama della biblioteca dell'Istituto italiano per gli Studi Storici di Napoli, a Maria Cristina de Ruggero della Pontificia Facoltà Teologica dell'Italia Meridionale, a Cesare Fornero della Biblioteca Civica di Pinerolo "Camillo Alliaudi".

Un ringraziamento a Paolo Macrì, per avergli saccheggiato (a sua insaputa) il breve saggio su Napoli.

Devo ringraziare l'amico Mimì Fusella che mi ha accolta nel suo Decumani Hotel de Charme che, *incredibile dictu*, è stato il palazzo di Sisto Riario Sforza e ha conservato intatto il magnifico salone affrescato.

Un ringraziamento gratissimo alla mia amica Roberta Colombo, attentissima prima lettrice, dei cui consigli ho fatto tesoro.

*Last but not least*, grazie al mio agente Stefano Tettamanti, al mio editor Carlo Carabba, che ha fortemente voluto questo romanzo, a Massimiliano Catoni, per l'editing attento, e alle ragazze dell'ufficio stampa Frida Sciolla. Grazie a tutti. È stata una faticata ma spero che ne sia valsa la pena.

Ero completamente digiuna del mondo della Chiesa ed è possibile che sia incorsa in qualche imprecisione, nel caso mi scuso. Non conosco il danese e mi sono affidata a Google, che ovviamente ringrazio; l'Unità d'Italia l'avevo studiata a scuola.

Nei *Misteri* ci sono diversi errori dovuti ai tanti interventi successivi alla stesura del libro, errori che mi hanno costretta talvolta a contraddire Enrichetta, soprattutto per quanto riguarda le date, quasi completamente assenti e dunque quasi tutte da ricostruire.

Questo è il mio quinto romanzo storico e forse mi sono sentita più libera di inventare personaggi e luoghi. La cosa ha messo in ansia il mio puntuto editor, Massimiliano Catoni, che già nel nome porta lo stigma del censore. Mi ha tagliato un pezzo tratto dalla *Monaca* di Diderot, una delle pagine più erotiche della letteratura francese (e io ce l'ho rimessa!).

Rigore e invenzione, ho voluto scrivere un romanzo ottocentesco mondato delle descrizioni, solo fatti, cercando di non tradire il dettato della mia eroina. Alcuni dialoghi sono presi in blocco dai *Misteri*, autentiche sono le lettere di Riario Sforza e i referti medici.

Per non sentirmi in prigione con Enrichetta ho dovuto spezzare il racconto. Alleggerirlo con molti dialoghi. Mi ha aiutato a entrare nei panni di una donna che la Chiesa, lo Stato e la famiglia hanno condannato a una vita che aborriva. In un momento così violento per le donne, questa è una piccola, grande storia da non dimenticare.

# BIBLIOGRAFIA

Anonimo, *Cronaca del convento di Sant'Arcangelo a Bajano*, Introduzione e note attribuite a Stendhal, a cura di Sergio Riccio, Colonnese, Napoli 2004.

Enrichetta Caracciolo, *Misteri del chiostro napoletano*, Barbera editore, Firenze 2013.

Denis Diderot, *La monaca*, Einaudi, Torino 1972.

Ugo Dovere, *La nascita di un best-seller ottocentesco. I Misteri del chiostro napoletano di Enrichetta Caracciolo di Forino*, Loffredo, Napoli 2009.

Giuseppe Galasso, *Storia d'Italia. Il regno di Napoli, il mezzogiorno angioino e aragonese*, XV vol., Utet, Milano 2006.

*Id.*, *Il Regno di Napoli*, Neri Pozza, Vicenza 2019.

William Ewart Gladstone, *Due lettere a Lord Aberdeen sui processi politici del governo napoletano*, 1851.

*Id.*, *Brevi risposte alle lettere di Sir W.E. Gladstone... intorno al governo e al popolo napoletano*, Nabu Press, 2010.

Paolo Macry, *Napoli. Nostalgia di domani*, il Mulino, Bologna 2018.

Francesco Mastriani, *I misteri di Napoli*, Elliot, Roma 2014.

Ferdinando Muto, *San Gregorio Armeno, Cronache da un convento*, Stamperia del Valentino, Napoli 2015.

Mike Rapport, *1848. L'anno della rivoluzione*, Laterza, Roma-Bari 2008.

Francesco Sciarelli, *Enrichetta Caracciolo dei principi di Forino ex monaca benedettina. Ricordi e documenti*, Antonio Morano editore, Pisano 2013.

Alfonso Scirocco, "Enrichetta Caracciolo di Forino", in *Bollettino della Società di Studi Valdesi*, n. 171, pp. 27-40, Torino 1992.

Nadia Verdile, "Enrichetta Caracciolo, da Monaca Benedettina a libera pensatrice", in *L'Anticoncilio del 1869: donne contro il Vaticano*, a cura di Adriana Valerio, Carocci, Roma 2021.

Jessie White Mario, *La miseria in Napoli*, Le Monnier, Firenze 1877.

GRAFICA VENETA
GV CARBON NEUTRAL

Questo libro è fabbricato da Grafica Veneta S.p.A.
con un processo di stampa e rilegatura certificato 100% carbon neutral
in accordo con PAS 2060 BSI.

Questo volume è stato stampato nel febbraio 2024
presso Grafica Veneta – Trebaseleghe (PD)